Hans Martin Ritter

Das Gestische Prinzip
bei Bertolt Brecht

Hans Martin Ritter
**Das Gestische Prinzip
bei Bertolt Brecht**

© 1986
Alle Rechte vorbehalten

Prometh Verlag GmbH & Co Kommanditgesellschaft
Körnerstr. 38
5000 Köln-30

Satz: Fotosatz Gaehme-Geissler, Köln
Druck: Fuldaer Verlagsanstalt GmbH, Fulda

Umschlagentwurf und Gestaltung: Ursula Lauterjung

ISBN 3-922009-84-0

INHALT

Vorbemerkung

Der Begriff des *Gestus* spielt eine Schlüsselrolle in der Theaterästhetik Bertolt Brechts. Typus, V-Effekt, Realismus auf dem Theater, das Verhältnis der Künste zueinander können durch diesen Begriff in ein gedankliches System gebracht werden und zugleich — im Wechselspiel der Elemente — praktisch aufeinander bezogen werden. Obgleich der Begriff im Zusammenhang mit dem Theater Brechts und darüber hinaus vielfältig benutzt wird, ist er doch in seiner ganzen Wirkungsbreite kaum systematisch untersucht worden und verkümmert in der Regel zu einer praktischen Formel, mit der eine Aussage schnell und scheinbar griffig abgesichert werden kann.

Der Begriff des Gestus geht über den der Geste, auch wenn er dort anknüpft, und die Vorstellung eines gestenreichen Theaters weit hinaus. So heißt es bei Hennenberg (1963): »Aber der Gestus ist nicht nur ein Technikum schauspielerischer Interpretation, sondern der Struktur der Sprache, ja der Stoffe objektiv immanent. Und er waltet nicht nur in der Dichtung, sondern in allen Kunstgattungen. Brecht sieht in ihm — wie in der Verfremdung — ein allumfassendes Gestaltungsprinzip.« (261) Die etymologische Herleitung »Gebärdenspiel der Schauspieler und Redner« (ebd.) reicht da nicht hin, ebensowenig die Ausweitung der Bedeutungsbreite auf das »Ereignis, das Sich-Ereignende« (Mainka, 79). Als ‚Gestaltungsprinzip’ betrifft das Gestische die Arbeit des Schauspielers auf der Bühne, die Arbeit des Stückschreibers und Dramaturgen, des Musikers, des Bühnenbildners und Choreographen, allgemein das Theater als ‚Ensemble der Künste’ und jede Einzelkunst für sich. Der Begriff des Gestus kann sich so beziehen auf den Tonfall eines Wortes, eines Ausspruchs, auf eine mimische Bewegung, eine Handbewegung, eine Körperhaltung, auf eine Folge von Tönen in der Musik, einen Rhythmus, auf einen Gegenstand, ein Werkzeug und die Spuren, die der gesellschaftliche Gebrauch auf ihm hinterlassen hat, ein Gebäude, eine Straße, einen Handlungsvorgang, eine Versammlung von Menschen, den Rhythmus von Worten, die Struktur von Sätzen, das Aufeinanderstoßen von Lauten, die Einteilung, die Brechung von Zeilen in einem Gedicht, auf kleinste Momente also und große Zusammenhänge: eben alles, was die Beziehungen zwischen Menschen prägt oder von diesen Beziehungen geprägt wird oder in Zusammenhang und Wechselbeziehung mit ihnen sich ereignet.

Die Beziehung zwischen Menschen bleibt letztlich das Moment, das einem Gestus, gleich in welcher Erscheinungsform er auftritt, immer zugehört. Insofern ist das Theater als Kunstform nicht nur der Ort, von dem aus der Begriff bei Brecht entwickelt worden ist, sondern auch der Ort, auf den er in seinem eigentlichsten Sinn ausgerichtet ist: in dieser Kunstform werden nicht nur — wie in jeder Kunst — Beziehungen zwischen Menschen hergestellt, hier sind sie auch vor allem als Gegenstand thematisiert. An diesem Punkt überschreitet der Begriff schließlich auch den Bedeutungsbereich von Kunst im engeren Sinn und wird verfügbar für den Beobachter gesellschaftlicher Prozesse generell oder den Philosophen (im Brechtschen Sinn), der über diese Prozesse nachdenkt, um in sie eingreifen zu können. Der Gestusbegriff entfaltet gewissermaßen gerade an dieser Schnittstelle oder in diesem Spannungsfeld zwischen ästhetischen und sozialen Sachverhalten seine besondere Bedeutung und bindet sie hier, um mit Brecht zu sprechen, in einem ‚auffälligen Knoten‘ aneinander. »Durch den Gestus verwandelt sich jeder Sachverhalt auf der Bühne in ein Zeichen menschlichen Verhaltens, also in Theater.« (Wekwerth 1974, 94)

Das Problem, dem sich eine umfassende Untersuchung des Gestusbegriffs bei Brecht gegenübersieht, ist damit bereits angesprochen: es liegt in der Komplexität der Zusammenhänge, in der Vielfalt ästhetischer und sozialer Sachverhalte, in denen ein Gestus erscheinen kann. Der Schlüsselcharakter, der diesen Begriff mit allen Begriffen und Einzelerscheinungen des Brechtschen Theaters verbindet, verbindet ihn zugleich mit einer Vielzahl von Fragestellungen unterschiedlicher wissenschaftlicher Disziplinen; über die Theaterwissenschaft hinaus sind die Musik-, die Literatur-, die Sprach- und Sprechwissenschaft und schließlich eine Reihe von Sozialwissenschaften gefordert. Das Problem ist in seiner Komplexität also einerseits nur interdisziplinär zu lösen, andererseits muß diese ‚Lösung‘ gewissermaßen in ‚einem Griff‘ erfolgen, der die jeweils spezifische Bedeutung des Gestusbegriffs im Einzelnen und die Verbindungslinien dieses ‚Gestaltungsprinzips‘ im Ganzen sichtbar macht.

Die vorliegende Untersuchung geht das Problem zunächst in vier Hauptschritten an und folgt damit den Schwerpunktsetzungen Brechts und zugleich der eigenen Kompetenz und dem eigenen Interesse: Sie fragt in einem ersten Schritt nach der Bedeutung und Funktion des Gestusbegriffs in der Theaterarbeit Brechts im engeren Sinn und sucht die verstreuten theoretischen Notate und Verweise auf Elemente in Stücken und Aufführungen als Denkzusammenhang herzustellen. Damit sind Fragen der Stückdramaturgie, aber auch unmittelbar Fragen des Spiels und der Realisierung und Zusammenfügung von Vorgängen und deren Elementen auf der Bühne angesprochen bis zur Gesamtkomposition der *Fabel* als »Sammlung und Ordnung aller gestischen Äußerungen, die während des Spiels gemacht werden« (Wekwerth 1974, 122). In einem zweiten Schritt geht es um die *gestische Sprache*, das *gestische Sprechen*, u.a. als eine Teilerscheinung des Theaters. Grundlage ist hier vor allem der Aufsatz Brechts *Über reimlose Lyrik mit unregelmäßigen Rhythmen*. Hauptfragestellungen in diesem Teil sind einmal, in welcher Weise gestische Elemente bereits im Wortlaut eines Textes und in der Textstruktur angelegt sind, zum anderen, in welcher Weise diese gestischen Elemente aus dem Text heraus als Sprechvorgang entwickelt werden können. Diese Fragen diskutiere ich u.a. in Auseinandersetzung mit der Arbeit von Klaus Birkenhauer *Die eigenrhythmische Lyrik Bertolt Brechts*. In einem dritten Schritt behandle ich Fragen einer *gestischen Musik*, ausgehend von Brechts eigener Liedproduktion bis zur Präzisierung des Gestischen in der Musik durch die Zusammenarbeit Brechts mit Weill und Eisler. Der letzte Schritt fügt das Gestische als Basiselement in den Zusammenhang der Theaterkonzeption Brechts im ganzen ein, vor allem bezogen auf einen entfalteten Realismusbegriff.

Die vier Hauptteile untersuchen den Begriff des Gestus, abgesehen von der ausführlichen Auseinandersetzung mit Birkenhauer, überwiegend auf der Grundlage der theoretischen Notate und Aufsätze und verschiedener, die Sache betreffender poetischer Texte Brechts, darüber hinaus werden Textquellen aus den unmittelbaren Arbeits- und Diskussionszusammenhängen Brechts einbezogen, vor allem Texte von Weill, Eisler, Benjamin. Diese Einschränkung begründet sich einmal in der Absicht, das gestische Prinzip und das aus ihm entwickelte Theaterkonzept aus seinen originalen Bauelementen zu rekonstruieren, zum anderen aus der Literaturlage. Die umfassenderen Arbeiten zum Begriff des Gestischen sind gewissermaßen an einer Hand abzuzählen und geben für eine komplexe Darstellung des Gestischen wenig her. Da, wo der Begriff nicht nur deklamatorisch oder als magische Formel erscheint, wird er überwiegend von einem bestimmten, anders ausgerichteten Detailinteresse her gestreift oder nur in einzelnen Aspekten diskutiert. Das gilt etwa auch für die bereits genannte, in dieser Hinsicht sorgfältigste Arbeit von Birkenhauer, die nahezu ausschließlich an dem Brechtschen Aufsatz *Über reimlose Lyrik* entlang argumentiert und ein gänzlich anderes Erkenntnisinteresse hat. In dieser Arbeit wird das Gestische nahezu auf eine Erscheinung der Poetik reduziert. Dennoch stammt gerade auch von Birkenhauer die Anmerkung, daß die Begriffe *Gestus* und *Gestik* »sehr weit in Brechts Theatertheorie hineinführen; (...) dort, soviel sei wenigstens angedeutet, scheinen sie bei weitem fruchtbarer zu sein als das in der Literatur so viel strapazierte Reizwort ,Verfremdung' (das Brecht ja selbst wieder fallen ließ und durch den Begriff ,Dialektik' ersetzte)«. (Birkenhauer, 53)
Rosenbauer, der sich im Zusammenhang mit seinem Versuch, Brecht behavioristisch zu interpretieren, mit dem Gestus-Begriff beschäftigt, sammelt zwar die Stellen in Brechts theatertheoretischen Schriften, die den Gestus behandeln, vermag sie aber nicht eigentlich zu interpretieren und kommt zu einer vollkommen leeren Schlußfolgerung: »Das ,gestische Prinzip', so kategorisch Brecht es als Grundlage seiner Dramatik bezeichnet, bleibt trotz aller Definitionsversuche ein verschwommener Begriff, der nur ein neuer Name für eine alte Sache zu sein scheint: theatralisches Theater. (...) jede Dramatik wird, wenn sie die Möglichkeiten des Schauspielers voll ausnutzt, ihn nicht auf einen sprechenden Kopf reduziert, Verhaltensweisen darstellen, gestisch sein.« (Rosenbauer, 72)
Abgesehen von Manfred Wekwerth, der in seinen theoretischen Schriften den bei Brecht vorgezeichneten Weg weiterverfolgt und das Gestische in diesem Zu-

sammenhang mitreflektiert, liegen ausführlichere theaterwissenschaftliche Reflexionen zum Gestusbegriff nicht vor. Eine Ausnahme bildet der über das Gestische bei Brecht hinausgehende Aufsatz *Das Gestische in der Darstellenden Kunst des Ostens und des Westens* von Ernst Schumacher. Zum musikalischen Gestus-Begriff hat Fritz Hennenberg bereits verhältnismäßig früh (1963) einen Beitrag vorgelegt (Brecht-Dessau, Musikalische Arbeiten). Hier sind eine Reihe von wichtigen Momenten des Gestischen benannt, sie bleiben aber bezogen (und damit reduziert) auf das Hauptinteresse, die musikalische Analyse der Kompositionen Dessaus. Gerade im musikalischen Genre wird der Begriff nicht selten benutzt, in der Regel jedoch in einer diffusen und deklamatorischen Weise. Er ist allerdings in seine Differenzierungen aus einer ausschließlich musikalischen Praxis und Reflexion auch nicht ableitbar. Erstaunlich ist andererseits, daß in der jüngsten, sehr breit angelegten Veröffentlichung Albrecht Dümlings *Laßt euch nicht verführen/Brecht und die Musik*, einer Art ‚musikalischer Biographie' Brechts, zwar gelegentlich der Begriff ‚gestische Musik' verwendet wird, eine genauere Herleitung oder eine Analyse des Begriffs jedoch fehlt. Obwohl ausführliche Untersuchungen zum Gestusbegriff nur in den genannten Einschränkungen vorliegen, sind in verschiedenen Arbeiten wichtige Anknüpfungspunkte gegeben. Diese Hintergrundsdiskussion ist in den abschließenden Teil verlagert. Die Diskussion findet dort auf verschiedenen Ebenen statt:

— sie verfolgt in den Hauptteilen angeschnittene Fragen ins Detail,
— sie enthält die Auseinandersetzung mit gegensätzlichen Positionen oder bringt Ergänzungen von anderer Seite ein,
— sie führt über die Problematik des Gestischen hinaus weiter in die Denkzusammenhänge des Brechtschen Theaters ein,
— sie stellt Beziehungen und Gegensätze her zu anderen Theaterkonzeptionen, etwa zum ‚System' Stanislawskis, zu Artaud,
— sie spricht benachbarte Problemkomplexe an, Berührungen mit verschiedenen Wissenschaftsbereichen, die Einbindung in übergreifende Fragestellungen.

Auf diese Weise erhalten die Ausführungen eine gewisse formale Eigenständigkeit und zugleich einen internen Bezug (so etwa die Brecht-Stanislawski-Diskussion, die, bezogen auf verschiedene Stellen im Hauptteil, in mehreren Schritten erfolgt).

Die Arbeit ist eine theoretische Untersuchung aus praktischem Interesse. Anlaß und Anstoß waren zunächst Fragen des Lernens durch Theater und des Lernens für das Theater, insbesondere die Diskussion um das Lehrstück Brechts (seit 1972) und seine aktuelle Verwendbarkeit in der Theaterpädagogik. Der Grundtext lag bereits 1976 in halböffentlicher Form vor und hat so konzeptionell in eine Reihe von Versuchen zur Lehrstückpraxis, zur Theaterarbeit mit Masken und technischen Medien, zu Formen des Mitspieltheaters mit Jugendlichen hineingewirkt bis hin zur Konzeption einer *Lernform Theater* (vgl. Ritter 1980 a/b, 1981 a-c, 1983, 1984 a/b). Die Ausbildung zur Theaterpraxis und zur theaterpädagogischen Praxis und die Notwendigkeit einer theoretischen Leitlinie für die Schritte und die Schrittfolge dieser Ausbildung bilden gewissermaßen zu einem Teil den Denkhorizont dieser Brechtrezeption. Bereits dies scheint mir ein originärer Ansatz der Untersuchung zu sein, angesichts der vorliegenden, vor allem literatur- und bzw. im engeren Sinn theaterwissenschaftlichen Untersuchungen zu Brecht. Möglicherweise ist die Frage nach dem Gestusbegriff von dieser Seite her nicht vordringlich oder auch nicht so ohne weiteres angehbar gewesen, weil er eben vor allem auch ein Begriff der Theaterpraxis ist. »Das mangelnde Interesse der Wissenschaft an der Kunst des Schauspielers, also der eigentlichen Produktion von Theater,« hat bereits Wekwerth beklagt (1974, 114).

Neben dem Anstoß von Fragen der Ausbildung her bildet die eigene künstlerische Praxis einen Orientierungshintergrund für diese Untersuchung. Eigene Theaterarbeit, Tätigkeit als Bühnensprecher und Bühnensänger, die Mitwirkungen als Sprecher in Musikwerken von Schönberg, Zimmermann, Eisler u.a. boten sich als Experimentierfeld zu den verschiedenen Aspekten des Gestischen an. Diese Produktionen gingen teils unmittelbar in die Untersuchung des Gestusbegriffs ein, teils gingen sie auf diese Untersuchungen zurück oder von ihnen aus. So etwa zwei Programme mit Texten und Liedern ausschließlich von Brecht: STÄDTEBEWOHNER (1974-77), basierend vor allem auf Texten aus dem *Lesebuch für Städtebewohner* (1925/26) und thematisch zugehörigen Texten aus späterer Zeit, darunter den *Hollywood-Elegien*, und LIEDER UND GESCHICHTEN AUS DES LIEBEN GOTTES BILLIGEM SALON (1979-81), zusammengestellt vor allem aus der *Hauspostille* Brechts und themenverwandten Texten. Diese Versuche waren jedoch nicht nur auf Brecht beschränkt. Das Programm EINES SCHÖNEN TAGES BEFAHLN UNS UNSRE OBREN (1981/82) bezog Texte aus dem dreißigjährigen Krieg (Grimmelshausen) und aktuelle Texte ein. Darüber hinaus waren Versuche mit Kafka-Texten (1983), vor allem ein szenischer Versuch mit dem BAU von Kafka (1983-85), praktisch-künstlerische Untersuchungen zum Problem des Gestischen. Sie standen gelegentlich in unmittelbarer Korrespondenz zu entsprechenden theoretischen Untersuchungen, etwa zum *Gestischen Singen* (Ritter 1978 b) oder zum *Szenischen Erzählen* (Ritter 1984 c).

Die Untersuchung des Gestischen Prinzips löst sich damit in gewisser Weise von den theaterpädagogischen Fragen im engeren Sinn und liefert Elemente zu einer Theorie künstlerischer Praxis und Produktion überhaupt. Die ursprünglichen Fragestellungen, die Fragen des Lernens durch Theater und für das Theater, die die Untersuchung einmal ausgelöst haben, sind dabei nicht verloren gegangen, sie sind, wie dies letztlich auch bei Brecht der Fall ist, in einer umfassenderen ästhetischen Fragestellung aufgehoben.

Obwohl die Arbeit die Bedeutung und die Funktion des Gestusbegriffs bei Brecht und das von ihm so benannte ,Gestische Prinzip' so genau wie möglich zu erschließen versucht, geht es letztlich nicht um die Restaurierung einer historischen Erscheinung, Eisler nennt in einem Gespräch mit Hans Bunge das Gestische — ein Begriff, »den ich von Brecht schon 1924 gehört habe« — »eine der genialen Entdeckungen von Brecht. Er hat das genauso entdeckt wie der Einstein zum Beispiel die berühmte Formel.— Das war ja da.« (Bunge, 26f) Wenn Eisler in diesem Punkt recht hat, dann bedeutet die Erschließung des Gestusbegriffs nicht nur ein genaueres Verständnis der Brechtschen Denkweise und der Prinzipien seiner künstlerischen Produktion, sondern darüber hinaus eine genauere Einsicht in die möglichen Strukturen etwa von Theaterereignissen und die möglichen Prozeßabläufe künstlerischer Produktion überhaupt. Dies wäre nicht nur für eine ästhetische Theorie als Produktionstheorie von Belang, sondern zugleich für eine Theorie der Vermittlung und des Lernens in den künstlerischen Disziplinen.

Die Untersuchung des Gestischen Prinzips bei Brecht stellt sich damit als Teiluntersuchung eines Problemzusammenhangs dar und eröffnet neue Fragestellungen, die über Brecht hinausgehen, etwa: Welche anderen Strukturen von Theaterereignissen, welche anderen Prozeßabläufe künstlerischer Produktion gibt es, und in welchen Widersprüchen und Korrespondenzen stehen sie zum Prinzip des Gestischen?

Die Relativierung des Geltungsanspruchs von Prinzipien, und damit auch des Gestischen Prinzips, die in dieser Eröffnung neuer Fragestellungen indirekt ausgesprochen ist, hat Brecht durchaus selbst vollzogen: einmal, indem er sich selbst und sein Theater in eine Traditionslinie hineinstellt, die beispielsweise »das chinesische Theater, das klassische spanische Theater, das volkstümliche Theater der Breughelzeit und das elisabethanische Theater« umfaßt (15/305), zum anderen, indem er Prinzipien als solche relativiert an der Aufgabe der Kunst in der Gesellschaft. In dem Aufsatz *Über experimentelles Theater* (1939) schreibt er: »Ist dieser neue Darstellungsstil nun *der* neue Stil, ist er eine fertige, überblickbare Technik, das endgültige Resultat aller Experimente? Antwort: Nein. Er ist *ein* Weg, der, den *wir* gegangen sind. Die Versuche müssen fortgesetzt werden.« (15/305) Und im Arbeitsjournal heißt es: »bei keiner betrachtung dürfte vergessen werden, daß *nichtaristotelisches theater* zunächst nur *eine* form des theaters darstellt; es dient bestimmten gesellschaftlichen zwecken und hat keine usurpatorische bedeutung, was das theater im allgemeinen angeht. ich selber kann aristotelisches theater bei gewissen aufführungen neben nichtaristotelischem verwenden.« (AJ/12.1.41) »Das einzige Prinzip, das wir wissentlich nie verletzten, war: alle Prinzipien unterzuordnen der gesellschaftlichen Aufgabe, die wir mit jedem Werk zu erfüllen uns vorgenommen hatten.« (15/316) Das Besondere an dieser Brechtschen Relativierung der Prinzipien ist allerdings, daß sie unter einem wesentlichen Kriterium des Gestischen in der Kunst erfolgt, nämlich ihrer Beziehung zur Gesellschaft und ihrer Einbindung in sie.

Das gestische Prinzip in der Theaterarbeit Brechts

Die Entstehung des Gestusbegriffs aus der Denkweise des Stückschreibers —
Gestus als ästhetische und als erkenntnistheoretische Kategorie

Der Begriff des Gestus gewinnt in den theatertheoretischen Überlegungen Brechts seit den 30er Jahren eine immer gewichtigere und umfassendere Bedeutung und wird schließlich zu einem bestimmenden Element seiner Theaterarbeit. Obwohl der Begriff erst gegen Ende des 3. Jahrzehnts in den theoretischen Schriften ausführlicher beschrieben erscheint, läßt sich aus verschiedenen Notizen entnehmen, daß er die Theaterarbeit von der Sache her schon früh beeinflußt hat bzw. — entsprechend dem induktiven Ansatz der Brechtschen Theaterarbeit und dem daraus resultierenden Verhältnis zwischen Theatertheorie und Theaterpraxis — sich aus dieser Theaterarbeit heraus entwickelt und in ihr präzisiert hat.[1] Der Gestus-Begriff taucht dementsprechend in den Vorstellungen Brechts nicht unvermittelt auf. Und obwohl seine Entstehung in Zusammenhang mit der Festlegung der Grundprinzipien des epischen Theaters und wohl auch mit der Arbeit am Lehrstück und an der Lehrstücktheorie zu sehen ist, d.h. mit dem Standort Brechts etwa zum Ende der 20er Jahre, finden sich bereits in den begleitenden Schriften zu den frühen Stücken Hinweise, die das später so genannte *gestische Prinzip* andeuten und es inhaltlich vorwegnehmen.

In den Tagebüchern Brechts von 1920 findet sich ein Notat zu seiner Auseinandersetzung mit Hebbel. Brecht versucht dort seinen eigenen Ausgangspunkt und Standort als Stückschreiber im Gegensatz zu Hebbel zu bestimmen:

> »Immer mehr scheint mir jener Weg, den Hebbel einschlug, eine Sackgasse. Nicht die Großartigkeit der Geste, mit der das Schicksal den großen Menschen zerschmettert, ergreift uns, sondern allein der Mensch, dessen Schicksal ihn nur zeigt. Sein Schicksal ist seine Chance. Es gilt also nicht, große ideelle Prinzipiendramen zu schaffen, die das Getriebe der Welt und die Gewohnheiten des Schicksals darstellen, sondern einfache Stücke, die die Schicksale von Menschen schildern, Menschen, die die Gewinne der Stücke sein sollen. Beispiel: Daß Burschen von einer gewissen eigentümlichen Struktur die Schaufel aufs Genick kriegen, ist nicht das, was das Stück zeigen soll. Sondern: Wie sie sich dabei benehmen, was sie dazu sagen und was für ein Gesicht sie dabei machen.« (15/50, Hervorhebg. H.M.R.)

In der Akzentuierung seines Interesses an dem *Benehmen* der Menschen, an ihren Äußerungen, an ihren Gesichtern bzw. dem Wechsel der Gesichter in den verschiedenen Situationen beschreibt Brecht wesentliche inhaltliche Momente, die er später unter dem Begriff des Gestus zusammenfaßt.

Über das »Urbild Baals« in seiner dramatischen Biographie *Baal*, einen gewissen Joseph K., schreibt er 1926:

Mein Freund sagte mir, er habe durch die unvergleichliche Art, sich zu bewegen (im Nehmen einer Zigarette, beim Sichsetzen auf einen Stuhl und so weiter), auf eine Reihe von vornehmlich jüngeren Leuten einen solchen Eindruck gemacht, daß sie seine Art nachahmten.« (17/955)

Diese unmittelbare Nachahmung auffälliger und abgelöster Verhaltensdetails, die Brecht so im Alltagsleben vorfindet, entspricht als Verfahren grundsätzlich der später von Brecht entwickelten gestischen Analyse von Vorgängen und der Arbeit mit dem gestischen Prinzip. Die Nachahmungshaltung, im Alltag kurzschrittig auf praktische Zwecke hin angelegt, wird von Brecht gewissermaßen übersetzt in die eigene Haltung als Stückschreiber und aus der Distanz folgendermaßen gesehen:

»Kurz nach der Revolution des Jahres 1918 schrieb ich die Komödie ,Trommeln in der Nacht' (...). Ich beschrieb hier die Haltung von Leuten, die ich beobachtet hatte und zitierte ihre Aussprüche, und meine eigene Haltung war bei der Beobachtung der Haltungen und dem Sammeln der Aussprüche eine gewisse Neugier, bei der Niederschrift aber eine Art triumphierendes Rechthaben, denn die wie ich und zu gleicher Zeit schrieben, weigerten sich, die wirklichen, allgemein beobachtbaren Vorgänge zu Notiz zu nehmen.« (17/958)

Damit ist die besondere Art der Inbesitznahme gesellschaftlicher Umwelt durch den Stückeschreiber gekennzeichnet: er eignet sich Beobachtetes (Haltungen, Äußerungen) an, um es zu zeigen. Was er sich da im einzelnen aneignet, was er zeigt, sagt Brecht detailliert im *Lied des Stückschreibers* (1935):

»Ich bin ein Stückschreiber. Ich zeige
Was ich gesehen habe. Auf den Menschenmärkten
Habe ich gesehen, wie der Mensch gehandelt wird. Das
Zeige ich, ich, der Stückschreiber.

Wie sie zueinander ins Zimmer treten mit Plänen
Oder mit Gummiknüppeln oder mit Geld
Wie sie auf den Straßen stehen und warten
Wie sie einander Fallen bereiten
Voller Hoffnung
Wie sie einander aufhängen
Wie sie die Beute verteidigen
Wie sie essen
Das sage ich.

Die Worte, die sie einander zurufen, berichte ich
Was die Mutter dem Sohn sagt
Was der Unternehmer dem Unternommenen befiehlt
Was die Frau dem Mann antwortet
Alle die bittenden Worte, alle die herrischen
Die flehenden, die mißverständlichen
Die lügnerischen, die unwissenden
Die schönen, die verletzenden
Alle berichte ich.« (9/789f.)

Der Gegenstand seines Theaters, dies geht aus dem Text Brechts hervor, ist also immer in der gesellschaftlichen Wirklichkeit aufzufinden, ist beobachtbar oder zumindest auf Wahrnehmbares zu beziehen. Zusätzlich fällt an dem Text auf, daß das Auge des Stückeschreibers jeweils Details dieser Wirklichkeit voneinander ablöst und für sich auswählt, Ausschnitte sieht, einzelne Vorgänge oder Einzelmomente in ihnen wahrnimmt — jeweils Beziehungen zwischen Menschen betreffend: die »Waren auf den Menschenmärkten«. Diese Sammlung von Aussprüchen, Haltungen, Vorgängen, Einzelmomenten in ihrer widersprüchlichen Zusammenstellung zeigt er als Stück.

Der Begriff des Gestus wird zum erstenmal ausführlicher beschrieben in einem Text aus den Exiljahren (ca. 1938):

> »Unter einem Gestus sei verstanden ein Komplex von Gesten, Mimik und für gewöhnlich Aussagen, welchen ein oder mehrere Menschen (an) einen oder mehrere Menschen richten.
> Ein Mensch, der einen Fisch verkauft, zeigt unter anderem den Verkaufsgestus. Ein Mann, der sein Testament schreibt, eine Frau, die einen Mann anlockt, ein Polizist, der einen Mann prügelt, ein Mann, zehn Männer auszahlend — in all dem steckt sozialer Gestus. Ein Mann, seinen Gott anrufend, wird bei dieser Definition erst ein Gestus, wenn dies in Hinblick auf andere geschieht oder in einem Zusammenhang, wo eben Beziehungen von Menschen zu Menschen auftauchen (Der König betend in ‚Hamlet‘).« (15/409)

Der Begriff des Gestus bezieht sich einmal also auf die konkrete Ebene der Gesten, der Mimik, der Aussagen, deren Zusammenhang in einem Komplex durch den Gestus-Begriff ausgedrückt wird. Dabei kann dieser Komplex in bezug auf die Mittel des zwischenmenschlichen Handelns mehr oder weniger ausschließlich akzentuiert sein:

> »Ein Gestus kann allein in Worten niedergelegt werden (im Radio erscheinen); dann sind bestimmte Gestik und bestimmte Mimik in diese Worte eingegangen und leicht herauszulesen (eine demütige Verbeugung, ein Auf-die-Schulter-Klopfen).
> Ebenso können (im stummen Film zu sehen) Gesten und Mimik oder (im Schattenspiel) nur Gesten Worte beinhalten.« (15/409)

Inbegriffen im Gestus-Begriff ist die Abteilbarkeit und Trennbarkeit einzelner Züge, Schichten und Phasen des zwischenmenschlichen Handelns: der Mensch, der seinen Fisch verkauft hat, zeigt keinen Verkaufsgestus mehr, auch wenn er sich weiter mit seinem Kunden beschäftigt, ihm etwa die Nachteile und Krankheiten schildert, die seine Tätigkeit mit sich bringt, und sich darüber beklagt. Oder: der Mensch, der einen Fisch verkauft, zeigt zugleich durch bestimmte Verhaltensweisen an, daß er seinen Kunden verachtet und ihn demütigt. Brecht formuliert das an anderer Stelle so:

> »Oft kommen innerhalb eines bestimmten Gestus (wie Trauer) noch viele andere Gesten vor (wie Allezeugenanrufen, Sichzurückhalten, Ungerechtwerden usw.).« (12/458)

Der Gestus-Begriff hat demnach einmal eine *synthetische* Qualität: er faßt mehrere Erscheinungen des menschlichen Verhaltens, die konkret wahrnehmbar sind, zusammen zu einem Komplex und ordnet ihm eine bestimmte Bedeutung zu. Diese Bedeutung ist in gewissem Maße auch unabhängig von diesen konkreten Erscheinungen zu denken. »Worte können durch andere Worte, Gesten durch andere Gesten ersetzt werden, ohne daß der Gestus sich darüber ändert.« (15/409) In dem Gestus-Begriff steckt also zugleich eine *verallgemeinernde* Qualität. Das Allgemeine, das in ihm angesprochen ist, äußert sich in konkreten Gesten, in der Mimik, in Sätzen, ist aber im einzelnen nicht unbedingt an sie gebunden. Die konkreten Erscheinungen werden zu Kennzeichen einer vorgegebenen und allgemeiner definierten Beziehung zwischen Menschen. »Körperhaltung, Tonfall und Gesichtsausdruck sind von einem gesellschaftlichen Gestus bestimmt.« (16/689) Der Gestus-Begriff hat weiter zugleich *analytische* Qualität. Er löst aus einer komplexen Erscheinung zwischenmenschlichen Handelns einzelne Phasen und Züge heraus, Einzel- und Teilvorgänge, Gesten, mimische Äußerungen, Sätze, Tonfälle usw., und schreibt ihnen eine spezifische Bedeutung innerhalb eines umfassenden Handlungszusammenhanges zu. Der Gestus-Begriff findet seine eigentliche Funktion in der Neuverknüpfung dieser abgesonderten Einheiten zur Komposition des Theatervorgangs: hier entfaltet der Begriff seine *konstruktive* Qualität.

Im Begriff des Gestus immer mitgemeint ist das besondere Kriterium des Handelns »in einem Zusammenhang, wo eben Beziehungen von Menschen zu Menschen auftauchen«. »Ein Mann, seinen Gott anrufend, wird bei dieser Definition erst ein Gestus, wenn dies im Hinblick auf andere geschieht«. Die von Brecht in einem relativ frühen Text zum Gestus-Begriff getroffene Unterscheidung zwischen *gesellschaftlichem (sozialem) Gestus* und *Gestus* ist vorübergehender Natur und wird später fallengelassen. Trotzdem soll sie hier kurz problematisiert werden.

Brecht schreibt in seinen Bemerkungen »Über gestische Musik« (1938) zur Frage »Was ist ein gesellschaftlicher Gestus?«:

> »Nicht jeder Gestus ist ein gesellschaftlicher Gestus. Die Abwehrhaltung gegen eine Fliege ist zunächst noch kein gesellschaftlicher Gestus, die Abwehrhaltung gegen einen Hund kann eine sein, wenn z.B. durch ihn der Kampf, den ein schlechtgekleideter Mensch gegen Wachhunde zu führen hat, zum Ausdruck kommt. Versuche, auf einer glatten Ebene nicht auszurutschen, ergeben erst dann einen gesellschaftlichen Gestus, wenn jemand durch ein Ausrutschen ,sein Gesicht verlöre', d.h. eine Geltungseinbuße erlitte. Der Arbeitsgestus ist zweifellos ein gesellschaftlicher Gestus, da die auf die Bewältigung der Natur gerichtete menschliche Tätigkeit eine Angelegenheit zwischen Menschen ist. Solange andererseits ein Schmerzgestus so abstrakt und allgemein bleibt, daß er den rein tierischen Bezirk nicht überschreitet, ist er noch kein gesellschaftlicher Gestus.« (15/483)

Dieser Text steht nicht nur mit der o.g. Unterscheidung, sondern auch mit verschiedenen anderen Details in Widerspruch zu anderen Texten, die zum Gestus-begriff sich äußern. Beispielsweise wird hier der ‚Arbeitsgestus' pauschal als gesellschaftlicher Gestus angesehen, in einem späteren Text wird deutlich differenziert: »Eine Arbeitsverrichtung z.B. ist kein Gestus, wenn sie nicht eine gesellschaftliche Beziehung enthält.« (16/753).

Die Haltung des Betens oder die Äußerung des Schmerzes werden in den zitierten Texten nur bedingt als gesellschaftlicher Gestus angesehen, im ‚kleinen Organon' heißt es dagegen: »Zu den Haltungen, eingenommen von Menschen zu Menschen, gehören selbst die anscheinend ganz privaten, wie die Äußerungen des körperlichen Schmerzes in der Krankheit oder die religiösen« (16/690). Ich will an dieser Stelle nicht ausdiskutieren, ob eine Arbeitsverrichtung, oder auch ein Gebet, ein Schrei des Schmerzes o.ä. nicht in jedem Fall auch »eine Angelegenheit der Gesellschaft, eine Angelegenheit zwischen Menschen ist.«, wie vermittelt auch immer, es gibt daneben menschliche Handlungen, die dies zweifelsfrei nicht sind, z.B. Fliegen fangen, und die Frage bleibt damit offen, ob derartige Tätigkeiten mit dem Gestus-Begriff zu erfassen sind oder nicht. Mir scheint, die Frage läßt sich beantworten bzw. erledigt sich von selbst, wenn der Bereich festgelegt ist, in dem der Gestus-Begriff funktional angewandt werden kann. Die allgemeine Frage heißt also: Ist der Begriff des Gestus ein Begriff einer umfassenden Handlungs- oder Tätigkeitsanalyse oder ist er ein theatertheoretischer (und damit zugleich theaterpraktischer) Begriff? Ohne die Ergiebigkeit des Gestus-Begriffs für eine umfassende Handlungs- und Tätigkeitsanalyse infragestellen zu wollen, entscheide ich mich für das letztere: Für mich ist der Begriff des Gestus zunächst ein theatertheoretischer (und damit zugleich theaterpraktischer) Begriff, wobei Theaterarbeit verstanden werden kann als eine spezifische Form der Handlungsanalyse, bezogen auf das gesellschaftliche Handeln der Menschen. Im Sinne der späteren Ausführungen Brechts wird unter *Gestus* immer zugleich *gesellschaftlicher Gestus* mitverstanden — und auch das Fliegenfangen könnte, beispielsweise als Protesthandlung eines Jungen gegen ständige elterliche Reglementierungen, zum (gesellschaftlichen) Gestus und damit zum Gegenstand von Theaterarbeit, hier im Sinne von szenischer Handlungsanalyse werden. Ansatzpunkt von Theaterarbeit ist der »für die Gesellschaft relevante Gestus, der Gestus, der auf die Gesellschaft Schlüsse zuläßt.« (15/484). In umgekehrter Konsequenz läßt das Prinzip des Gestischen immer ein Theater entstehen, das Gegenstände des menschlichen Zusammenlebens reflektiert und mit der sozialen Wirklichkeit in einem wechselseitigen Spannungs- und Austauschverhältnis steht. Mit der Entwicklung des »gestischen Prinzips« hat Brecht so ein Instrumentarium geschaffen, das in unterschiedlichsten Richtungen verwendet werden kann: Es kann gesellschaftliche Sachverhalte komplex erfassen, zugleich in ihren einzelnen, möglicherweise widersprüchlichen Details voneinander absondern und kann die Abstraktion von Oberflächenerscheinungen leisten, d.h. die Struktur sozialer Beziehungen erfassen. Es kann auf der anderen Seite durch Neuordnung und besondere Akzentuierung der Details eine aus der

Erkenntnis der Wirklichkeit gewonnene Darstellung dieser gesellschaftlichen Sachverhalte produzieren helfen, die zugleich diese Erkenntnis ästhetisch erfahrbar macht, und es gibt schließlich dem Darsteller Mittel in die Hand, seine Haltung — im szenischen Vorgang selbst oder in Opposition zu ihm — zu definieren. Der Gestus-Begriff ist damit zugleich eine erkenntnistheoretische und eine ästhetische Kategorie.[2]

Die Ablösung des ‚mimischen' durch das ‚gestische' Prinzip und dessen grundlegende Bedeutung für ein ‚episches Theater' als Prinzip der Unterbrechung

Die »Kultivierung des Gestus« ist eng verknüpft mit der gesellschaftlichen Aufgabe, die Brecht dem Theater zuweist und deren erste praktische Konsequenz die Episierung des Theaterprozesses ist. Diesen Zusammenhang beschreibt Brecht in seinen Ausführungen »Über die Verwendung von Musik für ein episches Theater« (1935):

> »Das epische Theater ist hauptsächlich interessiert an dem Verhalten der Menschen zueinander, wo es sozialhistorisch bedeutend (typisch) ist. Es arbeitet Szenen heraus, in denen Menschen sich so verhalten, daß die sozialen Gesetze, unter denen sie stehen, sichtbar werden. Dabei müssen praktikable Definitionen gefunden werden, d.h. solche Definitionen der interessierenden Prozesse, durch deren Benutzung in die Prozesse eingegriffen werden kann. Das Interesse des epischen Theaters ist also ein eminent praktisches. Das menschliche Verhalten wird als veränderlich gezeigt, der Mensch als abhängig von gewissen ökonomisch-politischen Verhältnissen und zugleich als fähig, sie zu verändern. (...) Der Zuschauer soll also in der Lage sein, Vergleiche anzustellen, was die menschlichen Verhaltensweisen anbetrifft. Dies bedeutet vom Standpunkt der Ästhetik aus, daß der Gestus der Schauspieler besonders wichtig wird. (...) (Selbstverständlich handelt es sich um gesellschaftlich bedeutsame Gestik, nicht um illustrierende und expressive Gestik) Das mimische Prinzip wird sozusagen vom gestischen Prinzip abgelöst.« (15/474 f)

Die Ablösung des »mimischen Prinzips« durch das »gestische Prinzip« bedeutet die Abkehr von der ‚Kultivierung der seelischen Konflikte' und deren unmittelbaren Ausdruck in der Mimik, im Gesicht des Schauspielers. »Das Individuum, dessen innerstes Wesen herausgetrieben wird, steht dann natürlich für ‚den Menschen schlechthin'« (15/475 f) Das mimische Prinzip, das den Menschen aus seinen gesellschaftlichen Zusammenhängen isoliert und ihn nur als Individuum im Griff eines undurchschaubaren und unbeeinflußbaren persönlichen Schicksals zeigt, führt zur *Entgesellschaftung* des Gestus:

> »Der Künstler gibt nicht Ruhe, bis er ‚den Blick des gejagten Hundes' hat. Der Mensch ist dann nur mehr ‚der' Mensch, sein Gestus ist jeder Besonderheit entkleidet, er ist leer, d.h. keine Angelegenheit oder Maßnahme des besonderen Menschen unter

den Menschen. Der ‚Blick des gejagten Hundes' kann zum gesellschaftlichen Gestus werden, wenn gezeigt wird, wie durch besondere Machenschaften der Menschen der einzelne Mensch auf die tierische Stufe heruntergedrückt wird.« (15/483 f.)

Die Ablösung des mimischen Prinzips durch das gestische Prinzip bedeutet selbstverständlich nicht die Ausschaltung des mimischen Moments generell. Dieses entwickelt sich im Gegenteil vom isolierten Ausdrucksträger seelischer Konflikte zu einem Teilmoment des gestischen Zusammenhangs, wird hier allerdings gewissermaßen zu einer Folgeerscheinung von Haltung und Gestik. Die materielle Substanz des Gestus ist die *Geste*, das deutliche Zeichen einer Beziehung zwischen Menschen — in ihr vor allem sind die ‚sozialhistorisch bedeutsamen' Momente artikulierbar:

> »Die Schauspielkunst dieses Zwecks steht mehr auf der Gestik als auf dem Ausdruck.« (15/408) »Alles Gefühlsmäßige muß nach außen gebracht werden, das heißt, es ist zur Geste zu entwickeln. Der Schauspieler muß einen sinnfälligen äußeren Ausdruck für die Emotion seiner Person finden, womöglich eine Handlung, die jene inneren Vorgänge in ihm verrät.« (15/345, vgl. auch S.43f.)

Es handelt sich dabei nicht in erster Linie um Gesten, »die anstelle von Aussagen gemacht werden und deren Verständnis durch Tradition gegeben ist, wie (bei uns) das bejahende Kopfnicken«, auch nicht um »illustrierende Gesten, wie diejenigen, die die Größe einer Gurke oder die Kurve eines Rennwagens beschreiben«, und — so isoliert — auch nicht um expressive Gesten, »welche seelische Haltungen demonstrieren, die der Verachtung, der Gespanntheit, der Ratlosigkeit usw.«. Es handelt sich kurz gesagt also nicht um einen Katalog von Kommunikationsmitteln, sondern um die konstituierenden — und damit auch isolierbaren Bestandteile (Partikel) von Gesamthaltungen, die Menschen Menschen gegenüber einnehmen, um Gesten also, die an der Definition einer Beziehung und zwischen Menschen beteiligt sind (vgl. 16/752).

Das gestische Prinzip findet sein Anregungspotential entsprechend nicht in der Pantomime, sondern im Stummfilm, speziell in Filmen von Charlie Chaplin, in denen die Auseinandersetzungen zwischen Menschen, ihre Beziehungen, ganz in Handlung und Gestik umgesetzt erscheinen:

> »Die gestische Spielweise verdankt viel dem stummen Film, Elemente davon wurden in die Schauspielkunst wieder hineingenommen. Chaplin, der frühe Clown, hatte nicht die Tradition des Theaters und ging neu an diese Gestaltung menschlichen Verhaltens heran.« (15/238)

In den theatertheoretischen Schriften Brechts taucht der Gestus-Begriff verhältnismäßig viel später auf als der Begriff der Geste. Besonders in seiner verallgemeinernden und seiner analytischen Qualität präzisiert er sich über die verstärkte Aufmerksamkeit für die Geste, die Haltung, die durch eine bestimmte Handlungsweise entsteht und aus der eine bestimmte Beziehung zwischen Menschen ablesbar wird. In der ersten Fassung seines Aufsatzes »Was ist episches Theater?« führt Walter Benjamin das gestische Prinzip des epischen Theaters noch ausschließlich auf den Begriff der *Geste* zurück.

»Das epische Theater ist gestisch. (. . .) Die Geste ist sein Material und die zweckmäßige Verwertung dieses Materials seine Aufgabe. Gegenüber den durchaus trügerischen Äußerungen und Behauptungen der Leute auf der einen Seite, gegenüber der Vielschichtigkeit und Undurchschaubarkeit ihrer Aktionen auf der anderen Seite hat die Geste zwei Vorzüge. Erstens ist sie nur in gewissem Maße verfälschbar, und zwar je unauffälliger und gewohnheitsmäßiger sie ist, desto weniger. Zweitens hat sie im Gegensatz zu den Aktionen und Unternehmungen der Leute einen fixierbaren Anfang und ein fixierbares Ende. Diese strenge rahmenhafte Geschlossenheit jedes Elements einer haltung, die doch als ganze in lebendigem Fluß sich befindet, ist sogar eines der dialektischen Grundphänomene der Geste. Es ergibt sich daraus ein wichtiger Schluß: Gesten erhalten wir um so mehr, je häufiger wir einen Handelnden unterbrechen. Für das epische Theater steht daher die Unterbrechung der handlung im Vordergrunde. . . . Der retardierende Charakter der Unterbrechung, der episodische Charakter der Umrahmung sind es, welche das gestische Theater zu einem epischen machen.« (Versuche, 9f)

Aus diesem Text ist zu folgern, daß die analytische Qualität des Gestus-Begriffs bereits in der Isolierbarkeit der einzelnen Geste angelegt ist; diese Geste zeigt sich als Folge eines Eingriffs in den lebendigen Fluß der Ereignisse, die Unterbrechung fixiert ihren Anfang und ihr Ende und macht sie als Haltung der Menschen zueinander sichtbar und anschaubar. Über die Entdeckung der Geste durch Unterbrechung berichtet Brecht selbst:

»Der Stückeschreiber nahm einen Film von der Weigel beim Schminken. Er zerschnitt ihn, und jedes einzelne Bildchen zeigte einen vollendeten Ausdruck, in sich abgeschlossen und mit eigener Bedeutung. ‚Man sieht, was für eine Schauspielerin sie ist', sagte er bewundernd. ‚Jede Geste kann in beliebig viele Gesten zerlegt werden, die alle für sich vollkommen sind. Da ist eines für das andere da und zugleich für sich selber. Der Sprung ist schön und auch der Anlauf.' Aber das wichtigste schien ihm, daß jede Muskelverschiebung beim Schminken einen vollkommenen seelischen Ausdruck hervorrief. Die Leute, denen er die Bildchen zeigte und die Frage vorlegte, was die verschiedenen Ausdrücke bedeuteten, rieten bald auf Zorn, bald auf Heiterkeit, bald auf Neid, bald auf Mitleid.« (16/606)

Walter Benjamin führt diesen Gedanken in seinem Aufsatz weiter aus. Nach seinem Verständnis ist der erste Schritt zur Darstellung von Zuständen, die gesellschaftlichen Vorgängen zugrundeliegen, die Entdeckung von Zuständen durch Unterbrechung von Abläufen:

»Das epische Theater, meint Brecht, hat nicht so sehr Handlungen zu entwickeln, als Zustände darzustellen. Darstellung ist aber hier nicht Wiedergabe im Sinne der naturalistischen Theoretiker. Es handelt sich vielmehr vor allem darum, die Zustände erst einmal zu entdecken. (Man könnte ebensowohl sagen: sie zu verfremden.) Diese Entdeckung (Verfremdung) von Zuständen vollzieht sich mittels der Unterbrechung von Abläufen. Das primitivste Beispiel: eine Familienszene. Plötzlich tritt ein Fremder ein. Die Frau war gerade im Begriff, eine Bronze zu ergreifen, um sie nach der Tochter zu schleuder; der Vater im Begriff, das Fenster zu öffnen, um nach einem Schutzmann zu rufen. In diesem Augenblick erscheint der Fremde. ‚Tableau' — wie man um 1900 zu sagen pflegte. Das heißt: der Fremde wird mit einem Zustand konfrontiert; verstörte Mienen, offenes Fenster, verwüstetes Mobiliar. Es gibt aber einen Blick, vor dem auch gewohntere Szenen des bürgerlichen Lebens sich nicht soviel anders ausnehmen.« (Benjamin, Versuche, 26).

Der ‚Grundsinn' dieses Vorgangs wird dem hereintretenden Fremden schlagartig klar, er ist in den Haltungen der Beteiligten zueinander abgebildet; der Fremde ist im ‚richtigen Augenblick' hereingetreten. Natürliche Vorgänge, so unterbrochen, offenbaren die Beziehungsstruktur der Menschen als *Momentaufnahme*. Der spezifische ‚Blick', von dem Benjamin spricht, muß ein diagnostischer sein, der in ablaufenden Vorgängen die jeweils entscheidenden (kennzeichnenden) Momente herauszusehen und so den jeweiligen Zustand, die soziale Struktur zu erfassen vermag. Es ist der Blick des ‚Stückschreibers', der in den zerschnittenen Bildchen eines Films (*Die Weigel beim Schminken*) jeweils »einen vollendeten Ausdruck, in sich geschlossen und mit eigener Bedeutung« entdeckt.[3]

Walter Benjamin schreibt weiter: »‚Gesten zitierbar zu machen', ist eine der wesentlichen Leistungen des epischen Theaters. Seine Gebärden muß der Schauspieler sperren können wie der Setzer die Worte.« (Benjamin, Versuche, 27). Das Erkennen und Ausformulieren eines gesellschaftlichen Zustands in einem Vorgang geht über das Entdecken von Zuständen hinaus, ist ein Eingriff in die Vorbilder der gesellschaftlichen Wirklichkeit. Das *Sperren* gestischer Details scheint mir ein anschaulicher Begriff für diesen Umsetzungsprozeß zu sein von *natürlichen Vorbildern* zum *künstlichen* Gestus auf der Bühne.

Die Szenenfolge *Furcht und Elend des Dritten Reiches* präsentiert sich unter diesem Gesichtspunkt als eine bewußte Montage von Ausschnitten des gesellschaftlichen Lebens »unter der Stahlrute des Anstreichers«, als »Gestentafel« oder »Gestarium« (AJ 15.8.38 bzw. 24.4.41): »Es war wie eine große Sammlung von Gesten, artistisch genommen: Der Blick des Verfolgten über die Schulter zurück (und des Verfolgers); das plötzliche Verstummen; die Hand, die sich vor den eigenen Mund legt, der beinahe zuviel gesagt hätte, und die Hand, die sich auf die Schulter des Ertappten legt.« (16/602)

Entsprechend könnte man Brechts *Lesebuch für Städtebewohner* und die in diesen Umkreis gehörigen Gedichte (8/277 ff) als frühe Studien zu einer solchen *Gestentafel* verstehen. Einmal, weil hier zum ersten Mal in der Lyrik Brechts (ca. 1926) gewissermaßen Momentaufnahmen von Menschen, Haltungen, Vorgängen und Zuständen in der unmittelbaren gesellschaftlichen Umwelt, der Großstadt, hergestellt werden. Zweitens, weil diese Gedichte, aus Haltungen heraus gesprochen, als Vorgänge von Anrede, selbst einen bestimmten Gestus demonstrieren. (vg. dazu S.52 ff).

Anwendung des Prinzips der Unterbrechung und des Ausschnitts auf unter-schiedlich große Einheiten menschlicher Handlungen und unterschiedlich komplexe soziale Erscheinungen — Das Zerlegen von Handlungszusammen-hängen in Einzelvorgänge und Phasen — Die Zusammensetzung der Fabel

1952 beschreibt Brecht den Gestus-Begriff folgendermaßen:

>»Wir sprechen ferner von einem Gestus (im Gegensatz zu *Gestik* und *Geste*, H.M.R.). Darunter verstehen wir einen ganzen Komplex einzelner Gesten der verschiedensten Art zusammen mit Äußerungen, welcher einem absonderbaren Vorgang unter Men-schen zugrunde liegt und die Gesamthaltung aller an diesem Vorgang Beteiligten be-trifft (*absonderbar* im Sinne von *isolierbar*, H.M.R.), oder einen Komplex von Gesten und Äußerungen, welcher, bei einem einzelnen Menschen auftretend, gewisse Vor-gänge auslöst?(...) oder auch nur eine Grundhaltung eines Menschen.« (16/753)

Diese Ausführungen Brechts geben Aufschluß darüber, unter welchem Aspekt Ausschnitte von Vorgängen der gesellschaftlichen Wirklichkeit gemacht wer-den und in welchem Rahmen sie erscheinen. Diese Ausschnitte können also er-fassen:
— eine ganze komplexe Situation, in der Menschen in einer bestimmten Weise sich zueinander verhalten,
— das Verhalten eines einzelnen in seinem Wirkungszusammenhang,
— die Befindlichkeit (Grundhaltung) eines Menschen.
Die Beispiele, die Brecht selbst zu den unterschiedlichen Aspekten gibt, erläu-tern das genauer; sie werden erweitert um Beispiele, die Brecht an anderer Stelle beisteuert, um den Begriff des Gestus plastischer zu machen.

1. Komplex von Gesten und Äußerungen, die Gesamthaltung aller an diesem Vorgang Beteiligten betref-fend	2. Komplex von Gesten und Äußerungen, bei einem einzelnen Men-schen, Vorgänge auslö-send:	3. Komplex von Gesten und Äußerungen, die Grundhaltung eines einzelnen Menschen Menschen betreffend:
Verurteilung eines Menschen durch an-dere Menschen Beratung, Kampf	die zögernde Haltung des Hamlet	Zufriedenheit
	das Bekennertum des Galilei	Warten (16/753,
Eine Arbeitsverrich-tung, die eine ge-sellschaftliche Bezie-hung enthält wie Aus-beutung oder Kooperation (16/753)	Ein Mann, der einen Fisch verkauft Ein Mann, der sein Testament schreibt	Galileis Art zu beob-achten, seine showmanship seine Genußsucht (17/1120)

Schreiten über Leichen (*Gestus* des faschistischen Pomps) (15/483 f)	Eine Frau, die einen Mann anlockt	Höflichkeit, Zorn Überredenwollen, Spotten, Memorieren, Überrumpeln, Warnen, Furchtbekommen, Furcht einflößen (12/458)
	Ein Mann, zehn Männer auszahlend	
	Eine demütige Verbeugung, ein Auf-die-Schulter-Klopfen (15/409)	

Diese Zuordnungen zeigen erstens, daß gelegentlich Unsicherheiten bestehen können in der Zuordnung, daß also die unterschiedlichen Aspekte des Gestus-Begriffs sich nicht vollkommen voneinander absetzen lassen: die Grundhaltung eines Menschen etwa könnte zugleich in einem Komplex von Gesten und Äußerungen erscheinen, die bei anderen Menschen bestimmte Vorgänge auslösen, diese wiederum können in einem Gesamtkomplex eines Vorgangs unter Menschen erscheinen, der die Gesamthaltung aller Beteiligten umfaßt.

Das hängt natürlich mit der Grundbestimmung des Gestus zusammen, der Beziehungen zwischen Menschen erfassen soll, die auch in der Grundhaltung eines Menschen wirksam werden: Die Grundhaltung des Zorns äußert sich zugleich im Gestus des Beschimpfens, die der Ironie im Gestus des Spottens, der Propaganda im Gestus des Überredenwollens usw. Wenn Brecht »innerhalb eines bestimmten Gestus (wie Trauer) noch viele andere Gesten« entdeckt, »wie Allezeugenanrufen, Sichzurückhalten, Ungerechtwerden« (12/458), so tritt zu der Grundhaltung ‚Trauer’ jeweils noch ein weiterer Gestus, der bei anderen Menschen ‚Vorgänge auslöst’. An anderer Stelle nennt Brecht »Versuche, auf einer glatten Fläche nicht auszurutschen«, einen (gesellschaftlichen) Gestus, »wenn jemand durch ein Ausrutschen ‚sein Gesicht verlöre’, d.h. eine Geltungseinbuße erlitte«, oder auch den »Blick des gejagten Hundes«, »wenn gezeigt wird, wie durch besondere Machenschaften der Menschen der einzelne Mensch auf die tierische Stufe heruntergedrückt wird« (15/483 f). Hier handelt es sich um Haltungen, die ausgelöst werden durch die besonderen Haltungen anderer Menschen oder Gruppen von Menschen; durch diese Haltungen wird also zugleich auf die Haltungen von anderen verwiesen. »Zu den Haltungen, eingenommen von Menschen zu Menschen«, schreibt Brecht, »gehören selbst die anscheinend ganz privaten, wie Äußerungen des körperlichen Schmerzes in der Krankheit oder die religiösen« (16/690), und zwar, weil sie an andere Menschen appellieren, durch den Verkehr mit ihnen erworben wurden, oder im Kontext der Beziehungen zu ihnen erscheinen. Auch diese Haltungen sind Haltungen im Hinblick auf andere.

Diese Zuordnungen sind also nicht eigentlich systematischer Natur, sie zeigen aber (zweitens), daß die unterschiedlichen Aspekte des Gestus-Begriffes nicht

Verschiedenes meinen; der Begriff richtet sich nur (in seiner analytischen Qualität) auf verschieden große Einheiten im Zusammenhang menschlicher Handlungen, und zwar in diesem Fall von der Grundhaltung eines einzelnen Menschen ausgehend bis zur Totalität eines ganzen Zusammenhanges.

Unter etwas anderen Gesichtspunkten kommen wir zu Einheiten, wenn wir Handlungszusammenhänge quasi in ihrem zeitlichen Ablauf unterbrechen, sie in Einzelvorgänge zerlegen:

> »Jedes Einzelgeschehnis hat seinen Grundgestus: Richard Gloster wirbt um die Witwe seines Opfers. Vermittels eines Kreidekreises wird die wahre Kindesmutter ausgefunden. Gott wettet mit dem Teufel um die Seele des Doktor Faust. Woyzeck kauft ein billiges Messer, seine Frau umzubringen usw.« (16/693)

Dieses Zerlegen eines Handlungszusammenhanges in seine Einzelvorgänge und das Bestimmen des jeweiligen Grundgestus', anders gesagt, das Herausfinden des jeweiligen Sinns in diesem Geschehnis, der »gesellschaftlichen Pointe« (16/755), ist eine der wesentlichen Komponenten der Theaterarbeit Brechts, also der Arbeit mit dem gestischen Prinzip, und entspricht dem anfänglich beschriebenen sezierenden und auswählenden Blick in die gesellschaftliche Wirklichkeit.

> »Wie wir erfahren haben, zerschneidet der Stückschreiber ein Stück in kleine selbständige Stückchen, so daß der Fortgang der Handlung ein sprunghafter wird. Er verwirft das unmerkliche Ineinandergleiten der Szenen« (16/605)

An anderer Stelle führt er dafür Gründe an:

> »Da das Publikum ja nicht eingeladen werde, sich in die Fabel wie in einen Fluß zu werfen, um sich hierhin und dorthin unbestimmt treiben zu lassen, müssen die einzelnen Geschehnisse so verknüpft sein, daß die Knoten auffällig werden. Die Geschehnisse dürfen sich nicht unmerklich folgen, sondern man muß mit dem Urteil dazwischenkommen können.(...) Die Teile der Fabel sind also sorgfältig gegeneinander zu setzen, indem ihnen ihre eigene Struktur, eines Stückchens im Stück gegeben wird.« (16/694)

Der Grundgestus eines Vorgangs und seine Kennzeichnung im ‚Titel' — Zur Funktion und Problematik der Titelfindung

Eine besondere Art, diese *Knoten* auffällig zu machen, ist es, für diese einzelnen Geschehnisse Titel zu finden, die die *gesellschaftliche Pointe*, d.h. also ihren Grundgestus ausformulieren, und auf diese Weise die Teilvorgänge deutlich voneinander ablösen und sie gleichzeitig auf einer anderen Ebene akzentuiert miteinander und mit dem gesamten Handlungszusammenhang verbinden. Der Wechsel der Ebenen, sowohl ästhetisch durch Verwendung von Projektion, Plakat oder Schildern als theatralisches Mittel als auch erkenntnistheoretisch durch den Wechsel von Bildern zu Texten, vom *Gestalteten* zum *Formulierten*, ermöglicht die gleichzeitige Trennung und Verknüpfung.[4] Diese Titel sind ein Schritt in Richtung auf die von Brecht angestrebte »Literarisierung des Theaters«:

> »Die Tafeln, auf welche die Titel der Szenen projiziert werden, sind ein primitiver Anlauf zur Literarisierung des Theaters. Diese Literarisierung des Theaters muß, wie überhaupt die Literarisierung aller öffentlichen Angelegenheiten, in größtem Ausmaß weiterentwickelt werden.
>
> Die Literarisierung bedeutet das Durchsetzen des ‚Gestalteten' mit dem ‚Formulierten', gibt dem Theater die Möglichkeit, den Anschluß an andere Institute für geistige Tätigkeit herzustellen, bleibt aber einseitig, solange sich nicht auch das Publikum an ihr beteiligt und durch sie ‚oben' eindringt. Gegen die Titel ist vom Standpunkt der Schuldramatik aus geltend zu machen, daß der Stückeschreiber alles zu Sagende in der Handlung unterzubringen habe, daß die Dichtung aus sich heraus alles ausdrücken müsse. Dies entspricht einer Haltung des Zuschauers, in der er nicht über die Sache denkt, sondern aus der Sache heraus. Aber diese Manier, alles einer Idee unterzuordnen, die Sucht, den Zuschauer in eine einlinige Dynamik hineinzuhetzen, wo er nicht nach rechts und links, nach unten und oben schauen kann, ist vom Standpunkt der neueren Dramatik aus abzulehnen. Auch in der Dramatik ist die Fußnote und das vergleichende Blättern einzuführen.« (17/992)
>
> »Sprüche, Photographien und Sinnbilder stehen um die agierenden Personen. Dies ist ein Milieu von nicht geringerer Natürlichkeit als jedes andere. Nach Jahrhunderten allgemeiner Lektüre haben Inschriften Wirklichkeitscharakter angenommen.« (15/464)
>
> »Den Titeln gegenüber, denen eine bestimmte Darstellungsweise entspricht, wird für gewöhnlich geltend gemacht, daß das Betitelte entweder in dem betreffenden Vorgang drinliege — dann sei der Titel überflüssig, oder nicht drinliege — dann helfe der Titel nicht. Man führt mit Vorliebe die Goetheschen Sätze ‚Bilde, Künstler, rede nicht!' und ‚Man merkt die Absicht und ist verstimmt' an. Das Leben ist titellos. Die Geschichte, die aus Vorgängen besteht, die betitelbar sind, verläuft als Leben, worauf von bürgerlicher Seite oft hingewiesen wird, so daß ihre Geschichtlichkeit schwer erkennbar ist« (15/465)

Abgesehen von ihrer allgemeinen Aufgabe, auffällige ‚Knoten' in dieses ‚titellose Leben' zu knüpfen und dadurch deutlich zu machen, daß das Theater eben nicht das ‚Leben' ist, sondern u.a. ein Erkenntnisvorgang, und um diesen Erkenntnisvorgang zuwege zu bringen, haben Titel zu Einzelvorgängen die Aufgabe, diese Vorgänge in ihrer »Geschichtlichkeit« (s.o.) zu kennzeichnen:

> Der Stückeschreiber zerschneidet ein Stück in kleine selbständige Stückchen, und zwar erläutert in den Dialogen des MESSINGKAUF
> DER DRAMATURG »so, daß der Titel, der einer Einzelszene gegeben werden kann, einen historischen oder sozialpolitischen oder sittengeschichtlichen Charakter hat.
> DIE SCHAUSPIELERIN — Ein Beispiel!
> DER DRAMTURG ‚Mutter Courage zieht als Geschäftsfrau in den Krieg' oder ‚Mutter Courage hat Eile, da sie fürchtet, der Krieg könne schnell wieder aufhören' oder ‚Während sie den Feldwebel labt, führt der Werber ihren Sohn weg'.
> DER SCHAUSPIELER Wieso hat der letzte dieser Titel einen historischen oder sozialpolitischen oder sittengeschichtlichen Charakter?

DER DRAMATURG Es wird als Charakteristikum der Zeit gezeigt, daß gutherzige Handlungen teuer zu stehen kommen.

DER SCHAUSPIELER Das ist auch ein Charakteristikum unserer Zeit, und wo war eine Zeit, die anderes sah?

DER DRAMATURG Eine solche Zeit kann in unserer Vorstellung sein.« (16/606)

Es gibt also ‚gute' und ‚schlechte' Titel. Ein Kriterium wäre, wie weit sie die Geschichtlichkeit von Vorgängen ausdrücken, ein weiteres, und damit eine neue Funktion, ob sie Darstellern Hinweise für die Realisierung der Situation geben:

> »Die Titel sollen die gesellschaftliche Pointe enthalten, zugleich aber etwas über die wünschenswerte Art der Darstellung aussagen, d.h., je nachdem den Ton der Titel einer Chronik oder einer Ballade oder einer Zeitung oder einer Sittenschilderung nachahmen.« (16/694)

Wie schwierig es ist, sogar — oder gerade — für Schauspieler, Titel zu finden, die diesen Kriterien entsprechen und damit ihre Funktionen erfüllen können, anders gesagt, wie schwierig es ist, den jeweiligen Gestus eines Einzelvorgangs zu bestimmen, berichtet Brecht aus der Arbeit mit dem Schauspieler Greid für eine schwedische *Mutter-Courage*-Aufführung:

> »das zerschneiden der großen szenen in teilszenen geht leicht, jedoch gelang es bis jetzt greid nicht, auch nur einen einzigen titel zu finden. als beispiel die 2. szene.« (In dieser Szene finden wir die Mutter Courage im Streit mit dem Koch des Feldhauptmanns. Sie will ihm einen Kapaun verkaufen, der Koch will den Preis nicht zahlen. Der Feldhauptmann bringt einen jungen Reiter mit in sein Zelt, lobt ihn wegen seiner ‚Heldentaten' und lädt ihn zum Essen ein. Die Courage, die in dem jungen Reiter ihren Sohn erkennt, nutzt die Gelegenheit und zwingt den Koch, der ohne Fleisch und in Angst um sein Leben ist, den Kapaun teurer als ursprünglich angeboten, einzukaufen. Mutter Courage läßt sich herbei, den Kapaun selbst zu rupfen, dabei hört sie Näheres von den Gefahren und den Heldentaten (Raubüberfällen) ihres Sohnes und hört das Lob des Feldhauptmanns, der solche mutigen Soldaten brauchen kann. Courage entrüstet sich darüber und schilt ihn einen schlechten Feldhauptmann. Schließlich, als ihr Sohn in die Küche kommt und sie erkennt, ohrfeigt sie ihn wegen seiner Tollkühnheit.)

Hier die Titelvorschläge Greids (G) und Brechts eigene Vorschläge (B):

»vorschlag G	vorschlag B
MC wird beim verkauf einer schon rar gewordenen ware durch die ankunft ihres sohnes eilif begünstigt. (2) szenen zusammengeschlagen!)	MC treibt lebensmittelwucher in der Küche des feldhauptmanns. (a) wiedersehn der C mit ihrem sohn nach zweijähriger trennung. sie benützt seine ankunft und seinen ruhm zur preistreiberei. (b)
eilif berichtet seine heldentat.	MC hört, wie gefährlich das soldatenleben ihres sohnes ist. zugleich: eilif wird wegen eines raubüberfalles auf bauern vom feldhaupt-

MC über schlechte feldhauptleute.
usw.«
(AJ/9.12.40)

mann als klug und kühn gefeiert.
MC ärgert sich über den feldhauptmann, weil er von ihrem sohn hel-

Der qualitative Unterschied der jeweiligen Titel bezieht sich jeweils auf beide vorgenannten Kriterien: der Vorschlag Brechts für die beiden ersten Teilszenen bringt an sozialpolitischer Information die unmittelbare Verbindung von Krieg und Geschäft, festzumachen an den Begriffen ‚Lebensmittelwucher’ und ‚Feldhauptmann’, bzw. die Verbindung von Muttergefühlen und Geschäft (‚Wiedersehn nach zweijähriger Trennung’/‚Preistreiberei’), der Vorschlag Greids ist in dieser Beziehung nichtssagend; der Vorschlag Brechts benennt das spezifische Verhalten der Courage, spricht die widersprüchliche Haltung der Courage in den Punkten Mutterliebe und Geschäftemacherei an und gibt damit deutliche Hinweise »über die wünschenswerte Art der Darstellung«, Greids Vorschlag gibt diesbezüglich überhaupt keine Hinweise, u.a. durch die passivische Konstruktion, die über die spezifische Haltung der Courage, auch über den Wechsel der Haltung und ihre Widersprüche nichts aussagt.

Dabei ist die passivische Konstruktion nicht notwendig nichtssagend in bezug auf den Gestus von Personen. Das zeigt beispielsweise der Titelvorschlag für die folgende Teilszene »eilif wird wegen eines raubüberfalls auf bauern vom feldhauptmann als klug und kühn gefeiert«, der den Gestus des Feldhauptmanns beschreibt.

Desgleichen Brechts Vorschlag für die erste Szene des *Hamlet*: »Der elementare gestische Gehalt (= Grundgestus, H.M.R.) der ersten Szene des *Hamlet*) läßt sich durch den Titel ausdrücken: Im Schloß von Helsingoer wird ein Gespenst gesichtet. Die Szene stellt eine Theatralisierung der Gerüchte dar, die im Schloß über den Tod des Königs umgehen. Jede Inszenierungsart, bei der der Geist Entsetzen hervorruft als Geist, lenkt natürlich ab von der Hauptsache.« Die Hauptsache ist eben nicht der ‚Geist’, sondern die Tatsache, daß in bestimmten historischen Epochen Geister gesehen wurden, welche Leute Geister sahen, und wie sie sich dabei verhielten. Der Titel gibt dafür Hinweise.

Brecht hat versucht, die Schwierigkeiten der Titelfindung und gleichzeitig die Untersuchung unterschiedlicher Aspekte einer Situation mit einem »Schema von Wirkungsquanten« anzugehen, und schreibt in Fortsetzung des Berichts über die Zusammenarbeit mit Greid:

> »von diesem ergebnis etwas enttäuscht, suche ich methoden zur titelfindung. man könnte ein schema von wirkungsquanten aufstellen, nach denen die szenen befragt werden müssen. poetische, dramaturgische, sittengeschichtliche, sozialpolitische, psychologische (die menschenkenntnis fördernde) usw. über diese quanten könnten sätze gebildet werden, die in ästhetischen, sittengeschichtlichen, historischen, psychologischen büchern stehen könnten. als beispiel der erste titel der 2. szene; aufgelöste in sätze über einzelne wirkungsquanten:

a) poetisch ist der kapaun und das lob seiner hervorragenden eigenschaften.
b) die courage macht geschäfte am krieg.
c) die händler brandschatzten ihre eigenen heere wie die bewohner des be-
 kriegten landes.
d) die interessen der obrigkeiten und des volkes sind nicht immer dieselben.
e) kunst des handels.«
 (AJ/9.12.40)

Diese Kennzeichnung einzelner Wirkungsquanten können unterschiedliche
Akzente in einer Szene setzen und, nebeneinandergestellt, die widersprüchliche
Struktur einer Szene aufdecken. Sie beschreiben den Gestus eines Vorgangs aus
einem spezifischen Erkenntnisinteresse heraus und haben, der unterschiedlichen
Distanz zum Vorgang entsprechend, auch einen unterschiedlichen Abstrak-
tionsgrad.[5]

*Der Titel als Pointierung des gestischen Widerspruchs eines Vorgangs, einer
Szene — Die Fabel als ‚Gesamtkomposition aller gestischen Vorgänge und
Widersprüche' — Der Gesamtgestus eines Stücks*

Die Vorgehensweise Brechts läßt sich insgesamt gesehen wie folgt beschreiben:
Er zerschlägt einen größeren Handlungszusammenhang in kleine, widerspruchsvolle Einheiten, zerlegt sie weiter in ihre Teilvorgänge, verfolgt die zuta-
getretenen Widersprüche bis in die sich jeweils bedingenden Haltungen der beteiligten Personen und macht sie in der konkreten Geste der Personen manifest.
Diese isolierten Einheiten werden neu verknüpft durch ‚auffällige Knoten', etwa die Durch*setzung* des Gestalteten mit Formuliertem. »Die ‚zufällige', ‚Leben
vortäuschende', ‚zwanglose' Gruppierung ist aufgegeben: Die Bühne spiegelt
nicht die ‚natürliche' Unordnung der Dinge. Das angestrebte Gegenteil natürlicher Unordnung ist natürliche Ordnung. Die ordnenden Gesichtspunkte sind
geschichtlich-gesellschaftlicher Art.« (17/1037) Dazu drei Beispiele:

1. Brecht beschreibt den Gestus der ersten Szene des dritten Bildes von *Mutter
 Courage und ihre Kinder* folgendermaßen: »Die Courage tätigt einen unredli-
 chen Handel mit Heeresgut und ermahnt dann ihren Sohn beim Heer, seinerseits immer redlich zu sein.« (16/754) Die Beschreibung zweier Darstellungsva-
 rianten der Schauspielerinnen Helene Weigel und Therese Giehse zeigt die
 Ausformulierung dieses widersprüchlichen Gestus in einer konkreten Geste:
 »Die Weigel spielte diese Szene so, daß die Courage ihrem Sohn bedeutet, dem Handel nicht zuzuhören, da er ihn nichts angeht. In der Münchner Aufführung nach

dem Berliner Modell spielte die Giehse die Szene so, daß die Courage dem Zeugmeister, der den Sohn sehend, zögert, weiterzureden, mit einer Handbewegung anweist, weiterzusprechen, da der Sohn das Geschäft ruhig hören kann. Bleibt die
dramaturgische Funktion der Szene erhalten: In einem korrupten Milieu wird ein
junger Mensch aufgefordert, unverbrüchlich redlich zu handeln. Der Gestus der
Courage ist nicht derselbe.« (16/754)

Der in dieser Szene angelegte gesellschaftliche Widerspruch ist durch konkrete Geste jeweils unterschiedlich akzentuiert und nach einer anderen Seite
hin ‚aufgelöst': Die Weigel akzentuiert den mütterlichen Gestus, der die Fakten der gesellschaftlichen Wirklichkeit zudeckt, die Giehse akzentuiert den
Gestus der Geschäftemacherin, sie spielt mit offenen Karten; die Grundhaltung, die die Weigel zeigt, ist die des ‚schlechten Gewissens', die Grundhaltung, die die Giehse zeigt, ist die eines ‚realistischen Zynismus'.

2. Der Titel Brechts für einen Teilvorgang der zweiten Szene des gleichen
   Stücks lautete: »MC hört, wie gefährlich das soldatenleben ihres sohnes ist.
   zugleich: eilif wird wegen eines raubüberfalles auf bauern vom feldhauptmann als klug und kühn gefeiert.« Der Widerspruch erscheint hier in den gegensätzlichen Grundhaltungen zweier Personen gegenüber objektiv gleichen
   Tatbeständen: der mütterlichen Besorgnis auf der einen Seite und dem eigen-
   nützigen Wohlwollen des Feldhauptmanns auf der anderen.

3. Der Titel der zweiten Szene des Stückes *Die Mutter* lautet: »PELAGEA
   WLASSOWA SIEHT MIT KUMMER IHREN SOHN IN DER GESELLSCHAFT
   REVOLUTIONÄRER ARBEITER.« (2/827) Brecht löst den Gesamtvorgang
   dieser Szene in eine Folge von Teilvorgängen auf, die den latent widersprüchlichen Gestus dieser Szene in seinen einzelnen Widersprüchen entfaltet und an den wechselnden Haltungen der *Mutter* festmacht:

   »1. Der junge Arbeiter Pawel Wlassow erhält zum ersten Mal den Besuch revolu-
      tionärer Genossen, die in seiner Wohnung eine illegale Arbeit erledigen wol-
      len.
   2. Mit Kummer sieht seine Mutter ihn in der Gesellschaft revolutionärer Arbei-
      ter. Sie versucht, sie zu verscheuchen.
   3. In einem kleinen Lied erklärt die Arbeiterin Mascha Chalotowa, daß der Ar-
      beiter, um Brot und Arbeit zu erkämpfen, den ganzen Staat ‚von unten nach
      oben umkehren' muß.
   4. Eine polizeiliche Haussuchung zeigt Pelagea Wlassowa die Gefährlichkeit der
      neuen Tätigkeit ihres Sohnes.
   5. Obgleich entsetzt über die Rohheit der Polizisten, erklärt Pelagea Wlassowa
      doch, daß sie nicht den Staat, sondern ihren Sohn für den Gewalttätigen hält.
      Sie verurteilt ihn deswegen und mehr noch seine Verführer.
   6. Pelagea Wlassowa merkt, daß ihr Sohn zu einer gefährlichen Flugblattverteilung
      ausersehen ist und bietet sich, um ihn aus dieser Sache herauszuhalten, selber da-
      zu an.

7. Die Revolutionäre übergeben ihr nach kurzer Beratung die Flugblätter. Sie kann sie nicht lesen.« (17/1039)

Bei dem letzten Beispiel fällt auf, daß der im Szenentitel formulierte Grundgestus der ganzen Szene in dem Grundgestus des zweiten Teilvorgangs wörtlich wiederkehrt. Das gibt einen Hinweis darauf, wie der Begriff des Grundgestus generell zu verstehen ist und welche Funktion er hat. Der Grundgestus der ,Mutter' (ihre kummervolle Haltung) dominiert in einem wesentlichen Zug die ganze Szene über den Teilvorgang hinaus, und zwar sowohl als körperliche Haltung wie auch als allgemeines Beziehungselement ihrem Sohn und den revolutionären Arbeitern gegenüber. Eingelagert in diesen Grundgestus ist eine Folge widersprüchlicher Haltungen (Gesten): der Argwohn, die Abwehr gegenüber den Arbeitern, höchste Besorgnis und Entsetzen über das Eindringen und das Verhalten der Polizisten (neuer Bezugspartner), ihre Empörung gegen die Eindringlinge, die anschließende Verurteilung ihres Sohnes und seiner ,Verführer' bis hin zu ihrem Entschluß, selbst die gefährlichen Flugblätter zu verteilen, um ihren Sohn aus der Sache herauszuhalten. Alle diese kleinen gestischen Schritte werden von ihrem Grundgestus dominiert, aus ihrem wechselseitigen Widerspruch ergibt sich die innere Spannung der Figur und ihre abschließende Entscheidung. Auch in den übrigen Figuren und ihren Handlungsschritten gibt es jeweils dominierende und gegenläufige gestische Momente, aber die Szene im ganzen wird durch den Grundgestus der Pelagea Wlassowa bestimmt, er dominiert.

Jede abgelöste gestische Einheit — dies läßt sich aus den bisherigen Feststellungen folgern — hat einen dominierenden Gestus, zu dem eine Reihe ergänzender und widersprechender ,Gesten' treten können. Den Brechtschen Terminus Grundgestus, bzw. auf Personen bezogen auch: Grundhaltung, verstehe ich als diesen dominierenden Gestus innerhalb eines gestischen Komplexes. Die Tatsache, daß jede abgelöste gestische Einheit ein in sich widersprüchlicher gestischer Komplex ist, ermöglicht meines Erachtens erst die Auflösung gestischer Einheiten in kleinere Teileinheiten (gestische Details) bzw. den Zusammenschluß zu umfassenderen komplexen Einheiten: Die einzelnen Haltungen von Personen können zur Gesamthaltung aller an einem Vorgang Beteiligten (s.o.) zusammengefaßt bzw. aus dieser Gesamthaltung herausgelöst werden. Die Zusammenfassung des Gestus einzelner Vorgänge kann weiter zum Gestus einer Szene, schließlich zum Gestus eines ganzen Handlungszusammenhanges mit einem Brechtschen Begriff: zur *Fabel*, zusammengefaßt, die Fabel auf kleinere gestische Einheiten bis zur konkreten Geste zurückgeführt werden. Dabei muß unterschieden werden zwischen einem *Grundgestus*, dem dominierenden Gestus innerhalb eines widersprüchlichen gestischen Komplexes, und dem *Gesamtgestus*, der alle widersprüchlichen Einheiten eines gestischen Komplexes umfaßt.

»Die Fabel, die Gesamtkomposition aller gestischen Vorgänge«, gibt »in ihrer

Gänze die Möglichkeit einer Zusammenfügung des Widersprüchlichen«. (16/693)

Sie »entspricht nicht einfach einem Ablauf aus dem Zusammenleben der Menschen, wie er sich in Wirklichkeit abgespielt haben könnte, sondern es sind zurechtgemachte Vorgänge, in denen die Ideen des Fabelerfinders über das Zusammenleben der Menschen zum Ausdruck kommen.« (16/704)

Die Fabel, als so ‚begrenztes Geschehnis' aus dem Chaos aller möglichen Handlungszusammenhänge herausgelöst, ist eine Verknüpfung in sich widersprüchlicher Einzelzüge und Handlungseinheiten, zugleich aber eine die Einheit der Widersprüche herstellende Komposition, d.h. ein Produkt des Denkens über gesellschaftliche Vorgänge mit einem ‚bestimmten Sinn': eine gesellschaftsanalytische Einheit. Die Fabel, als ‚Gesamtkomposition aller gestischen Vorgänge', ist zugleich der konkrete Vollzug von Gesten, Mimik, Aussagen, also von Handlungen im Darstellungsprozeß, aus denen die widersprüchliche Einheit von Vorgängen zwischen Menschen deutlich wird: eine theatralische Einheit. Dieser Doppelaspekt des Fabel-Begriffs ist — ebenso wie der Doppelaspekt des mit ihm direkt verbundenen Gestus-Begriffs — nur verständlich, wenn das theatralische Handeln als sichtbarer Ausdruck des Denkens über das Handeln in der Wirklichkeit aufgefaßt wird.[6]

> »Die Auslegung der Fabel und ihre Vermittlung durch geeignete Verfremdungen ist das Hauptgeschäft des Theaters. Und nicht alles muß der Schauspieler machen, wenn auch nichts ohne Beziehung auf ihn gemacht werden darf. Die *Fabel* wird ausgelegt, hervorgebracht und ausgestellt vom Theater in seiner Gänze, von den Schauspielern, Bühnenbildnern, Maskenmachern, Kostümschneidern, Musikern und Choreographen.« (16/696)

Über die Fabel hinaus geht der ‚Gesamtgestus eines Stückes' der den Gestus der Darsteller, die Formen des Zeigens und Aushändigens, die Vermittlungsformen, die Haltung des Stückschreibers usw. mit umfaßt. Brecht schreibt darüber:

> »Der Gesamtgestus eines Stückes ist nur in vager Weise bestimmbar, und man kann nicht die Fragen angeben, die gestellt werden müssen, ihn zu bestimmen. Da ist immerhin die Haltung des Stückeschreibers zum Publikum. Belehrt er? Treibt er an? Provoziert er? Warnt er? Will er objektiv sein? Subjektiv? Soll das Publikum zu einer guten Laune oder schlechten Laune überredet werden, oder soll es nur daran teilnehmen? Wendet er sich an die Instinkte? An den Verstand? An beides? Usw. usw. Dann hat man die Haltung einer Epoche, der des Stückschreibers und derjenigen, in die das Stück verlegt ist. Tritt z.B. der Stückschreiber repräsentativ auf? Tun es die Figuren des Stücks? Dann gibt es den Abstand zu den Vorgängen. Ist das Stück ein Zeitgemälde oder ein Interieur? Dann gibt es, bei diesem Abstand oder jenem, den Stücktypus. Handelt es sich um ein Gleichnis, das etwas beweisen soll? Um die Beschreibung von Vorgängen ungeordneter Art? — Dies sind Fragen, die gestellt werden müssen, aber es müssen noch mehr Fragen gestellt werden. Und es kommt darauf an, daß der Fragende keine Furcht vor einander widersprechenden Antworten hat, denn ein Stück wird lebendig durch seine Widersprüche. Zugleich aber muß er diese Widersprüche klar-

stellen und darf nicht etwa dumpf und vage verfahren in dem bequemen Gefühl, die Rechnung gehe ja doch nicht auf.« (16/753)

Unter dem Gesamtgestus eines Stückes wäre demnach der gesamte Prozeß zu begreifen, der sich in der Auseinandersetzung mit einem Theaterstück und dem durch ihn vermittelten Gegenstand der gesellschaftlichen Wirklichkeit ereignet, d.h. die unterschiedlichen Haltungen und Vorgänge, die sich in dieser Auseinandersetzung ergeben.

Gestische Sprache und gestisches Sprechen

Gestisches Sprechen in Abhängigkeit vom Grundgestus eines Vorgangs und von der Grundhaltung des Sprechenden — Gestische Sprache und gestische »Sprachweise« als Werkzeug des Handelns

Eine erste ausführliche Äußerung Brechts zum Problem des gestischen Sprechens — und zur Frage des Gestus überhaupt — findet sich in den Materialien zur Berliner Aufführung des Stückes *Mann ist Mann* und wurde 1931 im Berliner Börsenkurier veröffentlicht. Brecht äußert sich da »Zur Frage der Maßstäbe bei der Beurteilung der Schauspielkunst« (17/982), und zwar anläßlich der Kritik an der neuen ‚gestischen Spielweise'. Brecht reagiert auf den Einwand, die ‚ganz nach dem Gestischen aufgelöste Art des Sprechens' und »ihr das Gestische herausarbeitender Charakter« sei »als dem Sinn nicht förderlich, als monoton in Erscheinung« getreten, das gestische Prinzip habe eine »Art, nicht auf klaren Sinn zu sprechen« und »nur Episoden zu spielen«, zur Folge (17/983). Brecht schreibt dazu:

> »Hier war (...) über den Einzelsinn der Sätze hinaus ein ganz bestimmter Grundgestus herausgearbeitet, der zu seiner Wahrnehmlichkeit zwar des Sinns der einzelnen Sätze nicht ganz entraten konnte, aber doch eben dieses Sinns nur mehr als Mittel zum Zweck bedurfte. Der Inhalt der Partien bestand aus Widersprüchen, und der Schauspieler mußte versuchen, den Zuschauer nicht etwa durch Identifizierung mit den einzelnen Sätzen selber in Widersprüche zu verwickeln, sondern ihn darauszuhalten. Es mußte eine möglichst objektive Ausstellung eines widerspruchsvollen inneren Vorgangs als ein Ganzes sein. So wurden bestimmte Sätze als besonders aufschlußreich sozusagen ‚am besten Platz ausgestellt', also laut gerufen, und ihre Auswahl war beinah eine intellektuelle Leistung (selbstverständlich kommt auch eine solche aus einem künstlerischen Prozeß. (...) Die Sätze (Aussprüche) wurden also nicht dem Zuschauer nahegebracht, sondern entfernt, der Zuschauer wurde nicht geführt, sondern seinen Entdeckungen überlassen.« (17/984)

Diesen Ausführungen ist ein wichtiger Gesichtspunkt für das gestische Sprechen zu entnehmen: Der Sinn eines Einzelgeschehnisses, anders ausgedrückt: der Grundgestus eines Vorgangs dominiert gegenüber dem Einzelsinn der Sätze, obwohl dieser Einzelsinn der Sätze auch wieder zur Konstitution des Grundgestus beiträgt; deren Tonfall und Akzentuierung sind abhängig von der besonderen Haltung, die ein Mensch, diesen Satz sprechend, in einer besonderen Situation anderen Menschen gegenüber einnimmt. Die ‚Ausstellung' einzelner Sätze am ‚besten Platz' richtet sich nach dem Verhältnis ihres spezifischen Sinns zum Grundgestus. Brecht berichtet in diesem Zusammenhang von einem Experiment:

»Ein kleiner Film (offensichtlich ein Stummfilm, H.M.R.), den wir von der Vorstellung aufnahmen, indem wir mit Unterbrechungen die hauptsächlichen Drehpunkte der Handlung filmten, so daß also in großer Verkürzung das Gestische herauskommt, bestätigt überraschend gut, wie treffend Lorre (der betreffende Schauspieler, H.M.R.) gerade in diesen langen Sprechpartien den allen (ja unhörbaren) Sätzen zugrunde liegenden mimischen Sinn wiedergibt.« (17/985)

Gestisches Sprechen setzt also — nach diesen frühen Vorstellungen Brechts — eine gewisse Distanz vom konkreten Wortlaut und seinem begrenzten Sinn voraus. Dies kann so weit gehen, daß der Schauspieler, um die betreffende Grundhaltung zu finden, sich zunächst ganz von diesem Sinn und Wortlaut löst:

> »Um die Gesten zu finden, die den Sätzen zugrunde liegen, erfindet er probierend andere Sätze, vulgäre, die nicht den betreffenden Sinn, sondern nur die Geste enthalten.« (15/396)

Vorgezeichnet hat Brecht einen solchen Weg in seinen *Übungsstücken für Schauspieler* (1939), vor allem in den *Parallelszenen*, in denen er klassische Szenen in ein »prosaisches Milieu« verlegt, so etwa die Begegnungsszene der beiden Königinnen in der *Maria Stuart* von Schiller. Die Begründung, die Brecht für solche Übertragungen gibt, ist für das angeschnittene Problem aufschlußreich:

> Diese Szenen werden auf unseren Theatern längst nicht mehr auf die Vorgänge hin gespielt, sondern nur auf die Temperamentsausbrüche hin, welche die Vorgänge ermöglichen. Die Übertragungen stellen das Interesse an den Vorgängen wieder her und schaffen beim Schauspieler außerdem ein frisches Interesse an der Stilisierung und der Verssprache der Originale, als etwas Besonderem, Hinzukommenden.« (7/3003)

Der Kernpunkt des Interesses soll also der Vorgang zwischen diesen beiden Frauen sein, der ihre Beziehung zueinander festlegt: Die eine von ihnen muß sich demütigen, um sich zu retten, die andere muß dies übersehen, weil *sie* demütigen will. Dieser Grundgestus ist in beiden Varianten gleich. Der Auftakt zum *Streit der Fischweiber* und zum *Streit der Königinnen* geht folgendermaßen vor sich:

Schiller: *Maria Stuart* III/3	Brecht: *Der Streit der Fischweiber*
	Straße. Frau Zwillich und ihr Nachbar auf dem Weg
Maria: Es ist nicht darum! Gott, mir ist ganz anders Zumut. — Ach, edler Shrewsbury! Ihr kommt Vom Himmel mir ein Engel zugesendet!— Ich kann sie nicht sehn! Rettet, rettet mich Vor dem verhaßten Anblick —	*Frau Zwillich:* Nein, ich bring's nicht über mich, Herr Koch. Ich kann mich nicht so demütigen. Es ist mir nicht viel geblieben, aber meinen Stolz habe ich noch. Mit Fingern möchten sie auf mich deuten am Fischmarkt: das ist die, die der Scheit, diesem falschen Monstrum, die Schuh geleckt hat!

Shrewsbury: Kommt zu Euch, Königin! Faßt Euern Mut Zusammen! Das ist die entscheidungsvolle Stunde

Maria: Ich habe drauf geharret — Jahrelang
Mich drauf bereitet, alles hab ich mir
 gesagt und ins Gedächtnis eingeschrieben,
Wie ich sie rühren wollte und bewegen!
Vergessen plötzlich, ausgelöscht ist alles,
Nichts lebt in mir in diesem Augenblick,
Als meiner Leiden brennendes Gefühl.
In blutgem Haß gewendet wider sie
Ist mir das Herz, es fliehen alle guten
Gedanken, und die Schlangenhaare schüttelnd
Umstehen mich die finstern Höllengeister.

Shrewsbury: Gebietet Euerm wild empörten Blut,
Bezwingt des Herzens Bitterkeit! Es bringt
Nicht gute Frucht, wenn Haß dem Haß begegnet.
Wie sehr auch Euer Innres widerstrebe
Gehorcht der Zeit und dem Gesetz der Stunde!
Sie ist die Mächtige. — Demütigt Euch!

Maria: Vor ihr! Ich kann es nimmermehr.

Herr Koch: Sie dürfen nicht so aufgeregt sein, Frau Zwillich. Hin müssen sie zur Scheit. Wenn der ihr Neffe vor Gericht gegen Sie aussagt, kriegen Sie vier Monate hinaufgebrummt.

*Frau Zwillich:*Aber ich hab nicht falsch ausgewogen, alles ist Lüge.

Herr Koch: Natürlich Frau Zwillich, wir wissen das, aber weiß es die Polizei? Die Scheit ist Ihnen an Schlauheit weit über. Der sind Sie nicht gewachsen.

Frau Zwillich: Gemeine Tricks.(17/3007)

Der Grundgestus dieser beiden Teilszenen ist identisch, auch der Grundgestus der beiden Figuren zueinander bleibt jeweils gleich. Das teilt sich dem Tonfall der Einzelsätze mit und bestimmt sie über den Einzelsinn hinaus. Daneben gibt es zusätzliche und auch in beiden Parallelszenen unterschiedliche gestische Momente. Sowohl der Grundgestus als auch der Gestus der einzelnen Dialogschritte und der Einzelgestus der Äußerungen sind in der Szene Brechts sehr viel leichter herauszulesen oder auszuprobieren — woran das im einzelnen liegen kann, ist noch zu untersuchen, es scheint aber mit der Vertrautheit, der Alltäglichkeit, der Simplizität und Übersichtlichkeit der Aussagen zusammenzuhängen. Ein entsprechender Gestus ist ebenso in dem Schillerschen Text aufzufinden, aber eben schwieriger: Die Formulierung, die ‚Stilisierung und die Verssprache' leisten Widerstand.[1]

Ähnliche, den Einzelsinn der Sätze dominierende Haltungen aus anderen Stückzusammenhängen wären etwa: »die zögernde Haltung des Hamlets, das Bekennertum des Galilei«, seine »Showmanship«, aber auch *Höflichkeit, Furchteinflö-ßen, Überredenwollen* (Vgl. S. 20). Diese Haltungen müßten eine Situation, einen Vorgang zwischen Menschen stärker bestimmen als die Sätze, die sie äußern. Bliebe das Problem, zumindest im Bereich des Theaters, auf den die Fragen des gestischen Sprechens bisher bezogen sind, wie diese Haltungen aus den gegebenen Sätzen zu entwickeln sind. Allerdings stehen diese Sätze auch wieder in einem im Stück sich konstituierenden Handlungszusammenhang, so daß die konkreten Vorgänge und Handlungen, ihr Zusammenhang und die in diesem Zusammenhang geäußerten Sätze die materielle Basis wären, aus der die Haltungen der handelnden Personen zu rekonstruieren sind.

In den *Me-ti*-Texten findet sich eine detaillierte Beschreibung dessen, was Brecht unter gestischer Sprache bzw. ‚Sprachweise' verstanden wissen will; diese Beschreibung gibt auch für diese Frage weitere Anhaltspunkte:

> »Me-Ti sagte: Der Dichter Kin-je darf für sich das Verdienst in Anspruch nehmen, die Sprache der Literatur erneuert zu haben. Er fand zwei Sprachweisen vor: eine stilisierte, welche gespreizt und geschrieben klang und nirgends im Volk, bei der Erledigung der Geschäfte oder bei anderen Gelegenheiten, gesprochen wurde, und eine überall gesprochene, welche eine bloße Imitation des alltäglichen Redens und nicht stilisiert war. Er wandte eine Sprachweise an, die zugleich stilisiert und natürlich war. Dies erreichte er, indem er auf die Haltungen achtete, die den Sätzen zugrunde liegen: Er brachte nur Haltungen in Sätze und ließ durch die Sätze die Haltungen immer durchscheinen. Eine solche Sprache nannte er gestisch, weil sie nur ein Ausdruck für die Gesten der Menschen war. Man kann seine Sätze am besten lesen, wenn man dabei gewisse körperliche Bewegungen vollführt, die dazu passen, Bewegungen, welche Höflichkeit oder Zorn oder Überredenwollen oder Spotten oder Memorieren oder Überrumpeln oder Warnen oder Furchtbekommen oder Furchteinflößen bedeuten. Oft kommen innerhalb eines bestimmten Gestus (wie Trauer) noch viele andere Gesten vor (wie Allezeugenanrufen, Sichzurückhalten, Ungerechtwerden usw.). Der Dichter Kin-je erkannte die Sprache als ein Werkzeug des Handelns und wußte, daß einer auch dann mit andern spricht, wenn er mit sich spricht.« (12/458)

Die wichtigsten Aussagen dieses Textes sind folgende:

— Gestische Sprache ist zugleich stilisiert und natürlich
— Den Sätzen liegen Haltungen zugrunde. Haltungen werden in Sätze gebracht
  und durch die Sätze scheinen die Haltungen hindurch.
  Diese Sprache ist gestisch, weil sie nur der Ausdruck für die Gesten der Menschen ist.
— Man kann diese Sätze am besten lesen, wenn man dabei gewisse körperliche Bewegungen vollführt, die dazu passen, Bewegungen, welche Zorn oder Höflichkeit u.a. bedeuten.
— Sprache wird erkannt als ein Werkzeug des Handelns.
— Auch wenn einer mit sich selbst spricht, spricht er mit anderen.

Diese Ausführungen scheinen sich zunächst auf die Sprache der Literatur zu beziehen, scheinen eine besondere ‚Technik' literarischer Ausdrucksweise, ein »artistisches Prinzip« (15/483) zu meinen. In diesem Punkt sind sie vor allem von Interesse für die Beantwortung der Frage, wie Haltungen aus Sätzen rekonstruierbar werden. Die andere Frage ist, wie denn diese Sätze als Bestandteil jenes Komplexes »von Gesten, Mimik und für gewöhnlich Aussagen, welchen ein oder mehrere Menschen (an) einen oder mehrere Menschen richten« (15/409), zu realisieren (zu sprechen) sind. Auch dies wäre ein ‚artistisches Prinzip', die Technik darstellerischer Ausdrucksweise betreffend. Beide Fragen bedingen sich gegenseitig, und zwar, so scheint mir, in der Weise, daß die Forderung nach *gestischer Sprache* in den Texten sich stellt, um *gestisches Sprechen*, d.h. die Realisierung von gesellschaftlichem Gestus auf der Bühne zu ermöglichen.

> »Man muß dabei im Auge behalten, daß ich meine Hauptarbeit auf dem Theater verrichte; ich dachte immer an das Sprechen. Und ich hatte mir für das Sprechen (sei es der Prosa oder des Verses) eine bestimmte Technik erarbeitet. Ich kannte sie gestisch. Das bedeutet: die Sprache sollte ganz dem Gestus der sprechenden Person folgen« (19/398)

Die Frage, inwiefern Sätze Haltungen erkennen lassen, läßt sich zunächst einmal zu einer Forderung an den Stückeschreiber umformulieren, nämlich die, Sätze zu schreiben, die die Zugehörigkeit zu einem Gestus, zu einem gestischen Komplex erkennen lassen, die Zuordnung ermöglichen, sogar erzwingen, die also »Haltungen hindurchscheinen lassen« (s.o.). Diese Forderung scheint sich in der Arbeitsweise Brechts niederzuschlagen, wenn er über die Entstehung des Stückes *Die Gesichter der Simone Machard* schreibt:

> »Das ganze Stück ist in der Fabel klar gelegt, zwei Drittel sind konstruiert, aber ich bin noch nicht imstande, auch nur einen Satz der Simone zu entwerfen.« (AJ/2.12.42)

Das Schreiben von Sätzen geht aus von der Konstruktion eines bestimmten Handlungszusammenhanges, in dem »die Ideen des Fabelerfinders über das Zusammenleben der Menschen zum Ausdruck kommen« (16/704), von der Konstruktion von Vorgängen mit einem bestimmten Grundgestus, von Haltungen handelnder Personen, die so und so sprechen sollen. Die Formulierung der Sätze ist der abhängige Faktor, gleichzeitig müßte sich in der abschließenden Formulierung der Sätze, in ihrem Wortlaut, ihrer Struktur, der Gestus der Personen und Vorgänge und ihr widersprüchlicher Zusammenhang widerspiegeln. Wie ist das möglich und welche Äußerungen Brechts geben darüber Aufschluß? Dies sind zunächst einmal unsere Fragestellungen.[2]

Zur gestischen Sprache Luthers, Schillers und Lucretius'/Knebels in Brechts Aufsatz »Über reimlose Lyrik in unregelmäßigen Rhythmen« (Birkenhauers Untersuchungen I)

In seiner sorgfältigen Untersuchung zur »eigenrhythmischen Lyrik Bertolt Brechts«, speziell anhand des Aufsatzes »Über reimlose Lyrik mit unregelmäßigen Rhythmen« (19/395 ff.), beschäftigt sich Klaus Birkenhauer eingehend mit der gestischen Sprache Brechts. Er verzichtet dabei allerdings auf eine genauere Bestimmung der Begriffe »gestisch« und »Gestus« aus einem begrenzten und andersgerichteten Erkenntnisinteresse heraus und beschränkt sich darauf, »festzustellen, was unter einer ‚gestischen Formulierung' oder, allgemeiner, unter ‚gestischer Sprache' zu verstehen ist; denn nur in dieser speziellen Anwendung gebraucht Brecht den Begriff ‚gestisch' in seinem Aufsatz« (Birkenhauer, 53). Diese Beschränkung führt zu einigen wichtigen Erkenntnissen, muß aber — eben aus Gründen des obengenannten Verzichts — auch notwendig zu Fehlschlüssen und falschen Akzenten führen.

Der wesentliche Mangel dabei ist, daß Birkenhauer nicht »die Sprache als ein Werkzeug des Handelns« begreift (s.o.), sie also nicht zurückführt auf gesellschaftliche Haltungen und Vorgänge zwischen Menschen, und damit einen wesentlichen Aspekt, der den Begriff des Gestus und also auch den der gestischen Sprache ausmacht, außer Acht läßt. Die Folge ist, daß bereits in den Anfangsvermutungen, »daß der Begriff ‚gestisch' mit ‚stilistisch gut' wiederzugeben sei«, bzw. in der erweiterten « Bestimmung: ‚stilistisch gut im Hinblick auf das Sprechen'« fast ausschließlich die formalen bzw. formbildenden Qualitäten des Gestischen angesprochen werden (54). Das deutet sich auch in seinen Zusammenfassungen der Überlegungen zur gestischen Sprache an:

> »Der Begriff ‚gestische Sprache' scheint eine ganze Reihe von bisher getrennt durchforschten Bereichen der Sprachwissenschaft gleichzeitig zu durchdringen, und zwar hauptsächlich die Phonetik und die Semantik, aber auch die Morphologie, die Syntax, die Stilistik und die Metrik.« (69)

Eine Forschungsrichtung, die »die Sprache als ein Werkzeug des Handelns« untersucht, fehlt bei Birkenhauer. »Die nahe Verwandtschaft zur Sprache des Theaters, oder allgemeiner: zur gesprochenen Sprache«, wird in erster Linie nach grammatischen und phonetischen Gesichtspunkten untersucht. Die Tatsache, daß es sich bei der gestischen Sprache — der Forderung nach — um ein Element des Handelns in sozialen Situationen dreht, wird reduziert auf ihre Funktion innerhalb der ‚poetischen Kommunikation': »Insofern können wir sagen, daß die ‚Form' der gestischen Sprache die gesellschaftspolitischen ‚Inhaltselemente' sozusagen den Hörern ‚serviert', also ein Kommunikationsverhältnis schafft« (99).

Der Vorgang zwischen Dichter und Hörer ist zwar ein Vorgang zwischen Menschen; wäre die Sprache Brechts aber auf diesen Gestus beschränkt, so wäre sie — um mit Brecht zu sprechen — ‚gestisch arm'.

Bertolt Brecht gibt in dem Aufsatz »Über reimlose Lyrik mit unregelmäßigen Rhythmen« ein Beispiel für eine gestische Formulierung, in der die Sprache »ganz dem Gestus der sprechenden Person« folgt, bzw. »bestimmte Haltungen des Sprechenden anzeigt, die dieser anderen Menschen gegenüber einnimmt,« (15/482). Es ist der Satz aus der Bibel: »Wenn dich dein Auge ärgert, reiß es aus!« Brecht beschreibt den Gestus so: »Der erste Satz enthält eine Annahme, und das Eigentümliche, Besondere in ihr kann im Tonfall voll ausgedrückt werden. Dann kommt eine kleine Pause der Ratlosigkeit und erst dann der verblüffende Rat« (19/398). Denselben Satz interpretiert Brecht an anderer Stelle (15/482) gestisch etwas abweichend: Es »wird zunächst das Auge gezeigt, dann enthält der erste Halbsatz den deutlichen Gestus des etwas Annehmens, und zuletzt kommt, wie ein Überfall, ein befreiender Rat, der zweite Halbsatz.« Brecht nennt diese Formulierung Luthers »gestisch viel reiner und reicher« als die Formulierung: »Reiße das Auge aus, das dich ärgert!« (18/398) Er schreibt dazu:

> »Der Satz der Bibel ‚Reiß das Auge aus, das dich ärgert' hat einen Gestus unterlegt, den des Befehls, aber er ist doch nicht rein gestisch ausgedrückt, da ‚das dich ärgert' eigentlich noch einen anderen Gestus hat, der nicht zum Ausdruck kommt, nämlich den einer Begründung.«

Der Gestus des Befehls (oder der Aufforderung) erscheint vermischt mit einem verkümmerten Gestus der Begründung. Der Gestus der Begründung kann im Tonfall nicht ausgedrückt werden, er stört vielmehr (trübt) den Tonfall des Befehls. Er kann auch nicht durch eine Geste gestützt werden. Dies ist vielleicht noch einsichtiger in der Formulierung des Satzes in dem früheren Text Brechts (15/482), in der der Relativsatz eingeklammert ist: »Reiße das Auge, das dich ärgert, aus!«
Dabei ist nicht die Tatsache von Belang, daß ein Gestus innerhalb eines anderen erscheint, das ist ein Charakteristikum jeder komplexen gestischen Einheit: »Diese gestischen Äußerungen sind meist recht kompliziert und widerspruchsvoll.« (16/690) Wichtig ist vielmehr, daß ein Gestus deutlich sich niederschlägt in der Sprache und sich auf eine bestimmte Weise in oder auch gegen einen anderen artikulieren kann.
In der ‚reineren und reicheren' Formulierung werden in deutlichen Wendungen die Gesten der Annahme, der Ratlosigkeit und des Ratens, verbunden mit dem Gestus des Verblüffens, voneinander abgesetzt. (In der anderen Deutung Brechts: die Gesten des Zeigens, der Annahme und des Ratens, verbunden mit dem Gestus des Befreiens und des Überfallens.) Dabei entspricht der Gestus der ‚Ratlosigkeit' natürlich wohl eher der Haltung des Angesprochenen. Der Sprechende hätte demgegenüber etwa die Haltung des Aufdiefolterspannens oder

des Zappelnlassens, ausgedrückt durch die Redepause, möglicherweise eine Geste, die sich verbal vielleicht umschreiben ließe: »Na, was — glaubst du — werde ich dir raten?«: eine ‚rhetorische’ Ratlosigkeit.

Dem ganzen unterliegt darüberhinaus viel deutlicher als der gestisch ärmeren und getrübteren Formulierung zusätzlich ein Gestus des *exemplarischen Redens.*[3]

> Dieser Gestus fehlt der anderen Formulierung eigentlich vollständig, und zwar eben dadurch, daß der Satz »Reiße das Auge aus« zunächst ganz konkret genommen werden muß, da er nicht durch eine grundlegende Bedingung von vornherein eingeschränkt ist; der erläuternde (begründende) Relativsatz legt eher nahe, daß von einem ‚ärgerlichen’ Auge bereits die Rede gewesen ist, abgesehen von dem anderen, das offenbar nicht ärgert.
>
> Man könnte den Satz etwa so in den Kontext vorausgegangener Äußerungen stellen:
> »Mensch, mein Auge juckt ganz gemein!«
> »Welches?«
> »Das rechte«
> »Das andere nicht?«
> »Nee«
> »Dann keinen langen Jammer: Reiß das Auge, das dich ärgert, aus!«

Eine Äußerung, so kann man zusammenfassen, ist also gestisch ‚reich’, wenn der Gestus verschiedentlich wechselt und in jedem Fall als deutliche gestische Wendung erscheint. Innerhalb eines bestimmten Gestus können durchaus andere ‚Gesten’ angelegt sein, nur dürfen sie sich nicht gegenseitig behindern oder unterdrücken, sondern müssen sich entweder gegenseitig steigern oder voneinander absetzen lassen, sonst erscheint der Gestus nicht ‚rein’.

Der Luthersche Bibelsatz würde also, nach den Brechtschen Vorgaben gestisch interpretiert, folgendermaßen aussehen:

Wenn dich dein Auge ärgert	. . . .	reiß es aus
Gestus der Annahme	*Gestus der Ratlosigkeit* bzw. Gestus des Aufdiefolterspannens	*Gestus des Ratens verbunden mit dem* Gestus des Verblüffens

Gestus des exemplarischen Redens

Brecht nimmt offensichtlich an, daß die Sprache des Alltags gestisch reich und rein ist, zumindest die Sprache des Volkes, und daß es leicht ist, gestisch zu formulieren, wenn man ‚dem Volk aufs Maul schaut’. Entsprechend kommt Birkenhauer zu Ergebnissen, die die nahe Verwandtschaft der gestischen Sprache zur gesprochenen Sprache, und zwar auch und gerade in ihren syntaktischen Elementen betonen (Birkenhauer, 70). Es zeigt sich jedoch wieder, daß Birkenhauer in seiner Argumentation sich im wesentlichen auf die Untersuchung syntaktischer Bauelemente stützt und damit wichtige Hinweise Brechts übersieht und nicht nutzt (vgl. dazu Birkenhauer, 55 ff).

Brecht stellt im Anschluß an den biblischen Satz zwei Texte von Schiller und Lucretius (in der Übersetzung von Knebel) nebeneinander, um den unterschiedlichen gestischen Gehalt innerhalb regelmäßig rhythmisierter Gedichte zu demonstrieren.

> »Hast Du den Säugling gesehn, der unbewußt noch der Liebe,
> Die ihn wärmet und wiegt, schlafend von Arm zu Arm
> Wandert, bis bei der Leidenschaft Ruf der Jüngling erwachet
> Und des Bewußtseins Blitz dämmernd die Welt ihm erhellt?«
> (Schiller: *Der philosophische Egoist*)

> Daß aus nichts nichts wird, selbst nicht durch den Willen der Götter.
> Denn so enge beschränket die Furcht der Sterblichen alle;
> Da sie so viel der Erscheinungen sehn, am Himmel, auf Erden,
> Deren wirkenden Grund sie nicht zu erfassen vermögen,
> Daß sie glauben, durch göttliche Macht sey dies alles entstanden.
> Haben wir aber erkannt, daß aus nichts nichts könne hervorgehn,
> Werden wir richtiger sehn, wonach wir forschen; woraus denn
> und wie alles entsteh, auch ohne die Hilfe der Götter«.
> (Lucretius: *Von der Natur der Dinge*) (nach 19/398 f)

Brecht schreibt:

> »Die Armut an gestischen Elementen in Schillers und den Reichtum an solchen in Lukrez' Gedichten kann man leicht nachprüfen, wenn man die Verse sprechend, darauf achtet, wie oft sich der eigene Gestus dabei ändert.« (19/399)

Birkenhauer schreibt dazu:

> »Einem Schauspieler leuchtet dieser Hinweis wahrscheinlich unmittelbar ein: er würde sofort merken, daß er die Zeilen von Knebel ,spielen' kann, daß sie ihm eine Rolle bieten; während er bei den Versen von Schiller vor allem dienen muß, nämlich die logischen Über- und Unterordnungen auseinanderzufalten hat.
> Wenn wir annehmen, daß unser hypothetischer Schauspieler Brechts knappen Hinweis tatsächlich in dieser Weise versteht und ihn durch ganz bestimmte Sprech-Formen verwirklicht, dürfen wir vermuten, daß die ,Signale', die solch verschiedene Sprechweisen auslösen, in irgendeiner Gestalt bereits im Wortlaut der Verse enthalten sind. Und zwar nicht in der Versform des Distichons oder Hexameters, die ja ziemlich eng miteinander verwandt sind; sondern in der syntaktischen Erfüllung dieser Form, in den Sätzen selbst.« (Birkenhauer, 55)

Birkenhauer gibt eine interessante Analyse der unterschiedlichen syntaktischen Struktur beider Gedichtteile, die in engem Zusammenhang mit dem Problem gestischer Sprache zu stehen scheint. Aber er äußert sich mit keinem Wort über den Gestus, der den einzelnen Teilen der Texte zugrunde liegt. Damit kann **er** natürlich nur bedingt zu Ergebnissen kommen, die den gestischen Gehalt der Texte betreffen.

Die Schwierigkeiten, die der Schauspieler Birkenhauers, die Verse Schillers sprechend, verspürt, liegen nicht allein daran, daß er »bei den Versen Schillers vor allem dienen muß, nämlich die Über- und Unterordnungen auseinanderzufalten hat«, sondern sie liegen wiederum in der Unklarheit des zugrunde liegenden Gestus. Der Schauspieler wird feststellen, daß — selbst wenn er die logischen Über- und Unterordnungen beherrscht — er schwer eine Haltung findet, aus der heraus gesprochen dieser Text zu einer Äußerung dem anfangs angesprochenen »Du« gegenüber wird; und diese fehlende Haltung hängt natürlich mit der Schwierigkeit zusammen, in dem Text ,eine Rolle' zu entdecken.

Inwiefern ist dieser Text ,arm an gestischen Elementen'? Das Gedicht hat den Grundgestus des emphatischen Darlegens eines Sachverhalts, und zwar wird der momentan unbewußte Zustand des Säuglings in Gegensatz gesetzt zu seiner künftigen, sich verändernden Bewußtseinslage als Jüngling. Trotz vieler informatorischer Details ändert sich dieser Gestus nicht. Er wird vielmehr durchgehend gestört durch einen anderen Grundgestus, den des Fragens, genauer: des rhetorischen Fragens, denn die Frage wird nur gestellt, um sich über den Gegenstand verbreiten zu können. Dabei ist die Frage bereits am Anfang voll ausgesprochen (»Hast Du den Säugling gesehn?«), muß aber als Haltung bis zum Ende durchgehalten werden. Die wechselseitige Trübung und Unterdrückung des Frage- und des Darstellungsgestus bewirkt die Schwierigkeiten für den Schauspieler, gestisch, d.h. aus einer jeweils bestimmten Haltung, zu sprechen.

Auf einer prosaischeren Ebene findet eine ähnlich irritierende Überlagerung von Haltungen statt, wenn jemand einen Witz erzählen will, ihn mit einer Frage beginnt und den ganzen Witz in diese Frage einschließt: »Kennst du den Witz, wie zwei Männer auf einer Leiter stehen und der eine sagt . . .?« Die Schwierigkeit für den Erzähler des Witzes besteht darin, daß er sich eine Haltung diktiert hat, die er eigentlich nur vorübergehend einnehmen wollte, um dann eine neue Haltung, die des Witzeerzählens, einnehmen zu können. Die Schwierigkeiten für den Hörer bestehen darin, in einem Moment lachen zu müssen (oder zu sollen), in dem er zugleich vielleicht antworten müßte: »Nee, den kenne ich noch nicht!« oder: »Ja, den kenne ich schon!« Die erste Antwort wäre ja auch unsinnig, denn er hat den Witz ja gerade gehört, die zweite würde den Erzähler gewissermaßen nachträglich auffordern, den Witz doch bitte nicht zu erzählen, weil er schon ,so'n Bart' hat. (Dies Beispiel soll nichts über die dichterische Qualität, sondern etwas über die verschleierten gestischen Widersprüche in dem Schillerschen Gedicht aussagen.)

Diese verschleierten gestischen Widersprüche ließen sich durch eine einfache Manipulation ,entschleiern': Hast Du den Säugling gesehen? Unbewußt noch der Liebe/ Die ihn wärmt und wiegt, schlafend von Arm zu Arm/ Wandert er . . .usw. Die beiden gestischen Elemente wären getrennt, der Gestus wäre ,rein', der Text aber immer noch ,arm an gestischen Elementen'. Er ließe sich natürlich anreichern, und damit weiter ,verhunzen', und sähe dann beispielsweise so aus:

Text in gestische Schritte aufgelöst	Jeweiliger Gestus
Haste det Baby gesehn?	Frage
Mensch, kiek mal.	Auffordern und Zeigen
Den knuddeln se aber!	mokantes Befremden
Und wie se den weiterreichen — von Pontius zu Pilatus!	belustigte Kritik
Und der pennt und weeß von nischt.	Feststellung
Aber wart's mal ab. 'n paar Jährchen, denn isser im Kommen,	beruhigende Aufforderung
denn blickt er langsam durch!	Verheißung

Abgesehen von dieser Auflösung des Textes in gestische Schritte und Wendungen, liegt der letzten Version natürlich im ganzen ein anderer Gestus zugrunde, etwa der distanzierten, leicht amüsierten Kritik, im Gegensatz zu dem Gestus der Begeisterung oder der begeisterten Anteilnahme, der dem Schillerschen Gedicht zugrundeliegt und ihm seinen Schwung verleiht.

Die sehr diffizilen Untersuchungsergebnisse Birkenhauers über die syntaktische Struktur bei Schiller und Lukrez/Knebel besagen eigentlich weniger etwas über gestische Armut (Schillers Text ist nicht ‚ungestisch'! vgl. dazu: Birkenhauer, 60) oder den gestischen Reichtum oder doch nur insofern, als sie syntaktische Strukturen aufdecken, die typisch für einen bestimmten Gestus sein können, z.B. den des Darlegens eines komplexen logischen Zusammenhanges, der in einzelnen Elementen immer wieder auf sich selbst zurückweist (der von Birkenhauer so genannte »versus-Charakter« Birkenhauer, 58). Oder sie nennen grammatische Erscheinungen, die die Folge gestischen Reichtums sein können: nämlich »daß die syntaktischen Beziehungen nicht sehr weiträumig gespannt sein dürfen«, »daß der Gang durch Pausen und Intonationswechsel vielfach untergliedert sein muß; und daß er sich aus ‚Portionen' mit einer gewissen Körperlichkeit erst im Nacheinander der Rede, pro-vorsa, zu einem gedanklichen Zusammenhang ordnet« (70).

Geht man mit dieser Fragestellung nach den ‚gestischen Wendungen' an das Lukrez-Gedicht heran, entsprechend dem Brechtschen Hinweis: »Die Armut an gestischen Elementen in Schillers und den Reichtum an solchen in Lukrez' Gedicht kann man leicht nachprüfen, wenn man, die Verse sprechend, darauf achtet, wie oft sich der eigene Gestus dabei ändert«, so ergibt sich zunächst, daß sehr viele Zäsuren durch Klangfarbenänderungen (Tonfälle) entstehen, die sich immer neu und ohne daß bewußt auf Tonfälle früherer Phrasen zurückgegriffen werden müßte, aneinanderreihen, und damit auf einer ganz praktischen Ebene den Erkenntnissen Birkenhauers entsprochen ist (vgl. Birkenhauer, 65 f).

Das Lukrezgedicht, abgeteilt in geschlossene Prädikationen, die zugleich einer gestischen Wendung, und damit einer Änderung des Tonfalls und der Sprechhaltung entsprechen:	Jeweiliger Gestus, der zu dem grundlegenden Gestus des *ruhigen Argumentierens* hinzutritt:
Daß aus nichts nichts wird, selbst nicht durch den Willen der Götter.	? (Festellung) desillusionierende Abwehr
Denn so enge beschränket die Furcht die Sterblichen alle	bedauernde Feststellung der Ursachen
Da sie so viel der Erscheinungen sehn,	Begründung
am Himmel, auf Erden	verweisen
Daß sie glauben, durch göttliche Macht sei dies alles entstanden.	folgernd Zusammenhänge herstellen und kritisieren
Haben wir aber erkannt, daß aus nichts nichts könne hervorgehn,	Annahme unter Voraussetzung grundlegender Bedingungen
Werden wir richtiger sehn, wonach wir forschen;	Versicherung (Verheißung)
woraus denn Und wie alles entsteh, auch ohne die Hilfe der Götter.	forschendes Fragen ruhige Selbstsicherheit

Es scheint mir nicht wichtig dabei, daß die jeweiligen gestischen Wendungen unterschiedlich bestimmt werden können. Der Text läßt aber im Gegensatz zu dem Schillerschen Gedicht eine Vielzahl deutlicher — und im Vollzug dann eindeutiger Gesten zu, auch wenn er gestisch nicht vollständig festgelegt ist.

Die Argumentation Birkenhauers leidet — wie ich schon sagte — unter einer ausgesprochenen formalistischen Auffassung des Gestischen (definiert als »stilistisch gut im Hinblick auf das Sprechen«), die der Funktion des Begriffs *Gestus* in den theatertheoretischen Überlegungen Brechts keineswegs entspricht.[4]

>»In der gestischen Sprache (...) ordnen sich Wortgruppen und Teilsätze (aber nicht mehr die Wörter allein) zu einer ,Gedankenfolge’, die vier besondere Eigenschaften aufweist; erstens sind die einzelnen ,Portionen’ der Folge verhältnismäßig abgeschlossen; zweitens herrschen innerhalb dieser ,Portionen’ durchaus Kongruenz-Regeln der Grammatik; drittens kann der Zusammenhalt zwischen solchen Portionen sogar durch grammatische Kongruenzen gestiftet werden; viertens aber wird dieser Zusammenhalt vor allem anderen durch die Einheit der Rede selbst gestiftet (konkreter: durch den, der da redet) — und das ist keine grammatische Kategorie mehr, sondern eine stilistische: die Rede verweist nicht mehr auf ihren eigenen Wortlaut zurück, sondern ,nach vorn’, auf das Folgende, sie ist pro-vorsa« (Birkenhauer, 60 f).

Dennoch — obwohl das Erkenntnisinteresse Birkenhauers anders gerichtet ist, und trotz verschiedener, auch grundlegender Einwände im Detail (die hier nicht diskutiert werden müssen) sind seine Überlegungen nützlich, zumindest eine Strecke weit, um der anfänglich gestellten Frage nachzugehen, »wie denn diese Sätze als Bestandteil jenes Komplexes ‚von Gesten, Mimik und für gewöhnliche Aussagen, welchen ein oder mehrere Menschen (an) einen oder mehrere Menschen richten' (15/409) zu realisieren (zu sprechen) sind« (vgl. S.15f).

Festzuhalten ist vorab, daß gestische Vielfalt bzw. Armut in die Formulierung von Sätzen direkt Eingang findet, daß gestische Formulierungen in einer gewissen Nähe zur gesprochenen Sprache, zur Sprache des Alltags (des Volkes) stehn. Dennoch ist die gestische Sprache, als Sprache des Theaters bzw. der Literatur, auch und zugleich ‚stilisiert' (im Sinne des Me-ti-Textes, vgl hier S.36f):

> »Er fand zwei Sprachweisen vor: eine stilisierte, welche abgespreizt und geschrieben klang und nirgends im Volk bei der Erledigung der Geschäfte oder bei anderen Gelegenheiten gesprochen wurde, und eine überall gesprochene, welche eine bloße Imitation des alltäglichen Redens und nicht stilisiert war. Er wandte eine Sprachweise an, die zugleich stilisiert und natürlich war. Dies erreichte er, indem er auf die Haltungen achtete, die den Sätzen zugrunde liegen« (12/458).

Die Auswahl der in der gesellschaftlichen Wirklichkeit vorgefundenen Haltungen, Sätze und schließlich, damit verbunden, auch Tonfälle und ihre Komposition nach den ‚Ideen des Fabelerfinders' bewirkt die »Übersetzung des Natürlichen ins Künstliche « (15/370).

Zur Umsetzung gestischer Verse in gestisches Sprechen in Brechts Aufsatz »Über reimlose Lyrik« (Birkenhauers Untersuchungen II)

Birkenhauer stellt die These auf, Brecht habe durch die Entwicklung einer ‚eigenrhythmischen Verssprache' den Zweck verfolgt, durch die »Sprachgestalt eine bestimmte szenische Verwirklichung eindeutig ‚vorzubilden'« (43), »auch das Gestische in einer Formulierung diene — zumindest unter anderem — der Festlegung des (vom Dichter) gewünschten Rede-Verlaufs« (54).

Diese These versucht Birkenhauer anhand der beiden von Brecht in seinem Aufsatz nebeneinander gestellten Versionen des Gaveston-Monologs aus Brechts Bearbeitung von Marlows »Leben Eduard des Zweiten von England« (vgl. 19/396) zu erhärten. Die beiden Textbeispiele orientieren sich an den von Birkenhauer mit zusätzlichen Gliederungszeichen versehenen Fassungen. »Begründet sind alle diese Zäsuren entweder als syntaktische Einschnitte (...) oder als ‚zusätzliche', durch die Versgrenze geschaffene Gliederung« (Birkenhauer, 38). Versgrenze bedeutet für Brecht immer eine Zäsur bedeutet. (19/401) Dies ist durch Äußerungen Brechts an anderen Stellen zu untermauern, etwa in der *Anweisung für die Spieler* zum Stück *Die Horatier und die Kuratier*: »Was das Sprechen der Verse betrifft: Die Stimme setzt mit jeder Verszeile neu ein. Jedoch darf das Rezitieren nicht abgehackt wirken.« (17/1098).

>Seit sie da Trommeln rührten überm Sumpf/
Und um mich Roß und Katapult versank,//
Ist mir verrückt mein Kopf.// Ob alle schon/
Ertrunken sind und aus, / und nur mehr Lärm hängt /
Leer und verspätet zwischen Erd und Himmel?// Ich/
Sollt nicht so laufen.//«

>Seit diese Trommeln waren,//der Sumpf,/ ersäufend/
Katapult und Pferde,// ist wohl verrückt/
Meiner Mutter Sohn Kopf.// Keuch nicht!// Ob alle/
schon ertrunken sind und aus/ und nur mehr Lärm ist //
Hängend noch zwischen Erd und Himmel?// Ich will auch nicht/
mehr rennen.//«
(zitiert nach Birkenhauer, 37 f)

Bei dem Vergleich der beiden Varianten ergeben sich Zäsuren von ganz unterschiedlicher Qualität und Quantität. Die zweite Variante entfernt sich durch die Vielzahl der Zäsuren, bedingt durch die kleineren ‚Portionen' (vgl. Birkenhauer, 37 f) und die z.T. überraschenden Zeilen-Enjambements erheblich weiter als die erste Fassung von der ‚öligen Glätte des üblichen fünffüßigen Jambus', die Brecht abstieß (vgl. 19/396). »Bei unregelmäßigen Rhythmen bekamen die Gedanken eher die ihnen entsprechenden eigenen emotionellen Formen«, schreibt Brecht (19/404). Welches sind hier die ‚entsprechenden eigenen emotionellen Formen'? Brecht schreibt über die zweite, endgültige Fassung:

>Das ergab den stockenden Atem des Rennenden, und es enthüllten sich in diesen Synkopen besser die widersprüchlichen Gefühle des Sprechers« (19/397).

Birkenhauer, auf ein spezifisches Erkenntnisinteresse fixiert, sieht in diesem letzten Satz eine ausschließliche Bestätigung seiner These:

>In diesem Satz (...) weist Brecht uns ganz nachdrücklich auf den ‚Atem des Rennenden' und auf die Gefühle des ‚Sprechers' hin. Er lenkt also die Aufmerksamkeit gleich zweimal auf die ganz reale ‚Aufführung' dieser Verse durch einen Schauspieler — so hat es jedenfalls den Anschein. Aber es geht ihm dabei um etwas ganz anderes: nicht um eine reale Aufführung mit ihren subjektiven Zufälligkeiten; sondern (das beweist der Zusammenhang des ganzen Aufsatzes) es geht hier ganz allein um den objektiven, ein für allemal festgelegten Wortlaut, der durch seine Gestalt eine bestimmte Aufführungsweise erzwingen kann« (40).

Dieses Brecht von Birkenhauer unterstellte Interesse versucht dieser im weiteren durch — wie mir scheint — doch abwegige Untersuchungen zu stützen. Ich möchte das im einzelnen nicht weiter verfolgen, vielmehr eben den zweimaligen Hinweisen Brechts auf die ‚reale Aufführung' dieser Verse nachgehen, um den Umsetzungsprozeß von gestischer Sprache in gestische Sprechvorgänge, d.h. ‚die Realisierung von gesellschaftlichem Gestus auf der Bühne' (vgl. S. 36 f) zu untersuchen. Ich gehe dabei ganz praktisch vor.

Wie man wohl weiß, geht nach schnellem Rennen der Atem des Rennenden kurz und stoßweise; Sätze, die in einer solchen Verfassung gesprochen werden,

werden eher durch den vom Laufen her diktierten Atemrhythmus willkürlich zäsiert, als daß der Sprecher ihnen die vom Sinn diktierten Zäsuren zuteilen kann. Wer diese Erfahrungen noch nicht gemacht hat, renne einmal vier Stockwerke hoch — bei guter Kondition zweimal — und versuche dann die Brechtschen Verse zu sprechen; er wird dankbar sein für die vielen Zäsuren der zweiten Fassung. Dieser Vorgang läßt sich auch künstlich hervorrufen, indem man kurz, schnell, stoßweise und möglichst vollständig ausatmet und nach einer Weile den Text der zweiten Fassung in diesen Atemrhythmus hineinspricht. Man wird feststellen, daß hier in der Tat die Redeweise des Gehetzten, der ,stockende Atem des Rennenden' in der formalen Struktur des Textes angelegt ist oder durch sie zumindest ermöglicht wird, viel stärker als etwa in der ersten Fassung, deren Text zwar durch das gleiche Experiment auch zerrissen würde, aber eben ,willkürlich', gegen die vorgegebene Textstruktur. Unterstützt wird dies durch die ,verhältnismäßige Abgeschlossenheit der knappen Text-Portionen', die in erster Linie durch die Einheit der Rede und nicht durch offen daliegende ,grammatische Kongruenzen' zusammengehalten werden und die Äußerung in ein »Nebeneinander von selbständigen, sinnlich faßbaren Einzelbildern« zerbricht, wie das Birkenhauer herausgefunden hat (Birkenhauer, 42 bzw. 60).

Das kann noch nicht bedeuten, daß hier durch die spezifische formale sprachliche Struktur ,eine bestimmte Aufführungsweise erzwungen wird' (vgl. Birkenhauer). Ohne den Grundgestus des Sprechenden, den Gestus des Flüchtens, zu berücksichtigen, anders gesagt: die Situation, ihre Voraussetzungen, die Handlungsziele des Sprechenden, ließen sich ganz andere Tonfälle und Sprechweisen für diesen Text in dieser ,Gestalt' finden; allerdings ist es nicht ganz leicht, von dem durch den Inhalt der Sätze und ihren Zusammenhang gegebenen Grundgestus abzusehen, man kann jedoch bei anderen Texten mit ähnlicher oder zumindest vergleichbarer sprachlicher Struktur und abweichendem Grundgestus natürlich zu ganz anderen und auch in sich variablen Sprechabläufen und Tonfällen kommen. Schlußfolgerung kann nur sein: es gibt optimale Entsprechungen von Gestus und formaler sprachlicher Struktur, die möglicherweise eine bestimmte Aufführungsweise nahelegen oder zumindest eine begrenzte Auswahl von Aufführungsweisen.

Die konsequent formalistische Argumentation Birkenhauers wird noch deutlicher, wenn er auf den zweiten Teil des oben zitierten Brechtschen Satzes zu sprechen kommt: »Es enthüllen sich in diesen Synkopen besser die widersprüchlichen Gefühle des Sprechers« (19/397).

Birkenhauer schreibt:

>»Was heißt hier ,widersprüchlich'? Das Wort kann zweifellos das Gegeneinander von Fakten und Meinungen bezeichnen: auf der einen Seite die ,Trommeln', der ,Sumpf', ,Katapult und Pferde', ,alle', die ,Schon ertrunken sind und aus', und nicht zuletzt der ,Lärm (...) Hängend noch zwischen Erd und Himmel'; und auf der anderen Seite

Gavestons Kommentare ,ist wohl verrückt/meiner Mutter Sohn Kopf', ,Keuch nicht!', dann die mit ,Ob' eingeleitete Frage und das ,Ich will'. Diese beiden Ebenen der Rede sind zwar ineinander verschränkt; aber ihren ,Widerspruch' kann Brecht nicht meinen, denn eine ähnliche Spannung bestand ja schon in der Blankvers-Fassung (der ersten Fassung, H.M.R.).

Es scheint deshalb, als meine Brecht hier gar keine begriffliche ,Widersprüchlichkeit', sondern das Einander-Näher-Gerücktsein der Wörter, ihren härteren, gespannteren, planvollen Zusammenprall « (Birkenhauer, 41 f)

Daß Birkenhauer die von Brecht ausdrücklich genannten »widersprüchlichen Gefühle des Sprechers«, also der Figur des Gaveston, auf die formalen syntaktischen oder bestenfalls ästhetischen Entsprechungen dieser ,widersprüchlichen Gefühle' reduziert, auf phonetische Erscheinungen, den ,Zusammenprall der Wörter' etc., zeigt, daß er für den eigentlichen Gegenstand und das Erkenntnisinteresse des Stückschreibers Brecht, nämlich die Haltungen und Beziehungen der Menschen, blind ist. Dies wirkt sich natürlich auch auf das Verständnis der Funktion des Gestus-Begriffs im Brechtschen Denkzusammenhang aus.

Vom Prinzip des Gestischen her kann die Basis der ,widersprüchlichen Gefühle des Sprechers' nicht in einzelnen Wörtern und Erscheinungen dieser Situation zu suchen sein, sondern in dem gesamten Handlungszusammenhang, in dem dieser Gaveston steht: in der Tatsache, daß er der Günstling König Eduard II., Gegenstand einer langjährigen kriegerischen Auseinandersetzung zwischen dem König und seinem Granden, Spielball im gewissen Sinn auch der königlichen Launen, hier auf der Flucht vor den offenbar siegreichen Verfolgern bisher aufs äußerste versucht hat, sich zu retten, nun völlig erschöpft, auch unklar, ob seine Verteidiger nicht schon alle tot sind, und gewiß, daß er in den nächsten Minuten ergriffen wird, daß dieser Gaveston sich in dieser Situation entschließt, einfach sitzen zu bleiben und sich auf den Boden zu legen. Dieser gesamte Widerspruchszusammenhang bestimmt seine Haltung und seine Gefühle, die Art, wie er die Erscheinungen um sich herum wahrnimmt, bzw. wie er sich äußert, dieser Widerspruchszusammenhang also begründet seinen widersprüchlichen Gestus, den Reichtum an gestischen Wendungen und seine Entsprechung, etwa die zerbroche Syntax, im Text, im Sprechen: der Weg ist umgekehrt zu gehen.

Versuche zur gestischen Behandlung von Texten — Vorüberlegungen

Die Hauptfrage lautet weiter: Wie können Sprechweise und Tonfall als Teilelemente eines übergeordneten Gestus aus einem Text herausgearbeitet werden? Ich vollziehe noch einmal die Schritte nach, die bis zu diesem Punkt geführt haben:

— Haltungen bestimmen einen Vorgang stärker als die Worte, die in ihnen geäußert werden, und der Einzelsinn von Sätzen.

— Sätzen liegen Haltungen zugrunde, durch Sätze scheinen Haltungen hindurch. Dies ist mehr oder weniger deutlich aus der Struktur von Sätzen ablesbar.

— Rein sind gestische Formulierungen, die sich in ihren Einzelmomenten deutlich voneinander ablösen lassen, sich nicht wechselseitig trüben. Zugleich können sie durch einen übergeordneten Gestus zusammengefaßt erscheinen.

— Gestisch reich sind Formulierungen, wenn sie vielfältige gestische Wechsel und Wendungen zeigen und in ihrer Satzstruktur gegliederte, knappe Texteinheiten schaffen, die nach vorn (pro-vorsa) verweisen. Sie ermöglichen in den Intonationswechseln, die jeweils eigenen ‚emotionellen Formen', das heißt deutliche gestische Schrittfolgen.

—Sprache ist ein Werkzeug des Handelns: Da wo Handlungselemente vorliegen, werden sie zur Grundlage, zum Steuerungsmoment des Gestischen im Sprechen, etwa der »stockende Atem des Rennenden«.

Diesen letzten Punkt möchte ich an Textbeispielen aus dem *Lesebuch für Städtebewohner* von Brecht ausführlicher behandeln. Dieses ‚Lesebuch', in den Jahren um 1925 als *Texte für Schallplatten* entstanden, ist wie eine große ‚Sammlung von Gesten aus dem Leben in den großen Städten' zu lesen, wie eine »Gestentafel« (vgl. S. 21), oder zu verstehen als Studien zum gesellschaftlichen Gestus eines Orts. Die Gedichte bilden diesen gesellschaftlichen Gestus teils in sich selbst ab, teils demonstrieren sie, aus Haltungen heraus gesprochen, als Vorgänge von Anrede, einen bestimmten Gestus. Dies sind günstige Voraussetzungen für das gestellte Problem.

»Die Sprechkunst wurde mit der Gestik verknüpft«, schreibt Brecht (1939), »Alltagssprache und Versrezitation durch das sogenannte gestische Prinzip ausgeformt.« (15/303) Um die Untersuchung solcher Prozesse geht es im folgenden. Dabei stütze ich mich auf die bereits zitierten Vorschläge Brechts:

> »Man kann seine Sätze am besten lesen, wenn man dabei gewisse körperliche Bewegungen vollführt, die dazu passen, Bewegungen, welche Höflichkeit oder Zorn oder Überredenwollen oder Spotten oder Memorieren oder Warnen oder Furchtbekommen oder Furchteinflößen bedeuten« (12/458).

Darüberhinaus finden sich bei den Notizen im Umfeld der Lehrstücktheorie verwertbare Hinweise, über konkrete Gesten zum Gestus und damit zum gestischen Sprechen zu kommen. »unsere haltungen kommen von unseren handlungen«, notierte Brecht 1929 (und entwirft zugleich Perspektiven, die auch die Umkehrung dieses Satzes ermöglichen könnten — vgl. Steinweg, Brechts Modell, 47). An anderer Stelle notiert Brecht:

> »Das Operieren mit bestimmten Gesten
> Kann deinen Charakter verändern.
> Ändere ihn.
> Wenn die Füße höher liegen als das Gesäß
> Ist die Rede eine andere, und die Art der Rede
> Ändert den Gedanken.
> Eine gewisse heftige
> Bewegung der Hand

Mit dem Rücken nach unten bei
Einem Oberarm, der am Körper bleibt, überzeugt
Nicht nur andere, sondern auch dich, der sie macht.« (8/377)

Die Vorgehensweise Brechts, die Haltungen aus den Handlungen und konkreten Verrichtungen zu entwickeln und ganz unten am ‚Nullpunkt' anzusetzen (vgl. 15/375), entspricht in manchem dem, was in Stanislawskis Theorie unter dem Begriff der *physischen Handlungen* verstanden wird. Die Schauspieler — schreibt Stanislawski — legen es meist »darauf an, das nicht vorhandene Gefühl als solches zu zeigen, anstatt die physische Handlung auszuführen, die dieses Gefühl hervorruft. Diese unauflösbare Aufgabe treibt sie der Unaufrichtigkeit in die Arme, vergewaltigt das Gefühl, verführt zum bloßen Handwerk und läßt sie in kritischen Augenblicken sogar auf Schablonen zurückgreifen« (Stanislawski II/ 332).

> »Am einfachsten ist es, Wahrhaftigkeit und Glauben im Bereich des Körpers aufzuspüren oder auszulösen in den kleinsten, einfachsten physischen Aufgaben und Handlungen. Sie sind zugänglich, stabil, greifbar, sie fügen sich den Befehlen des Bewußtseins.« (Stanislawski I/155) »Wir schätzen die physischen Handlungen, weil sie uns leicht und unmerklich in das eigentliche Leben der Rolle, in die Gefühlswelt einführen.« (I/161)

Brecht bekennt sich ausdrücklich zu diesem Konzept der ‚physischen Handlungen' beim (späten) Stanislawski:

> »Stanislawskis Theorie der physischen Handlungen ist vermutlich sein bedeutendster Beitrag zu einem neuen Theater. Er arbeitete sie aus unter dem Einfluß des Sowjetlebens und seiner materialistischen Tendenzen.«[5]

> »Die Methode der ‚physischen Handlungen' bereitete uns beim Berliner Ensemble keine Schwierigkeiten. B. verlangt immer, daß der Schauspieler auf den ersten Proben hauptsächlich die Fabel, den Vorgang, die Beschäftigung zeigt, überzeugt, daß die Gefühle und Stimmungen sich dann einstellen. Er bekämpft mit aller Kraft die üble Gewohnheit vieler Schauspieler, die Fabel des Stücks sozusagen nur als unbedeutende Voraussetzung ihrer Gefühlsakrobatik zu benutzen (. . .).
> Besonders wenn wir die Äußerungen Stanislawskis aus seiner letzten Zeit hören, haben wir den Eindruck, daß er da anknüpft, wahrscheinlich ganz unbewußt, einfach auf der Suche nach realistischer Gestaltung.« (16/844 f) (6)

Ein kleines Modell für das aktuelle Problem fand ich in dem Prosastück Brechts mit dem Titel *Kritik* (11/107):

> In der Münzstraße rief mir vor einigen Wochen ein Mädchen, das allein unter einem Torbogen stand, folgende sechs Worte entgegen: »*Lang* ist modern! *Nicht* kurz! *Bitte*!!!« Bei den Worten: *Lang* ist modern! vollführte sie mit der rechten Hand eine lange, zunächst abwärts und dann dem Trottoir parallel streichende Geste, als wollte sie mich einladen, eine Schleppe zu tragen. Die Worte: *Nicht* kurz! begleitete sie, indem sie mir ihren Handrücken in der Höhe meines und ihres Gesichtes etwa einen Dezimeter ruckartig entgegenführte, ihn in der Luft eine Sekunde stehen ließ, den

Kopf schräg nach vorn schob und mich lediglich mit ihrem Auge fixierte. Das Wort: *Bitte*!!! aber stieß sie ohne irgendeine Bewegung und ohne die nicht zu leugnende Anteilnahme, die die beiden vorhergehenden Sätze so eindrucksvoll gemacht hatten, einfach heftig aus. Dennoch saß es vielleicht gerade wegen seiner reinen Feindlichkeit am besten. Ich aber erkannte aus ihren Worten genau, daß meine neue Hose zu kurz ist.

In diesem Text gibt Brecht das Beispiel einer Geste bzw. der Entstehung einer Geste, die eine doppelte Funktion hat: einmal ist sie Beschreibung eines gemeinten und teilweise auch verbalisierten Inhalts (,Mann, deine Hose ist zu kurz! Sooo lang müßte sie sein!'); zweitens ist sie in der Kombination mit der sprachlichen Äußerung (»Lang ist modern! Nicht kurz! Bitte!«), besonders in der vorstoßenden Handbewegung zu den Worten: »Nicht kurz!« und natürlich in der abschließenden Haltung der »reinen Feindlichkeit«, wahrnehmbarer Ausdruck des beherrschenden Gestus aggressiver Kritik. Die Energie der stoßenden Hand bestimmt dabei die Dynamik des »Nicht kurz!« und lädt das nackte »Bitte!!!« gleichsam auf. Der den gestischen Vorgang sezierende Blick des ,Angesprochenen', also Brechts, führt bei der Realisation dieser Erzählung zu einer Addition der gestischen Elemente, zu einem stückweisen (schrittweisen) Aufbau der *materiellen Substanz* des gestischen Ausdrucks; dieses Verfahren kann als Muster aufgefaßt werden für einen parallelen Aufbau von Text und Geste, vor allem auch für den besonderen Charakter der ,zitierten Geste'.

Die Gedichte *Aus einem Lesebuch für Städtebewohner*, erschienen 1930 als der 6. seiner Versuche, sind in zweifacher Hinsicht auffallend: einmal verfolgen sie das in dem Theaterstück *Leben Eduards des Zweiten von England* entwickelte Prinzip des ,synkopierten Rhythmus' ganz konsequent weiter — alle Texte sind reimlos und in ,unregelmäßigen Rhythmen' geschrieben, der Vergleich mit dem unmittelbar vorhergehenden Gedichtband Brechts der »Hauspostille« macht das besonders deutlich; zweitens sind sie inhaltlich auf einen ganz präzise zu begrenzenden Gegenstand gerichtet, nämlich das Zusammenleben der Menschen unter den Bedingungen der Großstadt, genauer gesagt, der Großstadt im Kapitalismus. Dieses Zusammentreffen ist nicht zufällig. Bereits die rhythmischen Studien zu dem erwähnten elisabethanischen Theaterstück werden von Brecht von den gesellschaftlichen Inhalten her begründet:

>»Ich bemühte mich um die Darstellung gewisser Interferenzen, ungleichmäßiger Entwicklungen menschlicher Schicksale, des Hin und Her historischer Vorgänge, der ,Zufälligkeiten'. Die Sprache hatte dem zu entsprechen.« (19/397)

>»Es handelte sich, wie man aus den Texten sehen kann, nicht um ein ,Gegen-den-Strom-Schwimmen' in formaler Hinsicht, einen Protest gegen die Glätte und Harmonie des konventionellen Verses, sondern immer schon um den Versuch, die Vorgänge zwischen den Menschen als widerspruchsvolle und kampfdurchtobte, gewalttätige zu zeigen.« (Ebd.)

Die Auseinandersetzung mit den rhythmischen Eigentümlichkeiten und der formalen Struktur dieser Texte steht also in unmittelbarem Zusammenhang mit der Untersuchung der widersprüchlichen gestischen Komplexe, die in diesen formalen Erscheinungen ihre Entsprechung finden. Brecht schreibt vom Standpunkt des ‚Textproduzenten':

> »Ich habe die Wahrnehmung gesellschaftlicher Dissonanzen als eine Voraussetzung für die neue gestische Rhythmisierung erwähnt. Jedoch ist eine völlig rationale Erklärung natürlich weder möglich noch notwendig.« (19/399)

Der Standpunkt in dieser Sache ist heute naturgemäß zunächst der umgekehrte: Es handelt sich für uns darum, die in den Texten fixierte gestische Rhythmisierung in Beziehung zu setzen zu der eigenen Wahrnehmung gesellschaftlicher Dissonanzen heute. »Woher bezieht das epische Theater seine Gesten?« Zu der Frage schreibt W. Benjamin: »Vorgefunden werden die Gesten in der Wirklichkeit. Und zwar — das ist eine wichtige Feststellung (...) — nur in der heutigen Wirklichkeit«. »Rohmaterial des epischen Theaters ist also ausschließlich der heute vorfindliche Gestus.« (Versuche, 31). Diese Wahrnehmung »gesellschaftlicher Dissonanzen« wiederum ist Voraussetzung für die Realisierung eines komplexen widersprüchlichen sprachlichen Gestus, für gestisches Sprechen.

Versuche zur gestischen Behandlung von Texten »Aus einem Lesebuch für Städtebewohner« — Beispiele

Ich hatte das *Lesebuch für Städtebewohner* in Anlehnung an Brecht als »Gestentafel« oder als ‚Studien zum gesellschaftlichen Gestus eines Orts' bezeichnet. Auch die folgenden Versuche sind in einem abgewandelten Sinn ebenfalls ‚Studien zum gesellschaftlichen Gestus eines Orts'. Sie zielen nicht auf eine »völlig rationale Erklärung« der Beziehung zwischen gesellschaftlichen Dissonanzen, die in den Texten abgebildet sind, und formalen Erscheinungen und ebenfalls nicht auf eine zwingende »Festlegung des (vom Dichter) gewünschten Rede-Verlaufs«, die Birkenhauer fordert. Es sind praktische Experimente mit Texten, selber Lernprozesse, die Muster abgeben könnten für Lernprozesse am Text und in der Theaterarbeit.[6]

1.Beispiel

> »Ich bin ein Dreck. Von mir
> Kann ich nichts verlangen als
> Schwäche, Verrat und Verkommen-
> heit
> Aber eines Tages merke ich:
> Es wird besser; der Wind
> Geht in mein Segel; meine Zeit ist ge-
> kommen, ich kann
> Besser werden als ein Dreck—
> Ich habe sofort angefangen.
> (8/271)

Es fällt auf, daß diese Verse sehr häufig an Stellen abbrechen, an denen sie von der Logik des Satzes her nicht abbrechen dürften, selbst Konjunktionen werden durch den Zeilensprung abgetrennt. Die in den beiden Beispielen aus dem *Leben Eduards des Zweiten von England* sich andeutende Entwicklung (vgl.S.46) ist hier noch weiter getrieben, radikalisiert.

Birkenhauer endeckt in dieser Eigentümlichkeit Brechtscher Verse den von ihm sogenannten ,pro-vorsa-Charakter' (etwa: ,nach vorn gerichtet'): »Die merkwürdige Erscheinung, daß in Brechts eigenrhythmischer Lyrik nicht selten syntaktische einleitende Wörter (...) durch die Versfuge abgetrennt werden von dem, was sie einzuleiten haben, verleiht der Versprache auf jeden Fall einen ,nach vorn' drängenden pro-vorsa-Charakter« (86).

Zunächst geht es mir nur darum, die für dieses Gedicht spezifische »Übersetzung des Natürlichen ins Künstliche« auf ihr Natürliches zurückzuverfolgen, auf den Gestus eines Menschen in einer bestimmten Situation, der in dem Gedicht — auf ,besondere Weise gespiegelt' (Brecht) — sich abbildet. Ich gehe dabei noch einmal in der oben geschilderten Weise vor und fasse die gegebenen Zäsuren, seien sie syntaktischer oder poetischer Natur, als Atemzäsuren auf. Auch ohne die oben angewandten Manipulationen des Atemrhythmus stellt sich ziemlich automatisch die schon oben beobachtete Atemlosigkeit, der ,stockende Atem' ein, verursacht durch die für den normalen Sprechablauf viel zu häufigen und ,falsch' gesetzten Zäsuren.

Normale Atemzäsuren wären etwa:

Ich bin ein Dreck.
Von mir kann ich nichts verlangen
als Schwäche, Verrat und Verkommenheit
usw.

Auch diese Atemzäsuren wären noch eng gesetzt.

Natürlich handelt es sich hier nicht um den ,stockenden Atem' eines Rennenden. Es handelt sich vielmehr, wie aus dem Text inhaltlich hervorgeht, um eine erniedrigte, vielleicht erschöpfte, aber schon wieder aktive, vielleicht harte Frau. Für mich ist an dieser Stelle zunächst einmal wichtig, daß ich, bestimmte Eigentümlichkeiten der Textstruktur benutzend, ohne vorab einen spezifischen Ausdruck anzuzielen, zu einem Ausdruck, einer Haltung gelangt bin, die zumindest eine mögliche Entsprechung der formalen Qualitäten des Textes sein könnten. Das Prinzip, das in dem kleinen Experiment angewandt wird, ist dies: Dem Text unterlegt oder parallel zu ihm gesetzt wird ein Handlungsprogramm, das die Zäsuren nutzt zu bestimmten Verrichtungen bzw. den Text an den festgelegten Zäsuren durch bestimmte Verrichtungen unterbricht. Vom Atem als der sozusagen unscheinbarsten Verrichtung, die möglich ist, auszugehen, entspricht dabei dem Brechtschen »Ansetzen des Nullpunkts« (15/375), »dem Aufsuchen der einfachsten, zweckmäßigsten, nächstliegenden Gebärden«, »gewöhnlich und handwerkmäßig veranstaltet« (ebd.).

Geht man davon aus, die Frau säße an einem Tisch und rauchte, so wäre folgender Handlungsablauf denkbar:

(Die Frau nimmt sich eine Zigarette aus der Schachtel)
Ich bin ein Dreck *(Zündet sich die Zigarette an einer Kerze an)*
Von mir *(stößt den Rauch aus)*
Kann ich nichts verlangen als *(spuckt ein Stück Tabak aus)*
Schwäche, *(hustet)* Verrat und Verkommenheit *(zieht an der Zigarette)*
usw.

Bei diesem Versuch zeigt sich, wie die Bedürfnisse des Handelns in den Prozeß des Sprechens eingreifen und z.T. in Widerspruch stehen zu den Bedürfnissen des Sprechens. Aus der jeweiligen Lösung der Widersprüche ergibt sich der im Brechtschen Sinn ,synkopische' Ablauf des Sprechens. Die widerspruchsvolle Einheit der Handlung wird geschaffen durch den Gestus (den Grundgestus) der rauchenden und erzählenden Frau.

Im weiteren Verlauf des Textes fällt eine Zeile auf, die fast nur aus gleichgewichtigen Akzenten besteht:

(. . .)ich hatte
In meiner Seite Röhren, aus denen
Floß Tag und **Nacht Eit**er. **Wer**
Hätte gedacht, daß so eine
usw.

Die einfachste Lösung, dieser auffälligen rhythmischen Erscheinung Handlungselemente zuzuordnen, wäre gleichzeitiges heftiges Schlagen etwa mit den Handballen auf den Tisch: **Floß Tag** und **Nacht Eit**er. *(Pustet die herabfallende Asche weg)* Wer *(zieht an der Zigarette)* usw.

Das folgende Beispiel legt eine andere Handlungssituation zugrunde, dabei überlagern sich Handlungs- und Sprechstrukturen in folgender Weise:

(Die Frau wischt die Theke in einer Kneipe)
Sie haben natürlich versucht, *(taucht den Lappen in die Spüle)*
mir eine Syphilis *(wringt den Lappen aus)*
Aufzuhängen, *(lacht hart und wischt)* aber es ist *(spuckt aus)*
Ihnen nicht gelungen;
(spült und wringt gleichzeitig den Lappen aus; schiebt die Biergläser zusammen) nur vergiften *(spült ein Bierglas aus)*
Konnten sie mich mit Arsen: *(Wischt sich mit dem Armrücken die Nase)*
ich hatte *(juckt mit dem Handrücken an der Nase)*
In meiner Seite Röhren, *(versucht einen Hahn aufzudrehen)*
aus denen *(greift mit beiden Händen den Hahn, der klemmt)*
Floß Tag und Nacht Eiter. *(Ruckt zugleich viermal heftig an dem Hahn; pausiert und reibt die rechte Hand an der Schürze)*
Wer *(öffnet den Hahn mit Anstrengung, stöhnt)*
Hätte gedacht, *(hustet)* daß so eine *(hustet mehrmals)*
Je wieder Männer verrückt macht? — *(wäscht den Lappen unter dem Hahn aus)*
Ich habe damit sofort wieder angefangen. *(Schließt den Hahn)*

Die Zeile »Floß Tag und Nacht Eiter« mit ihren zusammenstoßenden Wortakzenten bekommt ihre rhythmische Legitimation durch die heftige Aktionsphase, in der die Frau sich bemüht, den klemmenden Hahn zu öffnen, zugleich äußert sich in dem heftigen Rucken an dem Hahn und den zugleich hervorgestoßenen Worten die (berechtigte) Aggression und der Stolz, diese Schikane überstanden zu haben. Sprech- und Handlungsablauf können durch einen dem Grundgestus eingelagerten Teilgestus (aggressiver Stolz) zusammengefaßt werden, der in der rhythmischen Struktur des Verses verborgen ist (vgl. dazu Brechts Prosastück *Kritik*, s.o.).

Diese praktischen Untersuchungen zum Sprechablauf versuchen, den Text, seine Möglichkeiten und Notwendigkeiten der Realisation und den ihm zugrundeliegenden Gestus durch unterlegte Handlungs- und Arbeitsprozesse zu erschließen. Sie gehen dabei nach dem Prinzip vor: die in der Textstruktur angelegten Pausen sind jeweils aktionsintensive Momente, Schwierigkeiten im Handlungsablauf, Handgriffe. Diese Unterlegung von Handlung erfolgt dabei durchaus willkürlich und experimentierend, natürlich innerhalb eines bestimmten, vom Text her gegebenen Rahmens. In einem nächsten Schritt, gewissermaßen als Übung, müßte die in der Aktion angelegte gestische Energie in einen reinen Sprechvorgang umgewandelt werden können, ohne daß Kraftverlust entsteht. Ein Muster für eine derartige Umwandlung liegt beispielsweise in der dritten Äußerung des ‚Mädchens unterm Torbogen' vor das »Bitte!!!« in seiner reinen Feindlichkeit (S.50).

In dem folgenden Beispiel wird eine Frau vor dem Spiegel gezeigt, die sich prüfend betrachtet und das, was sie sieht, auf ihre Situation rückbezieht. Die unterlegte Handlung hier: die Frau untersucht ihr Gesicht, ihre Haut, die Ringe unter den Augen, die Falten, versucht Falten wegzustreichen, legt Creme auf, zupft an den Augenbrauen, schminkt sich. Mit dem letzten Wort des Textes ist auch die Handlung, ihre Verrichtung, abgeschlossen.

2.Beispiel

Ich weiß, was ich brauche.
Ich sehe einfach in den Spiegel
Und sehe, ich muß
Mehr schlafen; der Mann
Den ich habe, schädigt mich.
Wenn ich mich singen höre, sage ich:
Heute bin ich lustig; das ist gut für
Den Teint.

Ich gebe mir Mühe
Frisch zu bleiben und hart, aber
Ich werde mich nicht anstrengen; das
Gibt Falten.

Ich habe nichts zum Verschenken, aber
Ich reiche aus mit meiner Ration.
Ich esse vorsichtig; ich lebe
langsam; ich bin
Für das Mittlere.

(So habe ich Leute sich anstrengen sehen) (8/270 f)

Der unterlegte Handlungsvorgang bekommt hier zu den genannten Funktionen noch eine weitere Funktion: ein beschädigter Mensch baut sich nicht nur innerlich wieder auf (wie im Text gegeben), sondern auch äußerlich (mit der Sorgfalt eines Restaurateurs sucht die Frau die beschädigten Stellen in ihrem Gesicht auf und überdeckt sie mit Schminke. Der Vorgang gleicht etwa — in dieser Beziehung und Funktion — dem Brotbacken der Frau Carrar in dem Stück ‚Die Gewehre der Frau Carrar'. Brecht schreibt darüber:

»In ihm ist viel vereinigt, das Backen des letzten Brotes, der Protest gegen andere Beschäftigung, wie es das Kämpfen wäre, und zugleich ist das Brotbacken die Uhr für den Verlauf des Vorgangs: ihre Verwandlung nimmt die Frist in Anspruch, die für ein Brotbacken ausreicht« (15/370).

Die Restauration vor dem Spiegel, auch eine Art Protest, gegen die gegebene Situation, zugleich gegen eine andere Form des ‚Kämpfens', ist ein anstrengender Vorgang, wie der von außen gleichsam beigesteuerte Schlußkommentar besagt; dieser angestrengte Gestus muß im Sprechvorgang sichtbar (bzw. hörbar) werden. Mit dem Schlußsatz wird er als ‚demonstrierter' Gestus präsentiert. Er bricht die ‚Rolle', wechselt in einen kommentierten Gestus von außen und müßte rückwirkend dem Vorgang zusätzlich und neu unterlegt werden.

3. Beispiel

Das ist die Kammer
Mach schnell, oder du kannst auch dableiben
Eine Nacht, aber das kostet extra.
Ich werde dich nicht stören
Übrigens bin ich nicht krank.
Du bist hier so gut aufgehoben wie woanders.
Du kannst also dableiben. (8/276)

An diesem Text ist interessant, daß der Grundgestus im Verlauf des Textes wechselt: am Anfang steht eine resolute, abweisende Haltung. Die ‚Aufforderung an einen Mann' (vgl. den Titel dieser Gedichtfolge, 8/275) ist geschäftlich bestimmt, von finanziellen Erwägungen. Der Wendepunkt scheint in dem Satz zu liegen: »Ich werde dich nicht stören.« Der Text endet mit einer vollen Zuwendung zu dem Mann, die sich zugleich dem Risiko seiner Entscheidung aussetzt. Der letzte Satz heißt — unausgesprochen: ‚Willst du?' Im ganzen könnte man von einem Gestus der allmählichen Zuwendung sprechen, Zug um Zug. Die einzelnen gestischen Schritte (Wendungen), die gleichsam durch die Interpunktion, die scheinbar willkürliche Setzung der Punkte angezeigt sind, könnte man etwa so beschreiben:

Eine Prostituierte weist ihrem Kunden die Kammer, in der sie ihren Handel abmachen können; sie betont, daß der Preis von der Dauer abhängt.
(Zeile 1-3)

Die Frau macht dem Mann verschiedene Angebote, die ihm den Aufenthalt angenehm machen könnten, unter anderem weist sie ihn auf ihre Gesundheit hin, die ungefährdeten Sexualverkehr bedeutet.
(Zeile 4-5)
Sie versichert, daß der Aufenthaltsort hier anderen in nichts nachsteht.
(Zeile 6)
Sie lädt ihn ein zu bleiben.
(Zeile 7)

Es fällt auf, daß im Gegensatz zu den vorhergehenden Texten sich hier kaum Zeilenbrechungen finden. Die Folge sind ruhige sprachliche Gesten, zugleich entsprechend dem Grundgestus der ‚allmählichen Zuwendung', ein allmähliches Schwinden der stimmlichen Härte bis zur Weichheit. Eine Möglichkeit, den Grundgestus mit einem ‚Handlungsvorgang', einer Folge von konkreten Gesten zu unterlegen, wäre die phasenweise Drehung des Körpers oder des Gesichts von der abgewendeten Haltung bis zur vollen Zuwendung, bei der der (konkrete oder vorgestellte) Partner voll angeschaut wird, und zwar entsprechend den (syntaktischen und poetischen) Zäsuren bzw. entsprechend den gestischen Schritten, und gleichzeitig ein entsprechend phasenweiser Abbau der stimmlichen Härte. Etwa so:

(*Abgewendete Haltung*)
Da ist die Kammer (*Warten*)
Mach schnell, (*Warten*) oder du kannst auch dableiben (*Wendung des Gesichts*)
Eine Nacht, (*warten*) aber das kostet extra.
(*Leichte Wendung des Körpers*)
Ich werde dich nicht stören (*Wendung des Gesichts*)
Übrigens bin ich nicht krank.
(*Wendung des Körpers*)
Du bist hier so gut aufgehoben wie woanders. (*Anschauen*)
Du kannst also dableiben.

4. Beispiel

Laßt eure Träume fahren, daß man mit euch
Eine Ausnahme machen wird.
Was eure Mutter euch sagte
Das war unverbindlich.
Laßt den Kontrakt in der Tasche
Er wird hier nicht eingehalten.

Laßt eure Hoffnungen fahren
Daß ihr zu Präsidenten ausersehen seid.
Aber legt euch ordentlich ins Zeug

Ihr müßt euch ganz anders zusammennehmen
Daß man euch in der Küche duldet.

Ihr müßt das Abc noch lernen.
Das Abc heißt:
Man wird mit euch fertig werden.

Denkt nur nicht nach, was ihr zu sagen habt:
Ihr werdet nicht gefragt.
Die Esser sind vollzählig
Was hier gebraucht wird, ist Hackfleisch.

(Aber das soll euch nicht entmutigen)
(8/274)

Die Person, die mit diesem Text sich äußert, ist durch den Text selbst nicht gegeben. Damit bleibt auch der Gestus zunächst offen, zumindest in gewissen
Grenzen, die etwa durch Begriffe wie ‚Kontrakt' oder Sätze wie ‚Legt euch ordentlich ins Zeug' abgesteckt sind. Dieser Text zeigt — stärker als die übrigen,
die es auch zeigen —, daß ein Text erst durch die Stellungnahme des Benutzers
(Lesers), durch den Gestus, den er unterlegt, die Rolle (in diesem Fall), die er
übernimmt, Eindeutigkeit gewinnt. Die Haltung der Person, der Gestus seiner
Rede werden erst in dem Augenblick eindeutig, in dem der Sprecher sich für einen bestimmten Grundgestus entscheidet, einen bestimmten Grundgestus vorführt. Möglich wäre für diesen Text etwa:

Fabrikgewaltiger oder Vorarbeiter, seine Leute zusammenscheißend.
Älterer Arbeiter, Gastarbeiter resignativ sarkastisch an Neuankommende.
Angehöriger eines Betriebs, Neuankömmlinge auf die Härte der Situation hinweisend,
um Widerstandskraft und Aggression hervorzurufen.
Besoffener, der einmal Mut faßt und zeigt, wie's ist.
Besoffener, mit sich selbst redend.

Unterlegt man dem Text eine Handlungsstruktur mit konkreten Tätigkeiten,
die mit der angelegten Haltung korrespondiert, etwa Kistenstapeln, Möbel-
packen, Papieresortieren, in Akten suchen und dazwischen lesen, Essen aus-
packen und essen, Fegen, besoffen seinen Mantel anzuziehen suchen und den
Schlüssel vermissen undsoweiter, und die in ähnlicher Weise wie im ersten Beispiel in den Text eingreift und ihn durchsetzt, so fangen die Einzelsätze, Teiläu-
ßerungen, Tonfälle an, sich gestisch zu entfalten und aus der gegebenen bzw.
unterlegten Situation heraus ihren besonderen Gestus zu präzisieren. Auch dieser Gestus müßte, durch den ‚Zusatz' gebrochen, wiederum *demonstriert* erscheinen.

5. Beispiel

Bei einem Versuch, mit Studenten szenisch an diesen Texten zu arbeiten, wurde
auch folgender Zeitungsartikel aus der BZ (Berliner Zeitung) vom 19.3.1974 verwendet:

DIE KINDER VON DER NAUNYNSTRASSE

Wer hier nicht mal aus Spaß die Zunge ganz weit rausstreckt, der ist falsch gewickelt. Denn in dieser Berliner Straße gibt's nun mal die meisten Frechdachse — schließlich ist es die wohl kinderreichste Straße Berlins. Das Spielzeug der Kinder sind Bretter, Bausand und die Klopfstangen der Hinterhöfe — aber das Herz regiert.

Einen Kilometer ist sie lang, die wohl kinderreichste Straße Berlins. Aber die Jungen und Mädchen aus der Naunynstraße in Kreuzberg haben keinen Kindergarten und kennen keine Abenteuerplätze.

Die Häuser in der Straße, die früher von Spar- und Ringvereinen beherrscht wurde, sind zu Großmutters Zeiten gebaut worden.

Die Kinder ,aus dem Kiez' haben einen neuen Spielplatz gefunden: sie toben auf der Baustelle herum. Sie spielen mit Brettern und Steinen und backen aus dem Bausand Kuchen. Teures Spielzeug kennen sie kaum. Aber ihnen ,gehören' die Klopfstangen auf den Hinterhöfen und sie haben den wildwuchernden Mariannenplatz fest in der Hand.

Dort beim Herumtoben fallen auch viele Sprachschranken. Die türkischen Kinder haben nämlich das ,Sagen' im Kiez. Allein in der Naunynstraße leben 1300 Gastarbeiter. 80% der ,Kiez-Bewohner' kommen aus der Türkei, aus Griechenland und aus Jugoslawien.

Die 1400 Jungen und Mädchen, die zwischen Oranien- und Mariannenplatz vor zwei Jahren gezählt wurden, haben viel zur ,Völkerverständigung' beigetragen: Sie dolmetschen ihre Eltern, verhandeln mit den Geschäftsleuten und alarmieren, wenn es nötig ist, auch die Polizei.

»Obwohl der Kiez sozial schwierig ist, kommt es selten zu Ausschreitungen«, betont Jugendstadtrat Erwin Beck. Er weiß auch den Grund dafür: »Man kann sagen, hier regiert trotz vieler Armut das Herz.«

Der Text wurde in folgenden Handlungszusammenhang gestellt: Arras, ein Türke, hat keine Arbeit; seine Versuche, Arbeit zu bekommen, scheitern. Erschöpft von diesen Versuchen geht er die Straße entlang, sehr langsam. Hinter ihm her kommen zwei BZ-Verkäufer. Arras bleibt stehen. Die BZ-Verkäufer schreien ihren Text aus. Bei jeder Äußerung schlagen sie Arrras auf die Schulter, zunächst eher onkelhaft, dann immer brutaler, bis Arras zusammenbricht.

Der Text wurde dabei folgendermaßen bearbeitet (,stilisiert'):

A+B	DIE KINDER VON DER NAUNYNSTRASSE	(schlagen)
A	Wer hier nicht mal aus Spaß die Zunge ganz	(schlägt)
	weit rausstreckt	(schlägt)
B	Der ist falsch gewickelt!	(schlägt)
A	Denn in dieser Berliner Straße	(schlägt)
	Gibt's nun mal die meisten	(schlägt)
B	Frechdachse	usw.
A	Schließlich ist es die wohl kinderreichste Straße	
	Berlins	
B	Das Spielzeug der Kinder sind Bretter,	
A	Bausand und	
B	Die Klopfstangen der Hinterhöfe	

A	Aber —
A+B	DAS HERZ REGIERT!
A	Die türkischen Kinder haben das Sagen im Kiez
B	Allein in der Naunynstraße leben 1300 Gastarbeiter
A	80% der Kiezbewohner kommen aus der Türkei,
B	Aus Griechenland, aus
A	Jugoslawien!
B	Völkerverständigung
A	Durch die Jungen und Mädchen zwischen Oranien-straße und Mariannenplatz
B	Soziale Schwierigkeiten — aber
A	Kaum Ausschreitungen
B	Unser Stadtrat weiß, warum:
A	Trotz vieler Armut —
A+B	DAS HERZ REGIERT

Der so ,stilisierte' Vorgang scheint zunächst (oberflächlich gesehen) eine allmähliche gestische Wendung zu zeichnen (wie in Beisp. 3), und zwar vom Gestus des Onkelhaft-auf-die-Schulter-Schlagens zum Gestus des Zusammenschlagens. In der Tat handelt es sich jedoch nicht um eine allmähliche gestische Wendung, sondern um die allmähliche Aufdeckung eines schon im Grundgestus des Anfangs angelegten (gekoppelten) Gestus. Das heißt, dieser szenische Vorgang, dieses Handlungsbild, hat die Funktion, den Gestus des brutalen und zynischen Zusammenschlagens im Gestus des Onkelhaft-auf-die-Schulter-Schlagens freizulegen und zugleich die Scheinhaftigkeit und Verschleierung menschlicher Beziehungen durch optimistische Rhetorik zu zerstören.

Das wird u.a. durch die Bearbeitung des Textes erreicht. Abgesehen von der gedichtartigen Abtrennung der Zeilen (die jeweils mit einem Schlag korrespondieren), wird man feststellen können, daß es sich bei der ,Bearbeitung' um eine stilistische Vereinheitlichung handelt: der zweite Textteil ist dem ersten (im Original fettgedruckten) wörtlich übernommenen Zeitungstext in der Syntax, im Tonfall, im ,optimistischen Schwung' angeglichen (lapidare Sätze, eher Ausrufe des Erstaunens und der Begeisterung als Darlegungen, Erläuterungen, Berichte). Dieser sprachliche Gestus des ,Neinsoetwas', des ,Stellteuchvor', des ,Hättetihrdasgedacht', gekoppelt mit dem Gestus des Täuschens durch oberflächliche Überzuckerung der Tatsachen, durch burschikoses Augenzwinkern, entspricht dem anfänglich angelegten Gestus des Onkelhaft-auf-die-Schulter-Klopfens, macht aber die Verwandlung in den Gestus des Zusammenschlagens nicht adäquat mit, sondern gerät in einen immer stärkeren Widerspruch zu ihm, der in der Gleichzeitigkeit des Zusammenbruchs von »Arras« und dem herausgejubelten Satz »Aber das Herz regiert!« seine unübersehbare (und unüberhörbare) Schärfe bekommt.

Diese *Studien zum gesellschaftlichen Gestus eines Orts* mit Texten aus dem *Lesebuch für Städtebewohner* oder in Anlehnung an sie vollziehen die Schritte nach, die bisher in den Problemzusammenhang des *gestischen Sprechens* hineingeführt haben:

— die Beeinflussung des Sprechablaufs durch übergeordnete Haltungen, durch einen dominierenden Gestus, der den Sinn der einzelnen Sätze nur als materielle Stütze braucht, um ihn gleichzeitig gewissermaßen zu ,überspielen',

— das Aufsuchen syntaktischer, semantischer oder poetischer Aussageeinheiten (,Portionen') als Ausgangspunkt für gestische Schritte, Schnitte und Wendungen im Detail,

— das Erfinden konkreter Handlungen, wie sie in den Texten angelegt sind oder zu denen sie Anhaltspunkte geben, von minimalem Ausmaß (Atem, Rennen/Atmen, Rauchen) bis zu einer detaillierten Handlungsstruktur als Podeste oder Wegplatten für diese gestischen Schritte und Wendungen durch den Text.

Diese Studien zum gestischen Sprechen gleichen Körperübungen zur Dehnung und Erwärmung bestimmter Muskelpartien und zu einer allgemeinen lockeren Verfügbarkeit des Körpers. Sie sind Übungen zur Erweiterung, Begründung und Präzision des gestischen Vokabulars, gestischer Tonfälle und zur Verankerung eines gestischen Sprechablaufs in der Geste, im Vorgang, in der Handlung — nicht als Festlegung, sondern als Verfügbarkeit. Sie entsprechen insofern gewissen *Exerzitien*, von denen Brecht aus seiner Arbeit mit dem Schauspieler Charles Laughton berichtet, seinem Partner für die amerikanische Version des *Galilei*:

> »helfe LAUGHTON, für eine platte die schöpfungsgeschichte einzustudieren. er hat im ohr den bekannten, internationalen pfaffenton, und da seine stimme wenig und schwerfällig seinem gestus folgt, dh überhaupt wenig beweglich ist, verdirbt das alles. ich rate ihm zu einigen exerzitien, und wir gehen in ein plattenstudio, wo wir folgendes aufnehmen: a) die schöpfung, rezitiert von einem franzosen wie jean renoir, b) von einem yorkshire mann (heimat laughtons), c) von einem cockney (at the beginning mr smith created the heaven and the earth), d) von einem pflanzer, der eingeborenen glauben machen will, er habe die welt geschaffen, e) von einem butler (in the beginning his lordship created . . .), f) von einem soldaten ,in the foxhole' (mit ,so what' und ,much good did it to us' zwischen den schöpfungsakten). nun kommt das ganze als ein primitiver fruchtbarkeits- und phallus-tanz.« (AJ 3.5.45)

Auch die Arbeit mit den *Parallelszenen* (vgl S.34 f) verfolgt ähnliche Absichten. Letzten Endes ist die gestische Qualität des Sprechens jedoch nicht ausschließlich aus sich selbst und aus den vorliegenden Sätzen zu entwickeln, auch wenn die Arbeit am Gestus in mancher Hinsicht von den Einzelsätzen ausgeht, so »als sei jeder der letzte« (15/396). Sie gleicht einer Tunnelbohrung von der Seite des Details her. Sie braucht jedoch das Entgegenkommen von der anderen Seite, von der Beziehung der Figur, die spricht, zur anderen Figur, von der Verknüpfung der Vorgänge miteinander, vom Sinn der *Fabel* und dem Gesamtgestus des Stückes.

Gestische Musik

Gestisches Singen: Bertolt Brecht und seine Lieder

Musik ist in viel stärkerem Maße Teil des Alltags als das Theater. Sie begleitet viele Prozesse, Situationen, Handlungsweisen wie ein ästhetischer Schatten. Sie bildet Haltungen aus, sie drückt Haltungen aus, sie stellt Beziehungen zwischen Menschen her und ist an der Organisation und an Formen des Zusammenlebens beteiligt. Wir sehen besser gekleidete Menschen abends in festlich erleuchtete große Häuser strömen, wir sehen schwarz gekleidete Herren und schwarz-weiß gekleidete Damen geordnet auf großen Podien stehen und singen, wir sehen wild oder lässig zuckende Körper, paarweise einander zugeordnet, in großen Gruppen, wir sehen »ganze Reihen in einen eigentümlichen Rauschzustand versetzter, völlig passiver, in sich versunkener, allem Anschein nach schwer vergifteter Menschen. Der stiere, glotzende Blick zeigt, daß diese Leute ihren unkontrollierten Gefühlsbewegungen willenlos und hilflos preisgegeben sind.« (15/480) Wir sehen Menschen in großen Zügen mit Fahnen und Spruchbändern mit erhobenen Fäusten und feurigen Blicken Kampflieder singen, andere in geschlossenen Reihen mit festem Tritt im Gefolge von Blaskapellen, wir sehen Menschenmengen in hohen säulenbestandenen Hallen zur Orgelbegleitung langgezogene Melodien singen, andere noch weitaus größere Menschenmengen mit offenen Mündern und geweiteten Gefühlen, den Ruhm des Vaterlands auf den Lippen oder mit geweiteten Gefühlen anderer Art in riesigen überdachten Ovalen, stampfende Rhythmen klatschend, pfeifend, von Lautsprechern überdröhnt und versprochenen Gefühlen. All dies sind musikalische Ereignisse, durch die sich ein gesellschaftlicher Gestus ausdrückt. Choräle, Kampflieder, Nationalhymnen, Tanzmusik, Marschmusik, Wiegenlieder, Liebeslieder, Arbeitslieder sind durch die Art und Weise, in der sie Beziehungen stiften und äußern, gestische Musik. Dieser Musik liegen Haltungen zugrunde, durch diese Musik scheinen die Haltungen der Menschen hindurch. Und selbst die Musik, die über die Haltungen — scheinbar — nichts aussagt, die nur Musik sein will, wird durch den gesellschaftlichen Zusammenhang, in dem sie sich ereignet, Teil eines gesellschaftlichen Gestus, und sei es der der esoterischen Zurückgezogenheit.

Als so bruchlos in den Alltag eingefügt, erscheint die Musik in den frühen Stücken Brechts:

> »In den ersten paar Stücken wurde Musik in ziemlich landläufiger Form verwendet; es handelt sich um Lieder oder Märsche, und es fehlte kaum je eine naturalistische Motivierung dieser Musikstücke. (...) Diese Musik schrieb ich noch selbst.« (15/472)

Eine besondere ,naturalistische Motivierung' dieser Art ist es, daß die Hauptfigur des Stückes *Baal* — in manchem eine Selbststilisierung — Lieder- und Balladensänger ist.[1]

Die eigenen Lieder Brechts aus der Augsburger Zeit folgen durchweg bestimmten sozial vorgeprägten Liedmustern: Ballade, Bänkellied, Choral, Moritat. Sie stellen eine geläufige Beziehung her zwischen Sänger und Zuhörer oder Mitsänger. Sie sind auf die genannte direkte Weise gestisch. Liest man Berichte über die Augsburger Zeit Brechts, so scheint die Lyrik und das Singen eigener Lieder eine wichtige Rolle bei der Entstehung einer besonderen ästhetisch geprägten Gruppenkultur gespielt zu haben. Dies ist ein zusätzliches gestisches Moment. Altersgenossen Brechts beschreiben das:

> »Im Frühsommer 1917 bummelte ich viel mit Brecht und den anderen Freunden umher. (. . .) Wenn wir abends zu unseren kleinen Abenteuern zusammenkamen, da waren bei Brecht Gitarre und Lampion obligatorisch.« »Gablers Taverne war damals abendlicher Treffpunkt der Brechtclique. (. . .) Ich kann mich noch an Kostümfeste bei Gablers erinnern, wir nannten sie Brechtfeste. Brecht hattte meistens seine Gitarre dabei und sang seine Balladen und Lieder.« (Brecht in Augsburg, 105 ff)

Vorbilder für diese Lieder fand Brecht auf dem Augsburger *Plärrer* und bei Frank Wedekind:

> »Die Einflüsse der Augsburger Vorstadt müssen wohl auch erwähnt werden. Ich besuchte häufig den alljährlichen Herbstplärrer, einen Schaubudenmarkt auf dem ,kleinen Exerzierplatz' mit Musik vieler Karusselle und Panoramen, die krude Bilder zeigten wie ,Erschießung des Anarchisten Ferrer zu Madrid' oder ,Nero betrachtet den Brand Roms' oder ,Die bayrischen Löwen erstürmen die Düppeler Schanzen' oder ,Flucht Karls des Kühnen nach der Schlacht bei Murten'.« (17/905) [2]

> »Brecht war regelmäßig mit Frauen auf dem Plärrer. ,Dort lernt man die Welt kennen, wie sie wirklich ist', sagte er mir einmal. (. . .) Brecht sah dabei auch hinter die Kulissen der Schaubuden. Eine Zeitlang war er fast täglich auf dem Rummelplatz. Auch viele der Schausteller kannte er. (. . .) Attraktionen auf den Volksfesten waren damals in Augsburg noch die Moritatensänger. Der Einleitungsvers, der jeweils wiederkehrte, ist mir noch deutlich in Erinnerung:
>
> Menschen, höret die Geschichte
> Die erst kürzlich ist geschehn,
> Die ich treulich euch berichte,
> Laßt uns dran ein Beispiel nehm.«
> (Brecht in Augsburg, 174 f)

Die dort auf dem Plärrer gleichsam als ,natürliches' Element erscheinende Haltung des Schaubudensängers fand Brecht dann ,ins Künstliche übersetzt' bei Frank Wedekind vor:

> »Niemand vergaß je wieder diese metallene, harte, trockene Stimme, dieses eherne Faunsgesicht mit den ,schwermütigen Eulenaugen' in den starren Zügen. Er sang vor einigen Wochen in der Bonbonniere zur Gitarre seine Lieder mit spröder Stimme, etwas monoton und sehr ungeschult: Nie hat mich ein Sänger so begeistert und erschüttert.« (15/3)

Brechts Lieder in eigenen Vertonungen, auf ,naturalistische Weise' in die frühen Stücke eingebaut, erscheinen gesammelt und um einzelne Stücke vermehrt in der

»Hauspostille« (1927). Spätestens in diesem Rahmen wird deutlich, daß der ‚natürliche', d.h. in gewohnten Situationen des gesellschaftlichen Alltags (oder Sonntags) vorfindliche musikalische Gestus etwa des Chorals, der Moritat usw. von Brecht nicht naiv ‚ins Künstliche übersetzt' — *zitiert* wird. Die Benutzung von vorgegebenen Liedern entspricht dem Parodie- und Zitatcharakter der gesamten Hauspostille. Walter Benjamin schreibt:

> »Es versteht sich, daß der Titel der *Haupostille* ironisch ist. Ihr Wort kommt nicht von Sinai noch von den Evangelien. Die Quelle ihrer Inspiration ist die bürgerliche Gesellschaft. Die Lehren, die ihr Betrachter aus ihr zieht, unterscheiden sich so weitgehend wie nur möglich von den Lehren, welche sie selbst verbreitet. (. . .) Der Choral, mit dem die Gemeinde erbaut wird, das Volkslied, mit dem das Volk abgespeist werden soll, die vaterländische Ballade, die den Soldaten zur Schlachtbank begleitet, das Liebeslied, das den billigsten Trost anpreist — sie alle bekommen hier einen neuen Inhalt.« (Versuche, 51)

Der ursprüngliche Gestus dieser Lieder ist gebrochen durch den Gestus des distanzierten Zitats, der gezielten Parodie, des provozierenden Widerspruchs. Beide gestischen Elemente bekommen ihre jeweilige Bedeutung mit- und gegeneinander durch die Haltung dessen, der diese Lieder singt, den Gestus des Sängers. Erst durch die Art des Singens werden diese Widersprüche und Korrespondenzen wirksam und konkret. Diese Möglichkeiten, den Gestus zu tragen und zur Entfaltung zu bringen, werden für Brecht später zum wichtigen Kriterium für den gestischen Gehalt eines Musikstücks mit Text:

> »Es ist ein vorzügliches Kriterium gegenüber einem Musikstück mit Text, vorzuführen, in welcher Haltung, mit welchem Gestus der Vortragende die einzelnen Partien bringen muß, höflich oder zornig, demütig oder verächtlich, zustimmend oder ablehnend, listig oder ohne Berechnung. Dabei sind die allergewöhnlichsten, vulgärsten, banalsten Gesten zu bevorzugen. (15/485)

In einem Gespräch mit Guillenin (1926) sagt Brecht über seine Lyrik — im Gegensatz zu seiner Dramatik:

> »Meine Lyrik hat mehr privaten Charakter. Sie ist mit Banjo- und Klavierbegleitung gedacht und bedarf des mimischen Vortrags.« (Brecht im Gespräch, 187)

Trotz dieses ‚mehr privaten Charakters' braucht Brecht für diesen mimischen Vortrag sein Publikum. Von den Touren der ‚Brechtclique' in Augsburg heißt es:

> »Eines Abends war die ganze Blase wieder unterwegs. Ich kann mich noch an Neher und Pflanzelt erinnern, und natürlich war Brecht obenauf. Schließlich landeten wir im Prostituierten-Domizil Sieben Hasen in der Bäckergasse. Es ging hoch her. Unversehens stand eine der Amüsierdamen auf dem Tisch und sang unter großem Beifall anzügliche Lieder. Ich kann mich noch eines Kehrreims erinnern, der immer wieder von allen in Hochstimmung mitgesungen wurde: ‚Ich hab ein Büschel Haar am Bauch, ich glaub, ich bin ein Aff.' Wir waren natürlich alle in gehobener Laune. Da griff Brecht zur Gitarre und sang den Mädchen und den anderen Gästen Goethes ‚Der Gott und die Bajadere' vor. Je weiter Brecht das Geschick der indischen Tempeltänzerin vortrug, mit seiner aufreizend-krächzenden Stimme und dem ungewöhnlichen Rhythmus, um so stiller

wurde es in der Schenke, wie in einer Leichenhalle standen sie alle und hörten Brecht singen. Als er geendet hatte, brach ein Beifallsgeschrei über Brecht herein, spontan nahm ein Mann seinen Hut und sammelte für den Sänger, alles stürmte auf Brecht ein, und er mußte seinen Vortrag-wiederholen.« (Brecht in Augsburg, 156)

Auch in der frühen Berliner Zeit ist Brecht mit seinen Lieder noch öffentlich aufgetreten. In der *Wilden Bühne* entfesselte er 1921 einen Skandal mit der *Legende vom toten Soldaten.* (Tagebücher, 261)

Brechts eigenes Singen, diese ‚aufreizend-krächzende Stimme mit dem ungewöhnlichen Rhythmus' ist für die Frage nach dem Gestischen in der Musik in mehrfacher Hinsicht interessant: die Liedvorträge als soziale Ereignisse in sich, die sozial vorgeprägten Liedmuster, die persönlichen Brechungen des dort vorgegebenen Gestus und schließlich der sängerische Tonfall, als Muster gestischen Singens die — oder zumindest eine Keimzelle des *Brecht-Songs*, wie er schließlich von Weill, Eisler, Dessau und anderen weiterentwickelt und ausgeprägt wurde.

Auch in dem sängerischen Tonfall Brechts wirkt — neben anderen Traditionssträngen — vor allem der Bänkel- und Moritatenton seiner Plärrer- und Wedekinderfahrung fort mit der spröden, unromantischen, plebejisch-emotionalen Note der Jahrmärkte:

> »Sein Gesang war rauh und schneidend, manchmal bänkelsängerisch krud, mit unverkennbar augsburgischem Sprachklang, manchmal fast schön, schwebend ohne Gefühlsvibration, und in jeder Silbe, in jedem halben Ton ganz klar und deutlich.« (Zuckmayer, 389)

Der Bänkel - und Moritatenton wird — ähnlich wie der Brettlton — wesentlich geprägt durch seinen sozialen Ort. Die *Kaufrufe*, das Ausrufen von Waren, zu denen auch Druckerzeugnisse und darunter *Lieddrucke* gehörten, klingen in dem eher unterhaltenden Bänkelsang noch durch. Die äußeren Bedingungen bleiben die gleichen: Der Gesamtrahmen des Jahrmarkts mit seiner stabilen Geräuschkulisse zwingt zu einem ausrufenden Singen, das durchdringen muß. Charakteristisch sind daher die breit ausgesungenen, weiträumig Aufmerksamkeit heischenden Anfänge und Schlüsse, welche die einzelne Liedzeile isolieren und durch Fermaten herausheben. Das ist bei den literarischen Bänkelliedern Brechts (auch Wedekinds) noch aus der Melodiegestalt abzulesen:

In dem sehr frühen Lied *Apfelböck oder Die Lilie auf dem Felde* (8/173 ff) ist nur der Schlußton mit einer Fermate ausgezeichnet. Aber auch die drei Anfangstöne wären ohne weiteres mit Fermaten auszusingen.

In dem *Mahagonny-Gesang Nr.2* ist dieser breite Auftakt, verstärkt und präzisiert durch die Synkope, gewissermaßen *auskomponiert* (2/541 ff).

Wer in Ma - ha - gon - ny blieb

Auch bei Weill, der Melodiebildung häufig an Melodiemodellen Brechts orientiert hat, finden sich diese auskomponierten Rückverweise auf den Jahrmarktston, so etwa in der *Dreigroschenoper*:

(laut gerufen:) Denn wovon lebt der Mensch?

Refrain

1. 2. Denn wo - von lebt der Mensch?

Die äußeren Bedingungen der Straße prägen den Stil und den Gestus des Singens. Für individuell auszumalende Stimmungen und Spannungen fehlen die Voraussetzungen des atemlosen Zuhörens in einem Laufpublikum, das immer wieder neu eingefangen und gehalten werden muß. Singen im Freien läßt eine tiefergehende Innerlichkeit gar nicht zu. Die emotionalen und moralischen Ungeheuerlichkeiten werden durch den kalten, marktschreierischen und vor allem auch eher geschäftsmäßigen Gestus dieser »freudlosen Muse« (Petzold) neutralisiert.

In der Moritat selbst sind zusätzlich gewisse musikalische Widersprüche angelegt: Die Melodien der Moritaten übernehmen häufig Elemente der ‚hohen' Musik, zum Teil vermittelt über die Zwischenzone der höheren Unterhaltungsmusik. Es handelt sich hier um eine Art *produktiver Resteverwertung* oder — wie Walter Benjamin schreibt — um »gesunkenes Kulturgut einer herrschenden Klasse, das, in ein breiteres Kollektivum aufgenommen, sich erneuert« (Über Kinder, 69). Bei dieser Erneuerung verwandelt es sich: durch den neuen sozialen Ort, in diesem Fall schon durch das *ausrufende Singen*, durch andere Sachverhalte, die den Melodien anvertraut werden. Dies wird z.B. spürbar, wenn melodische Formeln wie Vorhaltsbildungen übernommen werden, ohne daß gleichzeitig die sozialen, kulturellen oder emotionalen Haltungen, innerhalb derer sie sich entwickelt haben, (etwa eine individualisierte Empfindamkeit) innerlich erfüllt oder überhaupt akzeptiert werden.

Die Berichte über Brechts Art zu singen zeigen, wie diese widersprüchlichen Momente hier aufgenommen und neu verwandelt werden. Sie bekommen in einer anderen, im Vergleich zum Rummelplatz eher halb-öffentlichen sozialen Umgebung teils aggressive Züge, teils ergibt sich eine neue Spannweite zwischen harten und zarten Momenten:

»Man muß klobige Wortwendungen, schrille Passagen überstehen, um einen Tropfen schöner Poesie genießen zu dürfen. Wie gut schmeckt er da! Brechts Vortrag verhinderte eine gute und ruhige Aufnahme des Gedichts durch unerwartete Verhärtungen,

Verschärfungen beiläufiger Stellen, oder durch betont ruhige Wiedergabe an und für sich hochdramatischer Passagen. Die Balladen liefen bei ihm eben nicht glatt ab; sie bekamen einen unregelmäßigen und einen holprigen Gang. Brecht rang den Zuhörern die Haltung einer permanenten Bereitschaft zur Veränderung ihrer Reaktionen ab. Das Entscheidende aber war wohl die unmittelbare Begegnung mit einer enormen schöpferischen Kraft, die beim Vortrag des Dichters selbst ganz frei wurde. Sie zeigte sich vielleicht deshalb so stark, weil Brecht weder seine Seele entblößte, noch das Herz aufriß, sondern ‚kunstvoll‘ vortrug, das heißt, die Besonderheiten und Schönheiten der Balladen sehen ließ.« (Reich, 297 f)

Aus dieser Beschreibung des Theatermannes Reich ist deutlich der Umwandlungsprozeß von einer ‚Naturerscheinung‘ wie der des Bänkelsangs in einen bewußten Kunstvorgang abzulesen, der die ästhetischen Widersprüche seines Alltagsmodells auf seine Sache und seine künstlerischen Absichten hin zuspitzt. Die Folge ist ein *kunstvoll synkopierter* Sprech- und Gesangstil, den Brecht bereits als »äußerst raffiniert und variationsreich« bei Frank Wedekind entdeckt hat:

> »in der tat nahm wedekind jazzelemente voraus, und seiner rezitation selbst einfachster gedichte und lieder (ich war ein kind von 15 jahren) lagen komplizierte steprhythmen zugrund.« (AJ/4.4.42)

Es gibt zwei historische Schallplattenaufnahmen mit Brechts Interpretation zweier Songs aus der *Dreigroschenoper*: der *Moritat vom Mackie Messer* und dem *Lied von der Unzulänglichkeit menschlichen Strebens*. Diese Tondokumente sind sehr aufschlußreich. In ihnen wird erkennbar, wie Brecht die Auflösung der Widersprüche, wie sie im Modell der Moritat angelegt sind und wie sie sich aus seiner jeweiligen Interpretationsabsicht ergeben, musikalisch-technisch und vom Gestus der Stimme her zuwege bringt — oder auch ihre pointierte Zuspitzung erreicht. Eine Betrachtung dieser Art des Singens ausschließlich als *Kunstvorgang* — ohne die Berücksichtigung des gestischen Moments in seiner Vielschichtigkeit — muß dabei notwendig zu Fehlschlüssen führen. Das ist an einem Detail, gerade von einer Fehlinterpretation her, anschaulich zu demonstrieren.

Über die beiden als Tondokument vorliegenden Songs schreibt Klaus Birkenhauer:

> »Das Auffälligste an seinem Vortrag von zwei Songs aus der ‚Dreigroschenoper‘ ist zweifellos die ‚übertrieben‘ deutliche Artikulation sämtlicher Wörter und Silben. Der Sänger Brecht überläßt es allein der Melodieführung, die Verse zu paraphrasieren und zu gliedern — er selbst dagegen hält jede Interpretation zurück: er hebt weder Sinnwichtiges hervor noch unterdrückt er ‚unbedeutendere‘ Silben oder läßt sie abfallen. Vielmehr betont er alle Wörter nahezu gleichmäßig stark, fast könnte man sagen mit gleicher Anstrengung und Inbrunst.« (Birkenhauer, 14)

Diese Beobachtungen sind nachweisbar falsch: Nicht durchweg, allerdings stellenweise artikuliert Brecht ‚übertrieben deutlich‘ — es handelt sich nicht um ein durchgehendes stilistisches Prinzip. Ebenso findet man an verschiedenen Stellen eine auffällige gleichgewichtige Wort-, sogar Silbenbetonung. Daneben aber gibt es deutlich interpretierende Passagen, in denen Sinnwichtiges gegen die schematische Melodieakzentuierung sich durchsetzt. Brecht überläßt es also nicht der Melodie allein, die Verse zu paraphrasieren und zu gliedern. Der deutlichste Eingriff hier ist das raffinierte Glissande, mit dem er im *Haifisch-Song* das musikalisch und durch die Verszäsur zerschnittene »be--weisen« zusammenbindet:

Darüber hinaus ist ein spürbarer Unterschied in der Interpretation der beiden Lieder auszumachen: Das *Lied von der Unzulänglichkeit* hat einen sehr viel individuelleren Gestus, geht fast in die Nähe des Konversationstons, ihm fehlen die rufartigen Gleichbetonungen von Haupt- und Nebensilben (*Und der Haifisch, der hat Zähne* ...), die im *Haifischsong* fast durchgehend zu finden sind, und nur an einer Stelle werden auch hier die Silben hartnäckig und gleichgewichtig betont: »*Denn alle rennen nach dem Glück, das Glück rennt hinterher.*« — Der Bezug zur Sache scheint mir da auf der Hand zu liegen:

Birkenhauer übersieht, daß diese Lieder im Stück in einer bestimmten Situation angesiedelt sind, gebunden an die Haltung bestimmter Personen, an ihren Gestus, auch wenn der offene Gestus des Schauspielers im Augenblick des Singens zusätzlich hinzukommt, indem er einen Schritt weit aus der Rolle heraustritt. Er übersieht den besonderen Gestus, der in dem Liedmuster *Moritat* bereits vorab angelegt ist. Die Art Brechts, diese Lieder — und zwar in unterschiedlicher Weise — zu singen, nimmt auf diesen Gestus in beiden Fällen deutlich Bezug. Gleichgewichtige Betonung und Überdeutlichkeit ist zumindest Teilelement dieses Gestus: Die äußeren Bedingungen, unter denen Moritaten gesungen werden, zwingen dazu, jedes Wort hörbar zu machen, um den Kontakt zu den Zuhörern nicht zu verlieren, vielmehr ihn immer neu zu gewinnen. Dies könnte ein Entstehungsgrund für gleichgewichtiges Akzentuieren als gelegentliches Stilelement sein. Ähnliches kann man beim Rufen im Freien über große Entfernungen hin beobachten, wo jedes Wort, jede Silbe schließlich den Charakter eines Einzelereignisses bekommen kann. Gleiche Betonung von Worten und Silben läßt sich als Erscheinung der ,normalen' Alltagsrede auch in anderen Zusammenhängen beobachten. Beispielsweise führt aggressiver Gestus oft zur Gleichbetonung, besonders wenn die Worte, gehämmert, gewissermaßen zur akustischen Begleitung der Geste werden: Du Schwein! — er führt auch oft zur Überdeutlichkeit der Rede, desgleichen hämisches oder sarkastisches Wiederholen von Sätzen. In ganz anderen Zusammenhängen führt lehrerhaftes Sprechen zur Gleichbetonung, vor allem natürlich beim Diktatsprechen. Derartige im Alltag beobachtbare Eigentümlichkeiten des Sprechens erscheinen im Liedvortrag ‚aus dem natürlichen ins Künstliche übersetzt' und ‚ausgewählt'.

Die Interpretation der beiden Songs läßt jedenfalls nicht den Schluß zu, bei Brecht eine »künstliche Redeweise, fern vom ‚normalen' Sprachgebrauch« als sprachliches Prinzip zu konstruieren, wie Birkenhauer das tut (79), und daraus ein »Bauprinzip« abzuleiten (Birkenhauer, 14). Brecht arbeitet im Gegenteil darauf hin, die Sprech- und die Singweise des Schauspielers aus dem Gestus der Personen und ihrer Handlungszusammenhänge zu entwickeln und sie an den sozialen Mustern des Alltags zu orientieren:

> »Der Schauspieler muß zum Beispiel deutlich sprechen können, aber das ist nicht nur eine Sache der Konsonanten und Vokale sondern auch, und hauptsächlich, eine Sache des Sinns. Lernt er nicht (gleichzeitig), den Sinn aus seinen Repliken herauszuholen, wird er nur mechanisch artikulieren und durch sein ‚schönes Sprechen' den Sinn zerstören. Und im Deutlichen gibt es Unterschiede und Abstufungen mannigfacher Art. Die verschiedenen Klassen der Gesellschaft haben eine verschiedene Art der Deutlichkeit: Ein Bauer mag deutlich sprechen im Gegensatz zu einem andern Bauern, aber er wird anders deutlich sein als ein Ingenieur. Also muß der Schauspieler, der sprechen lernt, dabei immer auch darauf achten, daß er seine Sprache flexibel, schmiegsam hält. Er darf nicht aufhören, an wirkliche Menschensprache zu denken.« (16/731)

Brechts Polemik gegen die »unnatürliche deklamation der texte durch die schönbergschule«, die »musiker zwingt, wie sterbende schlachtpferde zu wiehern«, (AJ/9.5.42) weist in die gleiche Richtung: Es handelt sich nicht um eine »künstliche Redeweise, fern vom ‚normalen' Sprachgebrauch«, sondern eben dieser ‚normale' Sprachgebrauch ist der Ausgangspunkt für die ‚künstliche Redeweise' Brechts. Diese entsteht durch eine »Sammlung ausgewählter Tonfälle«, deren Natürlichkeit »bei der Auswahl nicht verloren gehen« darf durch die »Übersetzung des Natürlichen ins Künstliche und *übersetzt (wird) nach dem Sinn.«* (15/370)

Die isolierte Äußerung — auch im Lied — ist immer zugleich gestisches Teilelement einer größeren komplexen gestischen Einheit. Der dominierende Gestus eines solchen größeren Zusammenhanges kann sich dabei gelegentlich über den Einzelsinn von Äußerungen hinwegsetzen, ihn in einem höheren Sinn aufheben, aber die einzelne Äußerung bewahrt auch wieder ihre Eigenständigkeit ‚als Teilchen im Teil'. Aus diesem Prinzip heraus entwickelt sich das Singen auf der Bühne als komplexes, viele gestische Elemente und Widersprüche in sich aufnehmendes Ereignis, in dem auch das musikalische Element nur ein Teil ist. In seinen Bemerkungen *Über das Singen der Songs* zu den Liedern der *Dreigroschenoper* beschreibt Brecht die Verfahrensweise, nach der ein solcher ‚synkopierter' Gesangstil zu erarbeiten ist.

> »Der Schauspieler (...) versucht nicht so sehr den Gefühlsgehalt seines Liedes hervorzuholen (...), sondern er zeigt Gesten, welche sozusagen die Sitten und Gebräuche des Körpers sind. Zu diesem Zweck benutzt er beim Einstudieren am besten nicht die Wor-

te des Textes, sondern landläufige profane Redensarten, die ähnliches ausdrücken, aber in der schnoddrigen Sprache des Alltags. Was die Melodie betrifft, so folgt er ihr nicht blindlings: es gibt ein Gegen-die-Musik-Sprechen, welches große Wirkungen haben kann, die von einer hartnäckigen, von Musik und Rhythmus unabhängigen und unbestechlichen Nüchternheit ausgehen. Mündet er in die Melodie ein, so muß dies ein Ereignis sein; zu dessen Betonung kann der Schauspieler seinen eigenen Genuß an der Melodie deutlich verraten.« (17/997) [3]

Gestische Musik bei Weill — Anfragen bei Bach und Mozart

Die erste publizierte Äußerung über gestische Musik und über den Gestus-Begriff überhaupt stammt nicht von Brecht, sondern von Kurt Weill. Im März erschien sein Aufsatz *Über den gestischen Charakter der Musik*. Vorausgegangen war die Zusammenarbeit Weills mit Brecht seit März 1927: das Songspiel *Mahagonny* für die Baden-Badener Kammermusik war entstanden, zur Oper *Aufstieg und Fall der Stadt Mahagonny* ausgearbeitet, die *Dreigroschenoper* aufgeführt worden. Entzündet hatte sich der Kontakt an der Funksendung des Stückes *Mann ist Mann* im Berliner Rundfunk (1927), an der Brecht selbst mitwirkte. Für Weill »kündigt sich ein neuer Typ dramatischer Produktion an«: »die Einzeldarstellungen, die akustischen Abstufungen, die musikalischen und geräuschmäßigen Illustrationen, die Einordnung erklärender Zwischenrufe, die Steigerungen in Tempo und Dynamik — alles war Ergebnis einer dichterischen Vision, Teil einer Gesamtform, die aus den Erfordernissen des Senderaums geschaffen, anschaulichstes Rundfunktheater schuf.« (Weill, 176)
Es bleibt unklar, wie weitgehend Weill an der Entwicklung des gestischen Prinzips mitgearbeitet hat, wie weit er selbst Impulse gab, wie weit er Brechtsche Gedankengänge nur referiert (was er in manchem zweifellos tut). Sicher hat der Begriff des Gestischen in der Zusammenarbeit eine wichtige Rolle gespielt; es ist aber auffällig, daß Weill in der Beschreibung des Begriffs durchaus andere Akzente setzt als Brecht. In jedem Fall ist die Auffassung Weills wichtig, weil sie spezifische Gesichtspunkte eines Komponisten einbringt, die Brecht natürlich nicht einbringen kann.
Das Interesse Weills an den Theaterkonzeptionen Brechts war in eigenen Ansätzen in dieser Richtung bereits angelegt und ging auf Anregungen seines Kompositionslehrers Busoni und vor allem wohl auf eine Schlüsselerfahrung mit der *Geschichte vom Soldaten* von Strawinsky (1923) zurück, die bereits 1917/18 entstanden war und als frühe Kleinform eines *epischen Musiktheaters* anzusehen ist (vgl. Dümling, 141). Diese *Geschichte vom Soldaten* bringt bereits eine Reihe gewissermaßen programmatischer Elemente *gestischer Musik* und *epischen Theaters* auf die Bühne:

> »Ich habe immer einen Abscheu davor gehabt, Musik mit geschlossenen Augen zu hören, also ohne daß das Auge aktiv teilnimmt. Wenn man Musik in ihrem vollen Umfan-

ge begreifen will, ist es notwendig, auch die Gesten und Bewegungen des menschlichen Körpers zu sehen, durch die sie hervorgebracht wird. (...) Diejenigen, die behaupten, sie könnten Musik nicht völlig genießen, wenn sie offenen Auges zuhören, verstehen sie in Wahrheit gar nicht besser, wenn sie die Augen schließen, aber der Mangel an visueller Ablenkung gibt ihnen die Möglichkeit, eingewiegt von den Tönen, in Träume zu versinken, und das lieben sie mehr als die Musik selbst.

Aus diesen Überlegungen heraus kam mir die Idee, mein kleines Orchester für die ‚Geschichte vom Soldaten' in voller Sicht neben der Bühne aufzubauen und auf der anderen Seite eine kleine Estrade für den Vorleser vorzusehen. Diese Anordnung kennzeichnet genau das Nebeneinander der drei wesentlichen Elemente des Stücks, die, eng miteinander verbunden, ein Ganzes bilden sollen: in der Mitte die Bühne mit den Schauspielern, flankiert auf der einen Seite von der Musik, auf der anderen vom Rezitator. Nach unserem Plan sollten diese drei Elemente bald einander das Wort abwechselnd überlassen, bald sich wieder zu einem Ensemble vereinigen.« (Strawinsky, 75 f)

Die *Trennung der Elemente*, wie sie Brecht vorschwebt, ist hier mit ähnlicher Programmatik bereits früh realisiert (vgl. S.80). Die Handlung (nach russischen Märchenmotiven) geht in einfachen Erzählschritten voran und wird in ihren einzelnen Stationen jeweils von einem Musikstück zusammengefaßt. Diese Musikstücke (Marsch, Tango, Walzer, Ragtime, Choral) sind als musikalische Muster bereits ‚natürliche' Erscheinungsformen gestischer Musik, sie werden es darüberhinaus durch die Art, wie sie Beziehungen zwischen den drei Figuren (Soldat, Teufel, Prinzessin) musikalisch ausformen, in einem dramaturgischen Sinn.

Von solchen Anregungen her ist Weills primäres Interesse an der Zusammenarbeit zunächst, »zu einer Urform des musikalischen Bühnenwerkes zu gelangen« (Weill, 40). Dabei beschäftigt ihn die Frage: »Welche Anlässe gibt es für Musik auf der Bühne?« bzw. »Wie ist die Musik auf dem Theater beschaffen, und gibt es bestimmte Eigenschaften, die Musik zur Theatermusik stempeln?« (Ebd.) Diese Eigenschaften faßt er unter dem Begriff *gestischer Charakter der Musik* zusammen. Das Theater, das ihn von daher interessiert, umreißt er in Korrespondenz zu den Vorstellungen Brechts: »Dieses Theater will zeigen, was der Mensch tut. Es interessiert sich für Stoffe nur bis zu dem Punkt, wo sie den Rahmen oder den Vorwand menschlicher Beziehungen geben.« (41 f) »Die Musik (...) muß an der Darstellung der Vorgänge aktiv beteiligt« und »einzig auf den Menschen bezogen sein.« (42)

Für die Darstellung des Menschen und seiner Beziehungen auf dem Theater verfügt die Musik über eine entscheidende Fähigkeit:

> »Sie kann den Gestus wiedergeben, der den Vorgang der Bühne veranschaulicht, sie kann sogar eine Art von Grundgestus schaffen, durch den sie dem Darsteller eine bestimmte Haltung vorschreibt, die jeden Zweifel und jedes Mißverständnis über den betreffenden Vorgang ausschaltet, sie kann im idealen Falle diesen Gestus so stark fixieren, daß eine falsche Darstellung des betreffenden Vorgangs nicht mehr möglich ist.« (Weill, 42)

Die gestischen Mittel der Musik »äußern sich zunächst in der rhythmischen Fixierung des Textes«:

> Musik hat die Möglichkeit, die Akzente der Sprache, die Aufteilung der kurzen und langen Silben und vor allem die Pausen schriftlich zu notieren und dadurch die schwersten Fehlerquellen der Textbehandlung auf der Bühne auszuschalten. Man kann übrigens einen Satz auf die verschiedensten Arten rhythmisch interpretieren, und auch derselbe Gestus ist in verschiedenen Rhythmen auszudrücken; das Entscheidende bleibt nur, ob der richtige Gestus getroffen wird. Diese rhythmische Fixierung, die vom Text her erreicht wird, bildet aber nur die Grundlage einer gestischen Musik. Die eigene produktive Arbeit des Musikers setzt erst dann ein, wenn er mit den übrigen Ausdrucksmitteln der Musik den Kontakt zwischen dem Wort und dem, was es ausdrücken will, herstellt. Auch die Melodie trägt den Gestus des darzustellenden Vorgangs in sich, aber da der Bühnenvorgang bereits rhythmisch aufgesogen ist, bleibt für die eigentlichen musikalischen Ausdrucksmittel, für die formale, melodische und harmonische Gestaltung ein viel größerer Spielraum als etwa in einer rein schildernden Musik oder in einer Musik, die neben der Handlung herläuft unter der ständigen Gefahr, zugedeckt zu werden. (. . .) Im Rahmen einer solchen rhythmisch vorausbestimmten Musik sind alle Mittel der melodischen Ausbreitung, der harmonischen und rhythmischen Differenzierung möglich, wenn nur die musikalischen Spannungsbögen dem gestischen Vorgang entsprechen. (42f.)

Wie der Musiker seine Mittel frei entfalten kann, zeigt Weill an einer Gegenüberstellung einer Melodie Brechts mit seiner eigenen Vertonung desselben Textes. Aus dieser Gegenüberstellung wird zugleich nachvollziehbar, in welcher Weise Weill musikalische Anregungen in ihrer Substanz erhält und sie trotzdem in seinem Sinn entfaltet; einige der Brechtschen Melodien sind so in Weillsche Kompositionen aufgegangen.[4]
Der *Alabama-Song*

Diese Melodie Brechts wird zunächst nahezu unverändert übernommen. Auffällig ist der in der melodischen Formulierung aus drei immer wiederkehrenden Tönen angelegte Tonfall des Sprechens. Die eigentliche Entfaltung der Melodie erfolgt im Refrain.

Brechts Fassung:

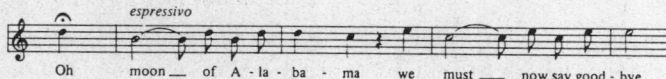

Weills Fassung:

Weill schreibt dazu:

>Brecht hatte früher aus dem Bedürfnis einer gestischen Verdeutlichung heraus zu einigen seiner Dichtungen Noten aufgezeichnet. Hier ist ein Grundgestus rhythmisch in der primitivsten Form festgelegt, während melodisch die durchaus persönliche und nicht nachzuahmende Gesangsweise festgehalten ist, in der Brecht seine Songs vorträgt. (...)
Man sieht: das ist nicht mehr als eine Aufzeichnung des Sprachrhythmus und als Musik überhaupt nicht zu verwenden. In meiner Komposition desselben Textes ist der gleiche Grundgestus gestaltet, nur ist er hier erst mit den viel freieren Mitteln des Musikers wirklich ,komponiert'. Der Song ist bei mir ganz breit angelegt, schwingt melodisch weit aus, ist auch rhythmisch durch die Begleitungsformel ganz anders fundiert — aber der gestische Charakter ist gewahrt, obwohl er in einer ganz anderen Erscheinungsform auftritt. (43f)

Weill beschränkt sich bei seinen Ausführungen zum gestischen Charakter der Musik fast ausschließlich auf die Umwandlung sprachlicher Äußerungen und des in ihnen angelegten Gestus in musikalische Formgebungen. Tatsächlich zeigt sich im Vergleich der beiden Melodiefassungen jeweils eine starke Orientierung am Tonfall des gesprochen Satzes mit der melodischen Dehnung der sprachlichen Hauptakzente; darin ähneln sie sich. Welcher Grundgestus in beiden Fassungen angelegt ist, präzisiert Weill nicht. Er läßt sich aber aus den langen Notenwerten, die den Eindruck langgezogener Rufe vermitteln, und natürlich aus dem im Liede mitgeteilten Sachverhalt rekonstruieren, daß etwa der Gestus einer gemeinsamen Sehnsucht nach lebensnotwendigen Genüssen wie *whisky*, *pretty boys* und *dollars* gemeint ist. (Vgl. 2/504) Dieser Grundgestus ist bei Weill in der ‚ganz breit angelegten und melodisch weit ausschwingenden' Musik stärker auskomponiert als in den kurzschrittigen Sequenzen bei Brecht.

An anderer Stelle spricht Weill das Verhältnis gestischer Musik zu den Elementen der Handlung an. Auch hier geht es im wesentlichen um die Ausformung des Handlungs- oder Darstellungsvorgangs im musikalischen Vorgang, also um Fragen der Entsprechung, der Umsetzung:

> »Die schauspielerische Führung der Sänger, die Bewegung des Chors, wie überhaupt der ganze Darstellungsstil dieser Oper, werden bestimmt durch den Stil der Musik. Diese Musik ist in keinem Moment illustrativ. Sie versucht die Haltung des Menschen in den verschiedenen Situationen, die der Aufstieg und Fall der Stadt herbeiführten, zu realisieren. Die Haltung des Menschen ist in der Musik bereits so fixiert, daß eine einfache, natürliche Interpretation der Musik schon den Darstellungsstil angibt. Daher kann sich auch der Darsteller selbst auf die einfachsten und natürlichsten Gesten beschränken.« (59)

Auf diese Weise scheint sich der Begriff des *Gestischen* in der Musik bei Weill zunächst auf ihre Fähigkeit zu reduzieren, *dramatisch* zu wirken, und dies auch unabhängig von Texten:

> »Natürlich ist gestische Musik keineswegs an den Text gebunden, und wenn wir Mozarts Musik überall auch außerhalb der Oper als ‚dramatisch' empfinden, so kommt das eben daher, daß sie nie ihren gestischen Charakter aufgibt.
>
> Wir finden gestische Musik überall, wo ein Vorgang zwischen Mensch und Mensch in naiver Weise musikalisch dargestellt wird. Am auffallendsten: in den Rezitativen der Bachschen Passionen, in den Opern Mozarts, im *Fidelio* (...), bei Offenbach und Bizet.« (42)

Ein Stück über diese Reduktion hinaus führt der Hinweis auf Bach. Sowohl Weill als auch Brecht und Eisler rühmen den gestischen Charakter der Bachschen Passionsmusik. »Eisler mußte dem Stückeschreiber immer wieder auf dessen Wunsch das Rezitativ des Evangelisten aus der Johannespassion ,Jesus ging mit seinen Jüngern über den Bach Kidron' vorspielen. Diese Musik, in der die gleichbleibende hohe Tenorlage Gefühlsüberschwang verhinderte, empfand Brecht als ein Musterbeispiel gestischer Musik.« (Dümling, 293) Von diesen Rezitativen spricht auch Weill. Er schreibt weiter:

> »So ist etwa ein koloraturartiges Verweilen auf einer Silbe durchaus angebracht, wenn es durch ein gestisches Verweilen an der gleichen Stelle zu begründen ist.« (43)

Über den gestischen Charakter des Rezitativs in seiner einfachsten Gestalt hinaus weist Weill hier auf die Möglichkeiten der Musik hin, eine gestische Wendung zu vollziehen oder gestische Schnitte zu machen und so mit ausschließlich musikalischen Mitteln einen widersprüchlichen Gestus zu zeichnen. Eine exemplarische Stelle für ein solches *koloraturartiges Verweilen* ist die folgende:

No 47. Recitativ.

Diese Stelle aus der Johannespassion enthält zwei miteinander verknüpfte gestische Momente: die Erzählung und die Klage (oder das Entsetzen). Dieser eingefügte — abweichende — Gestus der Klage läßt sich allerdings nur aus der musikalischen Formulierung, nicht aus dem Text herauslesen. Die eigentliche Grundhaltung des Sängers, des Evangelisten, ist die des Erzählers. Ihr entspricht die Form des Rezitativs, das Sprechen auf festen Tonhöhen, die *singende Rede*. Dabei bleibt die melodische Bewegung und der Wechsel der Achtel- und Sechzehntelwerte durchaus immer in der Nähe des Tonfalls gesprochener Sätze und ihrer Akzente, ohne sich völlig daran zu binden; der musikalische Ablauf folgt daneben auch eigenen Konventionen und Gesetzen.
Herausfällt aus diesem Gestus des berichtenden Erzählens die ariose Stelle »gekreuziget«, die man als »ein koloraturartiges Verweilen auf einer Silbe« im Sinne Weills bezeichnen könnte. An dieser Stelle wechselt die Haltung des Erzählers: er gibt seinem Gefühl Ausdruck und beklagt die Kreuzigung. Wir haben einen deutlichen Widerspruch zwischen dem Text, in dem davon berichtet wird, daß Pilatus Christus zur Kreuzigung »überantwortet«, und der Musik, die, anknüpfend an das Wort »gekreuziget«, einen Klagegestus zeichnet und dabei auf charakteristisches Tonmaterial zurückgreift: den verminderten Septimakkord fis-a-c-es und die innerhalb einer bestimmten musikalischen Konvention sehr spannungsreiche Tonfolge g-es-cis. Das Rezitativ hätte auch ohne diese ‚Einlage' weitergeführt werden können. Sie ist ein inneres Anhalten, musikalisch zu verstehen als eine auskomponierte *Fermate* über einer Dissonanz, die die harmonische Substanz dieses neuen Gestus ‚verkörpert' und zugleich mit der entsprechend abschließenden Dissonanz die beiden »auffälligen Knoten« bildet.
Ein anderes Beispiel, das Weill selbst anführt, ist die *Bildnisarie* aus der *Zauberflöte* von Mozart.
Musikalisch gestaltet ist der Augenblick, in dem Tamino zum erstenmal das Bild Paminas in Händen hält. Weill schreibt dazu:

> *Dies Bildnis ist bezaubernd schön* — die Haltung eines Mannes, der ein Bild betrachtet, ist hier durch die Musik allein bestimmt. Er kann das Bild in der rechten oder linken Hand, nach oben oder unten halten, er kann durch einen Scheinwerfer beleuchtet sein oder im Dunkeln stehen — sein Grundgestus ist richtig, weil er von der Musik richtig diktiert ist.« (42)

Folgt man für diese Arie noch einmal den Schritten Weills von der rhythmischen Fixierung des Gestus einer Person bis zur musikalischen Entfaltung, so zeigt sich hier in der Tat ein anschauliches Beispiel gestischer Musik im Sinne Weills:

Die rhythmische Fixierung der Melodie folgt dem Rhythmus des Sprechens insofern, als die beiden Dehnungen *Bild*nis und *schön* alles andere als *Parlando*, als schnell weggesprochen erscheinen lassen. Musikalisch werden dadurch zwei Haupt-Sinnworte der Aussage eng aufeinanderbezogen. Die Entsprechungen in der zweiten Phrase, der rhythmischen Sequenz, sind vielleicht nicht ganz so vollkommen. Mit *Götter* bild und *Herz* sind es wieder zentrale Sinnworte, die durch rhythmische Dehnung herausgehoben werden, das *Herz* noch in verstärktem Maße und mit einem zusätzlichen leichten rhythmischen ‚Flattern', verstärkt auch durch die Wiederholung, ähnlich wie die *neue Regung*, die durch die Synkope eine kleine rhythmische Unruhe enthält und sich so ins Bewußtsein vorschiebt. Bereits durch rhythmische Fixierung des Gesprochenen stehen also die Hauptvorstellungen *Bildnis*, *schön*, *Götterbild*, *Herz*, *neue Regung* im Vordergrund.

Mit den übrigen musikalischen Ausdrucksmitteln kann nun der Komponist »den Kontakt zwischen dem Wort und dem, was es ausdrücken will«, herstellen, mit den ‚formalen, melodischen, harmonischen' Ausdrucksmitteln also, mit der Wahl der Instrumente und ihrer Klangfarbe, mit der Klangfarbe der Stimme.

Zu der rhythmischen Dehnung des Anfangs fügt die Melodie den Sextsprung in das hohe Stimmregister hinzu, bei *Götterbild* sogar den Septimensprung, der gewissermaßen das Herz weitet und einen besonderen Aufwand an körperlich-stimmlichen und emotionalen Spannungen verlangt. Durch das Verweilen auf dem Melodiegipfel werden die Hauptvorstellungen erst eigentlich ins Licht gestellt, der sanfte Melodieabfall macht das ganze zu einer geschlossenen Ausdrucksgeste, zu einer Art ,seligem Seufzen', wie es die Kunst der Melodiebildung — gerade auch mit dem Sextaufschwung am Anfang — mehrfach kennt:

Beethoven   Brahms

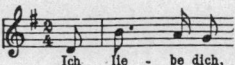   

Das zweimalige *ich fühl' es* bekommt durch den Leittonvorhalt eine innere (fast zärtliche) Melodiespannung, die sich in der Begleitung verschoben, und dadurch auch als eine Art Unruhe, wiederholt. Bei der Dehnung *mein Herz* verwandelt sich das leichte ,rhythmische Flattern' in ein kleines »koloraturartiges Verweilen«, das in der Schlußwiederholung »mein Herz mit neuer Regung füllt« sich noch steigert. Rhythmische Dehnung, höchster Melodiegipfel und die melodische Synkopenbildung treffen zusammen, die Melodie fällt nicht ab, bleibt ,auf der Höhe': ein erster strahlender Höhepunkt dieser ,Bildbeziehung' Taminos zu Pamina.

Ohne daß das Aufsuchen gestischer Momente in den anderen musikalischen Ausdrucksträgern weiter fortgesetzt werden müßte, erscheint nachvollziehbar, daß man tatsächlich die Haltung eines Menschen und ihre Nuancen schon in der musikalischen Formulierung festlegen kann so »daß eine einfache, natürliche Interpretation schon den Darstellungsstil angibt.« (Weill, 59)

Aus der Distanz heraus übt Brecht später eine gewisse Kritik an der Musik der gemeinsamen Oper *Aufstieg und Fall der Stadt Mahagonny*: »Ich möchte nicht unerwähnt lassen, daß meiner Meinung nach die Weillsche Musik zu dieser Oper nicht rein gestisch ist, sie enthält aber viele gestische Partien.« (15/476)

Die unterschiedlichen Vorstellungen von gestischer Musik, die sich zwischen Brecht und Weill dann schließlich doch ausmachen lassen, scheiden sich nicht an Mozart. Auch für Brecht ist die Musik Mozarts vorbildlich in ihrer gestischen Funktion und Wirkung auf der Bühne:

> »Wir hatten wenig Verwendung für psychologisierte Musik. Wir zogen es vor, zurückzugehen zu den Funktionen, die etwa Mozart in seinem ,Don Juan' der Musik zuerteilt hat. Diese Musik drückte sozusagen die Manieren der Menschen aus — wenn man darunter genug versteht. Mozart drückte die gesellschaftlich belangvollen Haltungen der Menschen aus, Produktionen wie Kühnheit, Grazie, Bösartigkeit, Zärtlichkeit, Übermut, Höflichkeit, Trauer, Servilität, Geilheit und so weiter.« (15/486)

Die gegensätzlichen Vorstellungen stoßen sich, wie mir scheint, an folgenden Problempunkten: Einmal ging es Weill letztlich doch um die Entwicklung »einer neuen musikalisch fundierten Opernform« (49) — und damit um die Dominanz der Musik im Verhältnis zum Text und zum Theaterereignis selbst (vgl. Dümling, 214 f):

»Bei der Inszenierung der Oper muß stets berücksichtigt werden, daß hier *abgeschlossene musikalische* Formen vorliegen. Es besteht also eine wesentliche Aufgabe darin, den rein musikalischen Ablauf zu sichern und die Darsteller so zu gruppieren, daß ein beinahe konzertantes Musizieren möglich ist.« (Weill, 59)

Einer solchen Dominanz der Musik widersprachen Brechts Vorstellungen von der ‚Abschaffung des Primatkampfes zwischen Wort, Musik und Darstellung' (vgl. S. 81). Der zweite Punkt — damit korrespondierend — ist der, daß für Brecht der musikalische Gestus Teil eines widersprüchlichen Gesamtgestus ist. Der musikalische Grundgestus kann dabei korrespondieren mit dem Grundgestus einer handelnden Person oder dem eines Teilvorgangs, er kann ihm auch widersprechen. Die Musik muß nicht in jedem Fall den Grundgestus der handelnden Personen diktieren, sie kann im Zusammenwirken der Künste auch ganz andere Aufgaben übernehmen. Im Gegenteil, je ausschließlicher sie sich den Personen als in sich geschlossener Einheit zuwendet, desto eher entsteht die Neigung, zur Psychologisierung zurückzukehren und widerspruchsfreie, nur aus sich selbst heraus lebende Bühnenfiguren zu zeichnen. Nicht, daß Weill in seiner musikalischen Diktion widersprüchliches Material und brüchige Formen vermiede — sie lebt u.a. aus *Zitaten* und ihrer Montage. Aber sie lebt eben auch aus der Verschmelzung widersprüchlicher Elemente. Als musikalische Erscheinung finden sich diese häufig bereits wieder in einer neuen ästhetischen Einheit, die den Anschein von Widerspruchsfreiheit und Glätte erzeugt und sich Brechts Forderung nach auffälliger Verknüpfung des Gegensätzlichen entzieht. Beispielsweise dies macht die *Mahagonny*- und die *Dreigroschenoper* so *kulinarisch*. [5] Das führt zu einem dritten Punkt. Er betrifft die Gestaltung des Gestus durch die Musik aus der Figur oder über sie hinaus. Der musikalische Gestus bei Weill bleibt letztlich figurenimmanent — er *verfügt* nicht *über* die Figur und bietet so keine eigene ästhetische Plattform, die »Ansichten und Absichten« (16/687) des Sängers oder Schauspielers auszustellen.

Die Abschaffung des Primatkampfes unter den Künsten — Die Trennung der Elemente und ihr konstruktives Zusammenwirken

In den Anmerkungen zur Oper *Aufstieg und Fall der Stadt Mahagonny* äußert sich Brecht über die Änderung der Funktion von Musik im *epischen* Theater gegenüber dem *dramatischen* Theater.

»Für die Musik ergab sich folgende Gewichtsverschiebung:

Dramatische Oper	*Epische Oper*
Die Musik serviert	Die Musik vermittelt
Musik den Text steigernd	den Text auslegend
Musik den Text behauptend	den Text voraussetzend
Musik illustrierend	Stellung nehmend
Musik die psychische Situation malend	das Verhalten gebend«
	(17/1011)

Auf der einen Seite erscheint die Musik, wie sie als differenziertes Instrumentarium zur Steigerung theatralischer Vorgänge, »illustrierend« und »die psychische Situation malend« im 19. Jahrhundert entwickelt worden ist und ihre komplexeste Verwendung im Gesamtkunstwerk Richard Wagners findet und in Produktionen seiner Nachfolger. Die späten (kommerzialisierten Ausläufer dieser Verwendung von Musik sieht Brecht durch die »Musikinflation im Film« gegeben:

»Die Überschwemmung unserer Filme mit Musik ist ohne weiteres verständlich. Eine sinnvolle Praxis aus den Zeiten des Stummfilms, als die Musik die Rolle spielte, die sie seit langem in der Pantomime gespielt hatte, wurde eine bedenkliche Gewohnheit im Sprechfilm, der mit der Pantomime nicht mehr zu tun hat als das Bühnendrama. Man ertränkt die Dialoge in Musik. Vom musikalischen Standpunkt aus macht man unsere Schauspieler zu stummen Opernsängern. Das einzige, was man für Beibehaltung von so viel Musik im Film geltend machen kann, ist, daß man sie im Grunde nicht mehr hört, denn wenn, wie beim Durchschnittsfilm, bis zu 75 Prozent der Spieldauer unter Musik steht, tritt eine Inflation ein und eine völlige Entwertung der Musik.« (15/488)
»Die Begleitmusik ist also eine Situationsmusik. Sie drückt sozusagen die Gefühle des Dramaturgen aus. Sein ‚Ach, wie traurig!' und ‚Ach, wie spannend!' wird in Musik gesetzt.« (15/494)
»Wenn der Ballettrattenkönig, Kapellmeister genannt, die süße Trauer gestisch zum Ausdruck bringt, die das Spielen der Partitur nach seiner Meinung erzeugen soll, scheint er nur damit beschäftigt, seine Musiker mit seiner eigenen Trauer anzustecken. In Wirklichkeit versucht er, das Publikum damit anzustecken, direkt, über die Musik hinweg. Die Filmmusik nimmt ebenfalls das voraus, was die Vorgänge auf der Leinwand erzeugen sollen. Sie genießt vor. Sie versucht, von sich aus den Sturm der Gefühle auszudrücken, den die Filmvorgänge erzeugen sollen (und vielleicht nicht erzeugen).« (15/488f)

Auch Weill entwickelt — z.T. mit verblüffend ähnlichen Begriffen— in Artikeln und Aufsätzen zwischen 1929 und 1930 Gedanken in dieser Richtung. Es ist die Zeit der gemeinsamen Arbeit an der *Mahagonny-* und der *Dreigroschenoper*.

»Das Theater der vergangenen Epoche war für Genießende geschrieben. Es wollte seinen Zuschauer kitzeln, erregen, aufpeitschen, umwerfen. Es rückte das Stoffliche in den Vordergrund und verwandte auf die Darstellung eines Stoffes alle Mittel der Bühne vom echten Gras bis zum laufenden Band.« (40f) »In der Oper des 19. und beginnenden 20. Jahrhunderts bestand die Aufgabe der Musik darin, Stimmungen zu erzeugen, Situationen zu untermalen und dramatische Akzente zu unterstreichen.« (41) »Die andere Form des Theaters, die sich heute durchzusetzen beginnt, rechnet mit einem Zuschauer, der in der ruhigen Haltung des denkenden Menschen den Vorgängen folgt und der, da er ja denken will, eine Beanspruchung seiner Genußnerven als Störung empfinden muß. (. . .)Dieses Theater ist im stärksten Maße unromantisch. Denn ‚Romantik' als Kunst schaltet das Denken aus, sie arbeitet mit narkotischen Mitteln.« (41)
»Diese moderne Form des Theaters (. . .) schafft neue und starke Voraussetzungen für Musik auf dem Theater. Denn da dieses Theater hauptsächlich auf den Gestus der Darstellung gerichtet ist, so läßt sie reichlichen Raum für eine Musik, die die Handlung weder illustrieren noch weitertreiben soll, sondern die nur die gestische Grundhaltung der

aneinandergereihten Situationen auffangen und realisieren soll.« (48) »Die Musik ist hier nicht mehr handlungstreibend, sondern der jeweilige Einsatz der Musik ist gleichbedeutend mit einer Unterbrechung der Handlung. Die epische Theaterform ist eine stufenartige *Aneinanderreihung von Zuständen*. Sie ist daher die ideale Form des musikalischen Theaters, denn nur Zustände können in geschlossener Form musiziert werden.« (57)

Die programmatische *Gewichtsverschiebung* Brechts und die im ganzen gleichgerichteten Vorstellungen Weills begründen einen neuen Grundgestus des Theaters überhaupt, anders gesagt, eine neue Beziehung zwischen *Bühne* und *Zuschauer*: die epische Form des Theaters macht ihn (den Zuschauer) zum *Betrachter*, aber *weckt* seine *Aktivität*, *erzwingt* von ihm *Entscheidungen*, *vermittelt* ihm *Kenntnisse*, es wird mit *Argumenten* gearbeitet, die *Empfindungen* werden bis zu *Erkenntnissen* getrieben. (17/1009)

Das heißt nicht, daß in diesem neuen Gestus des Theaters der Gestus der alten *dramatischen* Form des Theaters nicht als Widerspruch erhalten bleibt: Es handelt sich nicht um »absolute Gegensätze«, sondern um »Akzentverschiebungen«. Gerade dieses dialektische Moment scheint mir den Brechtschen Entwurf zu bestimmen und Gesichtspunkte einzubringen, die bei Weill theoretisch ganz unausgeführt bleiben oder außerhalb seines Interesses liegen. Sie sind aber essentieller Bestandteil des Gestischen bei Brecht, und damit auch seiner Vorstellung von gestischer Musik.

Die Musik also fließt — entsprechend der Gewichtsverschiebung — nicht *steigernd*, *illustrierend*, die *psychische Situation malend* in die Vorgänge hinein, sie *vermittelt* die Vorgänge, *legt* den Text *aus*, *setzt* ihn *voraus*, *nimmt Stellung*, sie wird den Vorgängen von außen hinzugefügt. Dies setzt eine weitgehende Selbständigkeit der Musik gegenüber dem Vorgang, im engeren Sinne also der Handlung, voraus. Um diese Selbständigkeit zu wahren, braucht sie die anderen Künste als selbständige Partner, gegebenenfalls sogar als *Widersacher*. Erst in der Auseinandersetzung und im gegensätzlichen Zusammenwirken der Künste kann sie auch wieder die gewissermaßen unterdrückte Seite des Widerspruchs vertreten, kann den Vorgang steigern, die psychische Situation malen, »kann innerhalb eines Mitteilungsvorgangs das gefühlsmäßig Suggestive oder das rein rational Überredende bevorzugt werden« (17/1009):

> »Das zarteste und innigste Liebeslied des Stückes beschrieb die immerwährende unzerstörbare Neigung zwischen einem Zuhälter und seiner Braut. Die Liebenden besangen nicht ohne Rührung ihren kleinen Haushalt, das Bordell. Die Musik arbeitete so, gerade indem sie sich rein gefühlsmäßig gebärdete und auf keinen der üblichen narkotischen Reize verzichtete, an der Enthüllung der bürgerlichen Ideologien mit« (15/474)

Im Kern sind das doch ganz andere Vorstellungen, als Weill sie entwickelt hat. Brechts Programm — in Zusammenarbeit mit Weill und zum Teil auch gegen dessen Intentionen — ist die radikale *Trennung der Elemente*. Sie entspricht dem Konstruktionsprinzip des Gestischen, das die Vorgänge zerteilt und auseinanderlegt, gestische Komplexe in ihre widersprüchlichen Elemente auflöst und in dem Theaterereignis, der »Gesamtkomposition aller gestischen Vorgänge«, neu zusammenfügt. Was wird durch diese Trennung erreicht?

»Der große Primatkampf zwischen Wort, Musik und Darstellung (wobei immer die Frage gestellt wird, wer wessen Anlaß sein soll — die Musik der Anlaß des Bühnenvorgangs, oder der Bühnenvorgang der Anlaß der Musik und so weiter) kann einfach beigelegt werden durch die radikale Trennung der Elemente. Solange ‚Gesamtkunstwerk' bedeutet, daß das Gesamte ein Aufwaschen ist, solange also Künste ‚verschmelzt' werden sollen, müssen die einzelnen Elemente alle gleichermaßen degradiert, indem jedes nur Stichwortbringer für das andere sein kann. Der Schmelzprozeß erfaßt den Zuschauer, der ebenfalls eingeschmolzen wird und einen passiven (leidenden) Teil des Gesamtkunstwerks darstellt.« (17/1011)

Die Trennung der Elemente und ihr zugleich konstruktives Zusammenwirken kann unterschiedlich vor sich gehen. Die Verbindung selbständiger (von einander isolierter) Elemente kann zu einer parallelen, jeweils eigenständigen *Stellungnahme* von Text, Bild und Musik zu einem Vorgang führen. Brecht gibt ein Beispiel aus der Oper *Aufstieg und Fall der Stadt Mahagonny:*

»Die drei Elemente Aktion, Musik und Bild traten vereint und doch getrennt auf, indem in einer Szene, die zeigt, wie ein Mann sich zu Tod frißt, vor einer großen Tafel, auf der überlebensgroß ein Fresser zu sehen war, der Schauspieler (der ihm nicht glich) das selbstmörderische Fressen spielte und dazu ein Chor den Vorgang singend berichtete, Musik, Bild und Akteur stellten den gleichen Vorgang selbständig dar.« (15/495, vgl. auch 2/532 f)

Musik, Aktion, Text und Bild können *arbeitsteilig* einen Vorgang *gestisch aufblättern,* d.h., seine Schichten freilegen: ein Einzelgestus wird jeweils von einem ästhetischen Element akzentuiert oder ausschließlich getragen. Auf Musik im Film bezogen schreibt Brecht:

»Wenn man zum Beispiel die Musik dafür einsetzen will und kann, seelische Vorgänge in den Menschen auszudrücken, dann braucht man allerhand Aktion nicht mehr, die sonst den Zweck verfolgen könnte, die betreffenden seelischen Vorgänge auszudrücken. Das Reifen eines Entschlusses zur Tat etwa kann dann in einem Mann pantomimisch dargestellt werden; das heißt, der Mann kann allein hin und her gehend gezeigt werden, während die Musik die Darstellung seiner Gefühlskurve übernimmt. Je weniger Mimik der Darsteller produziert dabei, desto stärker wird die Wirkung vermutlich sein. In solch einer Szene tritt die Musik vollkommen selbständig auf und leistet echte dramatische Beihilfe. Nehmen wir eine andere Möglichkeit: Ein junger Mann rudert seine Geliebte auf den See hinaus, bringt den Nachen zum Kippen und läßt das Mädchen ertrinken. Der Musiker kann zweierlei tun. Er kann in seiner Begleitmusik die Gefühle des Mädchens antizipieren, auf Spannung hinarbeiten, die Finsternis der Tat ausmalen und so weiter. Er kann aber auch die Heiterkeit der Seelandschaft in seiner Musik ausdrücken, die Indifferenz der Natur, die Alltäglichkeit des Vorgangs, soweit er ein bloßer Ausflug ist. Wählt er diese Möglichkeit, so den Mord umso schrecklicher und unnatürlicher erscheinen lassend, teilt er der Musik eine weit selbständigere Aufgabe zu.« (15/496)

Die Trennung der Elemente kann schließlich zu Unterbrechungen in der Zeit führen. Musik, Bild und Wort (Ansage, Titeleinblendung) können sich zwischen die Vorgänge auf der Bühne schieben, sie abbrechen und so zu den ‚auffälligen

Knoten' werden, die die einzelnen Geschehnisse von einem untersuchenden oder auch urteilenden Standpunkt aus verknüpfen. (Vg. S.24) Das epische Theater rückt so, »den Bildern eines Filmstreifens vergleichbar, in Stößen vor. Seine Grundform ist die des Choks, mit dem die einzelnen wohlabgehobenen Situationen des Stücks aufeinandertreffen.« (Benjamin, Versuche, 21)

In der Regel sind das die Songs, die so die Intervalle im Ablauf markieren:

>»Kamen etwa in einem Stück Songs vor, so war es nicht so, daß die Handlung ,in Songs überging'. Die Personen des Stücks brachen nicht in Gesang aus. Sie unterbrachen im Gegenteil deutlich die Handlung, stellten sich zum Singen auf und trugen in einer Weise ihren Song vor, die der Situation nicht völlig entsprach; auch nahmen sie in diesen musikalischen Vortrag hinein nur wenige ausgewählte Züge der Charaktere, die sie darstellten.« (15/491) »Für das Singen der Songs wurde ein Lichtwechsel vorgenommen, das Orchester wurde beleuchtet, und auf der Leinwand des Hintergrunds erschienen die Titel der einzelnen Nummern, etwa ,Lied über die Unzulänglichkeit des menschlichen Strebens' oder ,Fräulein Polly Peachum gesteht in einem kleinen Lied ihren entsetzten Eltern ihre Verheiratung mit dem Räuber Macheath' — und die Schauspieler nahmen für die Nummer einen Stellungswechsel vor.« (15/473)

Mit der deutlichen Wendung nach vorn wird so der gestische Widerspruch im Schauspieler verschärft ausgestellt. (Vgl. S.100f) Die ,Dreiecksbeziehung' zwischen Schauspieler, Zuschauer und Bühnenvorgang, vom Schauspieler immer neu ausbalanciert, wird in diesem Augenblick *im frontalen Bezug des Schauspielers zum Zuschauer* verstärkt. Nicht nur die Ereignisse auf der Bühne werden unterbrochen, auch das Verhältnis von Handeln und Betrachten schlägt um. Dies ist eine zusätzliche Nuance des ,Choks', von dem Benjamin spricht, und — wie ich meine — der Kernpunkt.

Ein anderes Beispiel von Unterbrechung in diesem Sinn findet sich in den *Untersuchungen* des *Badener Lehrstücks vom Einverständnis*. Hier ist es der musikalische Ablauf, der unterbrochen wird:

>»DER FÜHRER DES GELERNTEN CHORS wendet sich an die Menge:
>Betrachtet unsere Bilder und sagt danach,
>Daß der Mensch dem Menschen hilft!
>
>(Es werden zwanzig Photographien gezeigt, die darstellen, wie in unserer Zeit Menschen von Menschen abgeschlachtet werden.)
>
>DIE MENGE schreit:
>
>Der Mensch hilft dem Menschen nicht.« (2/593)

Die Unterbrechung kann radikalisiert werden, wenn sie gewissermaßen ,von außen' erfolgt und in der Wirkung einem Abbruch des Bühnengeschehens nahekommt:

>»Bei der Aufführung des ,Badener Lehrstücks' hielten sich der Stückschreiber und der Musikschreiber auf der Bühne auf und griffen dauernd ein(...), und als die Menge den Film, der tote Menschen zeigte, mit großer Unruhe und Unlust ansah, gab der Stückschreiber dem Sprecher den Auftrag, am Schluß auszurufen:,Nochmalige Betrachtung der mit Unlust aufgenommenen Darstellung des Todes', und der Film wurde wiederholt.« (17/1025)

Die Musik kann, unabhängig von außermusikalischen Vorgängen, große und komplizierte Formen entwickeln, die ihre eigene musikalische Logik haben. Im Zusammenwirken der Künste im Theater ergibt sich daraus schließlich die Möglichkeit, die Vorgänge auf der Bühne zu kontrapunktieren und sie an ihrem eigenen Material und an ihrer eigenen musikalischen Logik entlang zu ordnen. Schon Weill handelt in diesem Sinn, wenn er die Oper *Aufstieg und Fall der Stadt Mahagonny* in »eine Folge von einundzwanzig abgeschlossenen musikalischen Formen« strukturiert und jede dieser Formen einer in sich geschlossenen Szene unterlegt. (Weill, 57) In sehr viel komplexerer Weise findet eine solche Unterlegung musikalischer Formen etwa im *Wozzek* von Alban Berg statt. Einzelne Szenen folgen der Suitenform, der Sonatenform, der zweite Akt im ganzen der Symphonieform. Dennoch folgt die musikalische Gestaltung des Handlungsablaufs den Kriterien und Prinzipien der *dramatischen* Oper im Brechtschen Sinn; ein Widerstand der musikalischen Formen gegenüber der Bühnenhandlung ist nicht intendiert, im Gegenteil: die musikalischen Formen werden in die dramatischen Vorgänge und an ihnen aufgelöst. Die Verwendung musikalischer Formen garantiert also noch nicht den ästhetischen Widerspruch, um den es Brecht geht.

Dennoch interessiert ihn diese Möglichkeit der Musik, Einzelereignisse zusammenzufassen und in einem großen formalen Bogen zu objektivieren:

> »Die Musik wird, wie erwähnt, im Film häufig dafür eingesetzt, Willkürlichkeiten, Sprünge und Ungereimtheiten der Handlung zu ,übertönen'. Es ist für Musiker leicht, eine gewisse artifizielle Logik zusammenzumusizieren, das heißt, das Gefühl von Schicksalhaftigkeit, Unentrinnbarkeit und so weiter zu erzeugen! Der Musiker, liefert hier die Logik, wie gewisse Köche zu ihren Speisen Vitamintabletten liefern. Tatsächlich könnte die Fähigkeit der Musiker, die ihren Musikstücken innewohnende Logik des Aufbaus eines Materials durch einige Kunstgriffe heraustreten zu lassen und damit einen eigenen Spaß an Logik zu erzeugen, richtig eingesetzt, für den Film Bedeutung erlangen. Man kann durch solche Musik scheinbar unzusammenhängende Ereignisse binden, widersprüchliche Ereignisse in eine bestimmte Richtung dirigieren. Umgekehrt ausgedrückt: Der Filmschreiber kann, falls die Musik ihm das Publikum in die ,Einzelheiten sammelnde', konstruierende Haltung versetzt, den Gang der Ereignisse viel dialektischer, das heißt in ihrer wirklichen Widersprüchlichkeit und Sprunghaftigkeit schildern. Beispiel: Ein Mann soll als beeinflußt gezeigt werden durch A) Tod seines Vaters, B) Kurssteigerungen an der Börse, C) Kriegsausbruch. Garantiert die Musik die Zusammenfassung dieser Ereignisse, dann kann die Montage reicher, komplizierter, auch einfach länger sein.« »Im dokumentarischen Film haben Eisler und Ivens Musik so verwendet, als sie zwei große Prozesse miteinander in einem Film verbanden, nämlich die Ackerlandgewinnung durch den Bau des Zuiderseedamms und die Verbrennung kanadischen Weizens zum Zweck einer Preisfixierung.« (15/491 f)[6]

Das Moment des Gestischen in der Musik ist also nicht notwendig mit den Möglichkeiten verknüpft, Handlungselemente, Haltungen, Stimmungen oder Situationen zu vermitteln oder auch einen sprachlichen Gestus rhythmisch-melodisch zu entfalten, obwohl dies alles Erscheinungsweisen gestischer Musik sein können.

Nicht einmal die Bindung einer Musik oder eines musikalischen Elements an einen sozialen Zusammenhang ist ein umfassendes Kriterium. Im Gegenteil, auch das gerade alles Außermusikalische abweisende, formal in sich gekehrte Moment der Musik kann durch die Trennung der Elemente gestische Substanz gewinnen. Das Gestische der Musik ist letztlich nicht aus dem musikalischen Material selbst zu erschließen, sondern aus der Art seiner Verwendung. Das wird etwa auch aus einem ganz elementaren Vorschlag Brechts ersichtlich, *Musik als Uhr* ablaufender Ereignisse einzusetzen:

> »Musik kann in sehr verschiedener Weise zur Erzeugung von Tempo verwendet werden (so, wie sie auf vielerlei Art das Publikum in die Laune versetzen kann, gewisse notwendige Breiten der Schilderung zu akzeptieren). Gemeinhin wird zu einer Hetzjagd einfach eine schnelle Musik geschrieben. Gewisse Erwägungen können aber auch dazu führen, die Musik eher die Hindernisse als die Bewegung vertreten zu lassen. Eine Musikuhr, isolierte Tonflöcke im Abstand von mindestens zehn Sekunden (eventuell variierbar), ergeben eine gute Steigerung des Tempos. Natürlich kann die Musik auch unter Umständen dahin wirken, daß die Handlungsweise der Personen des Films als zu langsam, als inadäquat der gebotenen Eile empfunden wird. Sie wird dann das Gefühl von Eile zu entwickeln haben.« (15/489 f)

Gestische Musik bei Eisler — Die Widerspiegelung des gestischen Prinzips in der Kompositionstechnik Eislers

Gestische Musik ist letztlich in ihrer gestischen Qualität nur aus dem ästhetischen Zusammenhang bestimmbar, in dem sie erscheint. Dennoch gibt gestische Musik, die durch sich selbst gestische Qualitäten einbringt, und zwar auf ‚natürliche' Weise — was soviel bedeutet wie: durch den gesellschaftlichen Zusammenhang geprägt, aus dem sie entstanden ist (Tänze, Arbeitslieder, Liebeslieder, Choräle, Moritaten usw.), oder auf ‚künstliche' Weise — durch die auf soziale Bedeutungszusammenhänge hin und aus sozialbestimmtem Material komponierte Musik.
Eine solche Musik ist mit rein musikalischen Kategorien nicht restlos zu erfassen, obwohl sie natürlich auch auf diese Kategorien bezogen bleibt. So schreibt Hanns Eisler (1936):

> »Für die Beurteilung eines Musikstückes muß zu den Kriterien ‚Erfindung, technisches Können, Empfindung' als neues entscheidendes Kriterium die Frage nach dem gesellschaftlichen Zweck treten. Fortschritt ist nicht nur die Einführung neuer technischer Methoden, sondern die Einführung neuer technischer Methoden zu neuen gesellschaftlichen Zwecken.« (Eisler, 128)

Ein Kriterium für die Auswahl und Ausformung des musikalischen Materials ist dann aber doch auch gerade, wie weit es mit *sozial-historischer Bedeutung* vollgesogen oder zumindest eingefärbt ist. Dieser Gesichtspunkt, meine ich, ist für Brecht entscheidend. Er erwartet vom Musiker eine *philosophische* Haltung, die »die Lösung musikalischer Probleme verknüpft mit dem klaren und deutlichen Herausarbeiten des politischen und philosophischen Sinns« von Vorgängen oder Texten, die er bearbeitet (15/483). Brecht findet diese Voraussetzungen schließlich bei Hanns Eisler.

Ein Verfahren, das Eisler verwendet, ist bereits bei Weill anzutreffen und gehört darüber hinaus zum Repertoire einer ganzen Komponistengeneration von Ravel, Strawinsky, Hindemith bis in die Schönbergschule hinein: die Materialanleihe bei der ‚niederen' Musik, vor allem bei der Tanzmusik und beim Jazz. Abgesehen von Momenten der Leichtigkeit und der rhythmischen, melodischen und harmonischen Farbigkeit, die dort zu gewinnen ist, abgesehen auch von Momenten der Ironie, ist das gestische Moment in diesen ‚Niederungen' gleichsam naturlebig zu Hause. »Die sogenannte billige Musik«, schreibt Brecht (15/476), »ist besonders im Kabarett und Operette schon seit geraumer Zeit eine Art gestische Musik.« In einem (erdachten) Gespräch *Über die Dummheit in der Musik* verweist Eisler auf eine Passage in Marcel Prousts Jugendwerk *Frühe Freuden* (Eisler, 252 f):

> »Werft auf die schlechte Musik euren Fluch aber nicht eure Verachtung! Je mehr man die schlechte Musik spielt oder singt (und leidenschaftlicher als die gute), desto mehr füllt sie sich an mit den Tränen, den Tränen der Menschen. Ihr Platz ist sehr tief in der Geschichte der Kunst, hoch aber in der Geschichte der Gefühle innerhalb der menschlichen Gemeinschaft. Die Achtung (ich sage nicht *die Liebe*) für üble Musik ist nicht allein eine Form der Nächstenliebe, vielmehr ist es das Wissen um die soziale Rolle der Musik.«

Die Aversion Eislers gegen schlechte Musik in diesem Sinne — und zwar ist sie umso deutlicher, je kommerzialisierbarer die Musik sich zeigt — hindert ihn also nicht, sie zum Materialbestand seines Komponierens zu machen, im Gegenteil. So verwendet er Material dieser Art beispielsweise in der *Maßnahme* im *Song von der Ware*:

> »Die Musik zu Teil 5 (Was ist eigentlich ein Mensch) ist die Imitation einer Musik, die die Grundhaltung des Händlers widerspiegelt, des Jazz. Die Brutalität, Dummheit, Souveränität und Selbstverachtung dieses Typus konnte in keiner anderen musikalischen Form ‚gestaltet' werden. Auch gibt es kaum eine Musik, welche so provokatorisch auf den jungen Genossen wirken könnte. (Dennoch ist eine Ablehnung des Jazz, welche nicht von einer Ablehnung seiner gesellschaftlichen Funktionen herkommt, ein Rückschritt.) Man muß nämlich unterscheiden können zwischen dem Jazz als Technikum und der widerlichen Ware, welche die Vergnügungsindustrie aus ihm machte.« (17/1031 f)

Das Verfahren Eislers, die Verarbeitung von musikalischen Modellen, das Einarbeiten von Halbfertigteilen in die Komposition, in denen so Merkmale sozialen Verhaltens oder Spuren gesellschaftlicher Prozesse aufscheinen, geht über die Anreicherung des musikalischen Materials mit ungewohnten Reizen oder den Aspekt musikalischer Ironie, aber auch über das Zitieren eines musikalischen —

und damit sozialen Milieus weit hinaus. Weills Verfahrensweise, musikalische Milieus zu mischen oder ineinanderzuschieben, die neben dem erhellenden Ineinander musikalischer und gesellschaftlicher Erscheinungen immer auch eine neue Kulinarität entstehen läßt: eine ästhetisch ungebrochene intellektuelle ‚Maskeraderie', eine Koketterie mit dem ‚Verworfenen', die beiden — oder allen Seiten recht gibt: Weills Verfahrensweise wird von Eisler kommt es nicht zu einer Verschmelzung des widersprüchlichen Materials, sondern zu einer widerspruchsvollen Verknüpfung der Teileelemente. Damit verwirklicht sich in seiner Kompositionsweise das gestische Prinzip nicht nur in dem sozialen Bezug des musikalischen Materials, sondern auch als Konstruktionsprinzip.

Bereits eine knappe Zusammenstellung dreier musikalisch-gestischer Elemente zeigt den *Song von der Ware* als eine solche kunstvolle Einheit des Widersprüchlichen:

Das Element des *Jazz*: Streng genommen handelt es sich hier nicht um das Modell ‚Jazz', das Eisler aufgreift, sondern um das Modell einer Unterhaltungsmusik, in welche die von der Vergnügungsindustrie (1931) verwertbaren, also kommerzialisierbaren Elemente eingeschmolzen sind. Dieses Element durchzieht den ganzen Song, wie das Moment von ‚Angebot und Nachfrage' das Denken des Händlers durchzieht, in den Rhythmen und in der Melodiebildung des Anfangs, in den dissonant geschärften Akkorden, in den chromatischen Verbindungsfloskeln der Begleitung, die in der letzten Strophe sogar Melodiestatus bekommen, in dem Zwischenspiel mit seinen Läufen und eingestreuten, teils synkopierten Akkorden.

Das rhythmische Element *Klassenkampf*: Dieses Motiv wird aus dem vorangehenden Chorstück *Lob der illegalen Arbeit* eingebracht. Es bestimmt vor allem die Begleitung des Refrains, jeweils gegen Ende der Textzeile bzw. die ganze letzte Textzeile hindurch, und kontrastiert scharf gegenüber dem im ganzen freien, schmiegsamen Tempo, das sich ähnlich ‚windet' wie die Melodie des Refrains, steht von der Aussage her in Kontrast zu dem ‚Weiß ich' als eindeutige Information, die sich erst jeweils am Ende des Refrains auch im Text einstellt:‚Ich kenne nur seinen Preis'.

Das Element *Operntenor*: Für den Gesang fordert Eisler das Timbre eines klassischen Tenors. Diese Stimmgattung garantiert wie keine andere den Stimmglanz bürgerlicher Kultiviertheit, sie schließt zugleich das Posierte, Makellos-Unpersönliche, Eitle als Möglichkeit ein. (Ähnlich schlägt Biermann für die Rolle des Gouvernörs im *Dra-Dra* einen abgebauten Tenor vor oder besser: einen Schauspieler, der einen abgebauten Tenor spielen kann, Biermann, 28.) Diesem Stimmcharakter entsprechen die gewundene Melodie, die pompösen, opernhaften Akkorddrückungen in der Mitte des Refrains und die dort angesetzte groß auszusingende Fermate.[7]

weiß ich, wer das weiß? _____ Ich

weiß nicht, was ein ___ Mensch ist, _____

ich ken - ne nur sei - nen Preis.

In ähnlichem Sinn setzt Eisler traditionelle Kompositionstechniken ein, etwa die polyphone Schreibweise. Er notiert dazu: »Polyphones Chorstück: ermöglicht die Erlernung und Darstellung theoretischer Sätze, schafft Modelle für das Lehrstück.« (Nach Steinweg 1976, 154) Die polyphone Schreibweise scheint ihm geeignet, Formen der Auseinandersetzung eines Kollektivs mit Theorieinhalten zu entwickeln und mitzutragen. Die Chöre der *Maßnahme* sind entsprechend partienweise polyphon gesetzt. Sie haben aber auch größere homophone Teile von kompakter Wucht. Eine Analyse dieser gegensätzlichen Teile scheint gerade unter dem Aspekt des Gestischen vielversprechend: Sie hätte die musikalischen Formen und Techniken in Bezug zu setzen zu kollektiven Haltungen wie *Selbstbelehrung*, *Diskussion*, *Agitation* und ihrem in sich wechselnden Gestus.

Eisler äußert sich an verschiedenen Stellen über die Art, wie diese Chöre zu singen sind, ausgehend von der Funktion der politischen *Theorien* im Aufführungszusammenhang: Sie sind »mit voller Stimmstärke und unter Anstrengung zu singen« (17/1031). Dies ist an anderer Stelle noch ausdrücklicher aufeinander bezogen:

»Die Musik der Lehrstücke und Chöre wird eine scharfe, kalte Grundhaltung haben müssen, denn die muß ein Chor einnehmen, wenn er vor großen Massen politische Losungen oder Theorie aussagt.« (Nach Steinweg 1976, 132)
»Anzustreben ist ein sehr straffes, rhythmisches, präzises Singen. Der Sänger soll sich bemühen, ausdruckslos zu singen, das heißt, er soll sich nicht in die Musik einfühlen wie

bei einem Liebeslied, sondern er soll seine Noten referierend bringen, wie ein Referat in einer Massenversammlung, also scharf und schneidend.« (Nach Steinweg 1976, 134 f)

Es scheint, daß dieser Gestus des Singens in den Eislerschen Chören durch die häufig für Laienchöre extreme Lage, durch die melodische Diktion und Artikulation und natürlich durch die Dynamik direkt auskomponiert ist, daß er also vom Ablauf der Musik selbst herausgefordert, wenn nicht ‚erzwungen‘ wird.

Brecht hat die Musik Eislers als seinen Intentionen, gerade auch im Zusammenhang mit dem Problem des Gestischen, nahezu vollkommen entsprechend empfunden. Er äußert sich darüber in dem Aufsatz *Über die Verwendung von Musik für ein episches Theater*:

> »Die Musik Eislers ist keineswegs das, was man einfach nennt. Sie ist als Musik ziemlich kompliziert, und ich kenne keine ernsthaftere als sie. Sie ermöglichte in einer bewunderungswürdigen Weise gewisse Vereinfachungen schwierigster politischer Probleme.« (15/479)

In der Zeit des amerikanischen Exils während der Arbeit Eislers an dem *Hollywooder Liederbuch* nennt Brecht die »vertonungen nunmehr ganz und gar gestisch« (AJ/25.6.43). Da es sich bei diesem Liederbuch um Kunstlieder im eigentlichen Sinn, nicht um Theaterlieder handelt, ist diese Kennzeichnung besonders auffällig. An Liedern aus dieser Zeit müßten sich also die Kriterien für eine gestische Musik schlüssig entwickeln lassen. Besonders ergiebig scheint mir dafür ein Beispiel aus dem Zyklus *Die Hollywood-Elegien* (1942). Der Text der zweiten Elegie lautet:

> »Die Stadt ist nach den Engeln genannt.
> Und man begegnet allenthalben Engeln.
> Sie riechen nach Öl und tragen goldene Pessare
> Und mit blauen Ringen um die Augen
> Füttern sie allmorgendlich die Schreiber in ihren Schwimmpfühlen.« (10/849)

Der Ton des Gedichts ist auf den ersten Blick nüchtern. Die sprachlichen Gesten sind ruhig und von der Zeilenordnung her ungespannt — es gibt keine Zeilensprünge. Der Text enthält im großen gesehn zwei Aussagen: In einer Stadt (Los Angeles) werden, dem Namen der Stadt entsprechend, häufig Engel gesehen; diese Engel riechen, sie tragen etwas und füttern gewisse Leute. Das irritierende Moment liegt in dem Zusammenstoß der verqueren Begriffe *Engel/Öl/goldene Pessare/Schreiber/Schwimmpfühle*. Die dritte Zeile erschließt wichtige Begriffe als Metaphern, sie leitet gewissermaßen nicht sofort zur vierten weiter, sondern zunächst zurück zur ersten. Beim zweiten Lesen ändern die Engel die Farbe: Das Mißtrauen ist geweckt und sucht nun bei jedem Wort einen Hintersinn. Rückwirkend werden die Engel der Anfangszeilen zu käuflichen Engeln gutverdienender Kreise; der Ölgeruch zeigt an, woher das Geld kommt, die goldenen Pessare, in welcher Richtung es investiert wird. Die blauen Ringe lassen die Bettgeschichten vermuten, mit denen die ‚Engel‘ die Zeilen der Skandalpresse ‚füttern‘.

Möglich wird der Durchblick, weil die Metapherndecke nicht geschlossen ist. Das Bild hat kunstvolle Risse, das verbreitete Gewölk Lücken. Statt *riechen* hätte man vielleicht lieber *duften*, statt *Öl* lieber *Rosenöl*, statt *Pessare* eher *Schmuck* gewünscht. An diesen Stellen — und besonders schließlich bei den *Schreibern* in den *Schwimmpfühlen* kommt die ‚Leinwand', das ‚Unterfutter' durch, die »Vorgänge hinter den Vorgängen« (15/256) werden sichtbar. Das Gesamtbild, aufgebaut durch die Metaphern, erweist sich als Täuschung, als unvollkommene Maskierung. Die Metaphernstruktur bricht über den fehlenden Stützen immer wieder neu zusammen, enthüllt ein häßliches Bild und baut sich an den Nahtstellen immer wieder neu auf zum schönen Schein. Das Bild, das dieses Gedicht vermittelt, schillert und wechselt zwischen zwei Ebenen der Wirklichkeit, weil es keine eindeutig fixiert, sondern aus dem ständigen Verweis der einen auf die andere lebt.

Erscheinungsebene:	*Hintergrundsebene*
Engel	Edelnutten
feine Hautöle	Erdölmillionen
Goldschmuck	käufliche Sexualität
Make-up (Lidschatten etc.)	Nachtleben
Fischefüttern (=Pressekonferenzen etc.)	Skandalpresse/ kommerzialisierte Information

Auch der scheinbar ruhige Mitteilungsgestus des Anfangs gerät durch das Schillern der Wortbedeutungen und des Sinns in den Aussagen in Bewegung, erweist sich als uneigentlich. Entscheidend sind die Wendepunkte des Gestus: von ruhiger Information zu verklärender Ironie, Bewunderung zu aggressivem Spott, von Sarkasmus zu Ekel, das *nicht (mehr), sondern (schon)*, das in seinem Rhythmus von einem widersprüchlichen Grundgestus gesteuert wird, dem Gestus anscheingebender Täuschung und dem gegenläufigen Gestus der Demaskierung. Erst aus diesem grundlegenden gestischen Widerspruch gewinnt das Schillern der Bedeutungen Stabilität. Die Komposition Eislers nun greift in dieses gestische Widerspiel strukturierend und ausformend ein. Sie hat wesentlichen Anteil an den Prozessen von Maskierung und Demaskierung durch die Auswahl und Zusammenfügung des musikalischen Materials und verstärkt und vereindeutigt von dort her den Zusammenbruch des schönen Scheins. Sie entfaltet die gestischen Momente, die im Text in einer Mikrostruktur angelegt sind, ins Große, formt sie offen aus, macht sie öffentlich. »für mich ist seine vertonung, was für die stücke eine aufführung ist: der test«, schreibt Brecht (AJ/ 26.7.42)

Der erste kompositorische Eingriff ist der angeschlagene Grundton. Eisler schreibt als Hinweis für den Sänger: »Mit finsterem Schmalz vorzutragen«. Diese Anweisung, nach der ersten oberflächlichen Lektüre des Textes vielleicht zunächst verblüffend, leitet sich direkt aus dem oben angesprochenen Hauptwiderspruch der Haltungen ab. Der schmalzige Vortrag, an die Gefühle unter dem Aspekt der Verkäuflichkeit appellierend, entspricht als Gestus musikalischer Lüge dem Gestus der Täuschung, dieser wird als verlogen gezeigt. Die gewöhnlich ‚vergoldende' Qualität von ‚Schmalz' wird durch die düstere Einfärbung zerstört. Finsterer Schmalz erinnert an ‚sauren Kitsch', läßt aber auch an eine aggressive Umdeutung des Schmalzigen denken.

Das musikalische Material gliedert sich in drei Motivkomplexe. Ich bezeichne sie hier, ihrem gestischen Chrakter entsprechend und um sie schnell benennen zu können, als *Engelsmotiv*, *Sumpfmotiv* und *Tanzbarmotiv*. Alle drei Motive oder Motivkomplexe verbinden sich im Verlauf des Liedes zu vielschichtigen musikalischen und gestischen Einheiten.

1. *Das Engelsmotiv*, eine abfallende aufgelöste Dreiklangs- bzw. Septim- oder Nonenakkordfolge, setzt in seiner kürzesten Gestalt am Melodieanfang ein (Takt 1), erinnert in dieser Gestalt an bestimmte klassische Vorbilder, entfaltet sich in Takt 4/5 (»allenthalben Engel«), bekommt hier durch die Verbreiterung der anfänglichen Achtelbewegung in den abschließenden beiden Vierteln und deren ‚Oktavversetzung' nach oben seinen gleichsam schwebenden Charakter und verbreitert sich (Takt 14-17) noch einmal sehr und schwingt weit aus (»blauen Ringen um die Augen«).

2. Das *Sumpfmotiv* ist eine chromatische Bewegung. Es tritt zuerst melodisch zum Ende des ersten Taktes auf (bis einschl. Takt 3; Text »nach den Engeln genannt«), wird in Takt 2 durch chromatische Akkordverschiebungen verstärkt, ist auch in Takt 4 in der Begleitung noch wirksam, dringt im Verlauf des Liedes immer wieder durch und beherrscht schließlich in Verbindung mit dem Tanzbarmotiv die harmonische Bewegung des Liedes, dabei in der Regel abwärts gerichtet mit geringen Hin- und Herschwankungen (Takt 9-12, 15), schließlich (ab Takt 19) in akkordischen Schiebungen abwärtsgeführt. Diese Motivbildung akkordischer Rückungen und Schiebungen in chromatischen Schritten stammt speziell aus der kommerziellen Tanz- und Unterhaltungsmusik in der Jazznachfolge, deutlich etwa in den Rückungen von halbverminderten Septimakkorden (bzw. unvollständigen Nonenakkorden) in Takt 13 und 15.

3. Das *Tanzbarmotiv*, besonders charakterisiert durch den synkopierten Grundrhythmus in der Akkordbegleitung (im Verlauf des Liedes immer unlösbarer mit dem Sumpfmotiv verbunden), setzt ein in Takt 5 (als Begleitung zu »Engeln«), wird dann — quasi als gedämpfte Barmusikeinlage — instrumental entfaltet und entwickelt dabei den Anflug einer Melodie, die charakterisiert ist durch eine aufsteigende Triolenbewegung und eine punktierte Melodiefigur mit eigentümlichen Schwellern auf den Sechzehntelnotenwerten, die eigentlich auf dem Klavier gar nicht nachzuvollziehen sind und erst bei der Vorstellung einer Besetzung mit säuselnden Saxophonen ihren lasziven Charakter enthüllen. Die in diesem Klavierzwischenspiel sich entwickelnde Melodie wird in Takt 9 in die Singstimme übernommen und führt in Sequenzierung der punktierten Melodiefigur zu einem ‚jubelnden Ausbruch' (Takt 12), der in seiner Formulierung (aufsteigender Sextsprung, allerdings ein wenig anders rhythmisiert) an früher (S.77) erwähnte Lied- und Arienanfänge erinnert (Text: »goldene Pessare«), bzw. an deren kommerzialisierte Erscheinungsformen, ein musikalisches Fertigteil, ein Versatzstück. Diese Melodiefigur bestimmt auch in der Schlußzeile die melodische Bewegung.

Der gestische Charakter der Musik entfaltet sich in der wechselnden Verflechtung dieser musikalischen Komplexe untereinander und in Konfrontation zu den Textelementen bzw. in Verbindung mit ihnen.

Die Stadt (Bertolt Brecht)

Das Engelsmotiv, mit dem die Melodie frei, quasi rezitativisch einsetzt, geht in dem Augenblick in das Sumpfmotiv über, in dem zum ersten Mal von den Engeln die Rede ist. Damit ist das Bild des reinen schwebenden Engels bereits empfindlich getrübt. Hinzu kommt, daß die chromatische Bewegung sich in einer ziemlich tiefen Stimmlage (etwa der Sprechlage) umherwindet, die dem Sänger nahelegt, ein wenig Hauch aufzulegen und das kommerzielle erotische Seufzen von Schlagersängerinnen in Erinnerung zu rufen: damit sind die ‚Engel' zusätzlich durch einen stimmlichen Gestus gezeichnet. (Takt 2/3) Das Engelsmotiv, zum ersten Mal richtig entfaltet in Takt 4/5 läßt speziell durch die Oktavversetzung in die höhere Stimmlage (Takt 5), die Engel zwar in der Tat zart und lieblich schweben, wird aber anfangs (Takt 4) noch durch das Sumpfmotiv harmonisch bestimmt und in Takt 5 durch das neu einsetzende Tanzbarmotiv kommentiert. Zugleich ist der charakteristische Nonenakkord in der Begleitung des Tanzbarmotivs melodisch in dem gebrochenen Nonenakkord des Engelsmotivs vorweggenommen und die innere Nähe der beiden Motive angedeutet.

Die gedämpfte (pp) ‚Barmusikeinlage' des Tanzbarmotivs verbindet sich — nach dieser kurzen Überlappung mit dem Engelsmotiv — schnell mit dem Sumpfmotiv (Takt 7/8). Sie gibt neben dem Gestus eines sozialen Orts zugleich den Gestus käuflicher Sexualität, gleichsam die musikalischen Entsprechungen körperlicher Bewegungsformen von ‚Engeln' als Warenproben abliefernd. Der in diesem Zusammenhang eingebrachte melodiöse Aufschwung (die jubelnde große Sexte, Takt 12) auf der synkopisierten Grundbewegung des Tanzbarmotivs bildet musikalisch den Widerspruch ab, der im Text durch die Zusammenstellung ‚goldene Pessare' ausformuliert ist. Die vollkommene Verbindung aller drei Motive bzw. Motivkomplexe liefern die Takte 14-17: das weit ausschwingende Engelsmotiv, das über den rhythmisch hin und her schwankenden chromatischen Rückungen des Sumpfmotivs dahinschwebt. Die letzte Zeile (Takt 18-23) lebt in der Melodie motivisch von der punktierten Figur, zum Schluß sehr gedehnt; harmonisch-rhythmisch handelt es sich um eine Verknüpfung des Sumpf- und Tanzbarmotivs: der Verkäuflichkeitsgestus der total kommerzialisierten Musik geht von den Engeln auf die Schreiber über, die chromatisch in ihren ‚Schwimmpfühlen' versinken, und entlarvt sie als das, was sie tatsächlich sind.

Der musikalische Vorgang wird abgebrochen oder ‚abgeschreckt' durch den Schlußtriller *(fp)*, ein gänzlich ‚unmotiviertes' (also motivisch unvorbereitetes) Tonereignis: eine musikalische Form der Distanzierung, des Sich-Schüttelns — oder auch der Aggression: ein Stein wird geschleudert in diese Schwimmpfühle hinein und zieht seine Kreise.

Die knappe Analyse der Elegie verfolgte vor allem drei Gesichtspunkte: inwieweit das Kriterium des Gestischen bei Eisler zur Verwendung eines sozial bzw. gesellschaftlich eingefärbten musikalischen Materials über die Parodie eines musikalischen Milieus hinausführt, inwieweit das konstruktive Moment des gestischen Prinzips sich in seiner Kompositionsweise unmittelbar niederschlägt und inwieweit schließlich durch das so zusammengefügte musikalische Material gleichsam wie durch eine Linse eine vergrößerte Wiedergabe des im Text verborgenen gestischen Sinns möglich wird. Eisler hat diese beiden Aspekte des gestischen Prinzips in seiner Musik wohl am weitgehendsten miteinander verbunden.

Gestische Musik in diesem Sinn faßt alle Teilaspekte des Gestischen in der Musik, wie sie sich in den frühen Eigenvertonungen Brechts oder in den Kompositionen Weills und seiner Vorstellung von gestischer Musik niederschlagen, zusammen: die Verwendung sozialhistorisch vorgeprägter musikalischer Muster und ihre Brechung, bestimmte an sozialen Vorbildern orientierte Arten des Singens, die Entwicklung einer musikalischen Diktion aus dem sprachlichen Gestus oder musikalischer Formen aus dem Gestus einer Person, eines Handlungszuges, einer dramatischen Situation undsoweiter. Alle diese Teilaspekte bleiben jedoch dem Konstruktionsprinzip des Gestischen insgesamt untergeordnet, das die Elemente — in ihrer Widersprüchlichkeit — in einer Komposition ineinanderfügt. Die Musik selbst — als besondere Kunst unter den anderen Künsten — fügt sich ihrerseits in die Gesamtkomposition des Theaterereignisses, und je stärker die Künste dabei auf ihrer Eigenart beharren, desto widerspruchsvoller muß sich ihr Zusammenwirken gestalten.

Man könnte so weit gehen, das gestische Prinzip — in seiner besonderen Disposition auch zu spielerisch-technischen, intellektuellem Verhalten — überhaupt eher für ein Konstruktionsprinzip der Musik zu halten, das bei Komponisten öfter anzutreffen ist als im Theater. Dem widerspricht der im gestischen Prinzip angelegte unmittelbare Bezug zu sozialen und gesellschaftlichen Sachverhalten, den sich die Musik erst ‚aneignen' muß. Dennoch gibt es auch einen Widerspruch zwischen dem artistischen Moment im gestischen Prizip und den sozialen Gegenständen, der im Theater wiederum auffälliger und irritierender ist als in der Musik und durch die Selbständigkeit der Künste (durch die Trennung der Elemente) verschärft wird.

Das gestische Prinzip Brechts setzt auf das Zusammenwirken, gelegentlich das Zusammenstoßen des Widersprüchlichen, in ästhetischer wie in erkenntnistheoretischer Hinsicht. Das schließt den Widerspruch zwischen dem ästhetischen Verhalten überhaupt und den Realitäten, auf die es sich bezieht, ein. Der Gestus des ästhetischen Verhaltens hat diesen Realitäten gegenüber grundsätzlich etwas provozierend Manipulatives. Gerade darauf gründet Brecht die erkenntnistheoretische Qualität des Ästhetischen und verschärft dies in dem konstruktiven Aspekt des gestischen Prinzips. Das wird beispielsweise deutlich an einem Moment der Aufführung von *Mutter Courage und ihre Kinder*, in dem Widerspruch zwischen dieser »Chronik aus dem dreißigjährigen Kriege«, gespielt in einer Nachkriegszeit in dem »schutthaufen bei potsdam« (AJ/ 27.10.48) und einem ‚leichten, schönen Ding', das diese Chronik von Zeit zu Zeit unterbricht, einem ästhetischen Einsprengsel in harte Lebensläufe. Auf Kritik an einem solchen, aus dem gestischen Prinzip unmittelbar ableitbaren spielerischen Moment antwortet Brecht:

> »Um zum Musikalischen umzuschalten, der Musik das Wort zu erteilen, ließen wir jedesmal, wenn ein Lied kam, das nicht unmittelbar aus der Handlung herauskam oder,

aus ihr herausgekommen, deutlich außen blieb, vom Schnürboden ein Musikemblem herunter, bestehend aus Trompete, Trommel, Fahnentuch und Lampenbällen, welche aufleuchteten. Ein zartes und leichtes Ding, schön anzuschauen, auch wenn es in der neunten Szene zerschlissen und zerstört war. Es erschien einigen als bloße Spielerei und als ein unrealistisches Element. Aber einerseits sollte man gegen das Spielerische, solange es nicht alles überwucherte, nicht allzu streng auf dem Theater verfahren, andrerseits war es insofern nicht einfach unrealistisch, als es die Musik aus der realen Handlung heraushob; es diente uns dazu, den Wechsel zu einer andern ästhetischen Ebene, der musikalischen, sichtbar zu machen, so daß nicht der falsche Eindruck entstand, die Lieder ‚wüchsen aus der Handlung heraus‘, sondern der richtige Eindruck, sie seien Einlagen. Die dagegen sind, sind einfach gegen das Sprunghafte, ‚Unorganische‘, Montierte, hauptsächlich weil sie gegen die Zerreißung der Illusion sind. Sie müßten nicht gegen das Musikzeichen protestieren, sondern gegen die Art, wie die Musikstücke in das Stück eingebaut sind, eben als Einlagen.« (17/1136)

Es ist bezeichnend für Brecht, daß er die Argumentationskette ‚ästhetisches Kennzeichen (Musikemblem) — Spielerei — unrealistisch‘ abwehrt mit der Bemerkung, daß es ja gerade realistisch sei, musikalische Ereignisse, die so in ‚realen Vorgängen‘ gar nicht vorkommen, offen herauszulösen. Wichtiger noch scheint mir, daß er die Einführung dieses ästhetischen Kennzeichens, dieses zarten, leichten, schön anzuschauenden Dings, verknüpft mit dem Prinzip des *Sprunghaften, Unorganischen,* mit dem Prinzip der *Montage.* Die Montage, verstanden als Konstruktion eines Zusammenhanges von ausgewählten und aufeinanderbezogenen Vorgängen und Haltungen, in der »Ideen des Fabelerfinders über das Zusammenleben der Menschen zum Ausdruck kommen« (16/704), ist eine *gesellschaftsanalytische Einheit* (vgl. S.28), deren erkenntnistheoretische Dimension gerade und überhaupt nur durch das ästhetische Detail eröffnet wird. Sie ist als *Verfahren* zugleich der Vorgang des Zusammenknüpfens widersprüchlicher, von einander zuvor abgelöster Elemente; dies ist sowohl ein untersuchender als auch ein formgebender Vorgang, der in den ‚ästhetisch geknüpften Knoten‘ das Aufeinanderstoßen gesellschaftlicher Widersprüche zur Erscheinung bringt. Von dieser Seite her wird verständlich, daß in der Auffassung Brechts gerade »die musikalischen Adressen an das Publikum in den Liedern« »den allgemeinen Gestus des Zeigens, der immer den besonderen gezeigten begleitet, betonen.« (16/697) Insofern auch ist in der Tat gerade an dieser Stelle und in Zusammenhang mit diesem »allgemeinen Gestus des Zeigens« das *Realismusproblem* angesprochen.

Der allgemeine Gestus des Zeigens und das Realismusproblem

Wahrnehmen und Zeigen im Alltag — Der Grundgestus des Zeigens in der STRASSENSZENE — Das Zeigen des Zeigens

Der Begriff des Gestus wird bestimmt durch das Prinzip des Ausgrenzens und Abgrenzens, des Isolierens und Fixierens von Momenten, die in der gesellschaftlichen Wirklichkeit ,im Fluß' sind oder in fließenden Zusammenhängen erscheinen, genauer: von Momenten, die die Beziehungen zwischen Menschen betreffen. Dieses Prinzip setzt an bei großen, komplexen und widersprüchlichen Einheiten, die aus der Gesamtheit gesellschaftlicher Ereigniszusammenhänge herausgelöst werden: »Alle Stücke treffen eine bestimmte Auswahl unter den Beziehungen, die ihre Figuren eingehen«. (15/396) Es äußert sich im Blick des Stückschreibers, der ,auf den Menschenmärkten' notiert, »wie der Mensch gehandelt wird« (9/789), der Vorgänge und Einzelmomente in ihnen sammelt für sein *Gestarium* bis hin zu den kleinen Gesten, wie der Hand, »die sich auf die Schulter des Ertappten legt« oder der, »die sich auf den eigenen Mund legte, der beinahe zu viel gesagt hätte« (16/602, vgl. S.21). Es ist wirksam in der Beobachtung des Schauspielers, dem ,die ganze Umwelt zum Theater wird' (16/741), zu einer Ausstellung großer und kleiner gestischer Züge.

Dem Begriff des Gestus liegt weiter das Prinzip des Verknüpfens und Neu-Kombinierens dieser Auswahl von Erscheinungen zugrunde von einem gesellschaftlich bestimmbaren Standpunkt aus. Die *Gesamtkomposition* aller dieser Vorgänge und Beziehungselemente ist die *Fabel.* Und von der Fabel als Gesamtkomposition ist dieses Prinzip zu verfolgen über immer kleinere, sich an den Widersprüchen aufspaltende gestische Einheiten bis zur konkreten Geste auf der Bühne, zur Äußerung, zum Tonfall, die ihrerseits ausgewählt und bewußt neu zusammengefügt erscheinen. Dieses Prinzip bestimmt die Vorgehensweise des Theaters als »Erzählerkollektiv« (16/923), des Stückeschreibers, des Regisseurs, des Musikers und Bühnenbildners und nicht zuletzt das Handeln des Schauspielers selbst. Die *Trennung der Elemente* auf der ästhetischen Ebene und ihre betonte Zusammenfügung leiten sich ebenso direkt aus den Prinzipien des gestischen Theaters ab, wie das Sichtbarmachen des Theaterereignisses als *Theater,* seine Herauslösung aus dem *Leben,* und die Prinzipien des Gestischen sind es auch, die schließlich seine Wiedereinbindung in den Zusammenhang gesellschaftlicher Praxis mit *auffälligen Knoten* verlangen.

Der Vorgang des Abgrenzens, des Ausgrenzens, der Auswahl und Neuverknüpfung gesellschaftlicher Erscheinungen wird durch zwei Faktoren entscheidend beeinflußt: durch die von konkreten Situationen her begründete Einschränkung und Ausrichtung der Wahrnehmung von Vorgängen und durch die ebenfalls aus konkreten Situationen begründbare Motivation der Beteiligten auf bestimmte Details im Zusammenhang dieser Situation aufmerksam zu machen, sie zu *zeigen*. Dies ist kein ‚künstlicher' Vorgang, er findet vielmehr seine Grundlage und seine ‚Vorbilder' im Alltagsverhalten.

Die Wahrnehmung in diesen Situationen des Alltags ist an Standorte gebunden und bekommt von dort her eine bestimmte Perspektivität. Erfahrung und Wissen können die daraus folgende Lückenhaftigkeit von Wahrnehmung zwar reduzieren, zugleich wird jedoch durch die Notwendigkeit und die Motivation, in solchen Situationen zu handeln, die Wahrnehmung weiter eingeschränkt und ausgerichtet auf das, was mit diesem Handeln in einem Sinnzusammenhang steht. Bietet schon die Wahrnehmung im Alltag an sich nur einen *Auszug* von jeweils aktuellen oder möglicherweise aktuellen Fakten, so grenzt das Zeigen die Aufmerksamkeit noch stärker ein, sei es im Rahmen einer aktuellen Situation oder gerade auch darüber hinaus und holt einzelne Gegenstände, Vorgänge oder deren Details in den Wahrnehmungszusammenhang herein oder pointiert etwas in diesem Zusammenhang bereits Gegebenes.[1] Das Gezeigte ist also ein weiterer bewußter und in gewissem Sinn ‚willkürlicher' Auszug mit besonderer Betonung von aktuellen oder wichtigen Details. Auch der Stückschreiber, auf den ‚Menschenmärkten' sich umschauend und offen für vieles, hat seine Standorte, wenn auch wechselnde, sieht einzelnes: wie sie zueinander ins Zimmer treten mit Plänen oder mit Gummiknüppeln oder mit Geld usw., und indem er darauf zeigt, hebt er es heraus und verstärkt die Vereinzelung. (Vgl. S.14 f) Unabhängig davon, daß das Zeigen als ein Vorgang zwischen Menschen selbst den Charakter eines sozialen Gestus hat, stellt sich so ein unmittelbarer Zusammenhang her zwischen dem Gestusbegriff selbst und dem sozialen Vorgang des Zeigens: Das Zeigen von Vorgängen zwischen Menschen in ihrem Zusammenhang und in ihren Details (und das Zeigen auf sie) schafft analytische (gestische) Einheiten. Das Zeigen bedeutet darüber hinaus zugleich einen Eingriff in gegebene Zusammenhänge und eine Umordnung der ihnen zugehörigen Momente im Bewußtsein — oder kann es zumindest bedeuten. Das gestische Prinzip des Brechtschen Theaters baut auf diesen Prozessen des Alltags auf und radikalisiert sie. Es stellt den vorhandenen Tatbeständen und ihren Zusammenhängen ein neu zusammengefügtes Bild gezeigter, das heißt, ‚zusammengedachter' Tatbestände gegenüber.

Das Handeln auf der Bühne als ‚zur Schau' gestelltes Handeln ist ein ‚Handeln zum Zwecke des Betrachtens', das heißt auch, ein Handeln, dem — wie betont oder verwischt auch immer — der allgemeine *Gestus des Zeigens* unterliegt — nicht nur unmittelbar, die Beziehung zwischen Bühne und Publikum betreffend, sondern zugleich im Verweis auf die Vor-bilder der zur Schau gestellten Vorgänge in ihrer Abweichung voneinander oder ihrer Ähnlichkeit miteinander. Das gestische Prinzip des Brechtschen Theaters betont auch diese Haltung des Zeigens, sie wird zum dominierenden Gestus, zum Grundgestus des Schauspielers und des Theaters überhaupt.[2]

Auf eine ‚natürliche' und selbstverständliche Erscheinungsform zurückgeführt ist diese Haltung in der Abhandlung *Die Straßenszene* (16/546 ff). Hier geht es um die Rekonstruktion eines Unfalls. Ein *Demonstrant* rekonstruiert den Vorfall, wählt die ihm wichtig erscheinenden Teilstücke des Vorgangs aus und stellt, indem er sie zusammenfügt und zeigt, seine Auffassung der Sache dar. Das Zeigen ist Teil seiner Argumentation. Er unterbricht, wo Fragen auftauchen, er holt Details nach, die diese Fragen beantworten könnten, er wiederholt und verlangsamt die Demonstration, um entscheidende Momente deutlich zu machen, er betont bestimmte Details, die er für wichtig hält und weist zusätzlich auf sie hin, während er sie vorführt.

So selbstverständlich und alltäglich dieser Vorgang des Zeigens in der *Straßenszene* sein mag, er ist in sich auch schon wieder sehr komplex, wenn man an die Vielfalt der Verhaltenselemente denkt, die in ihm möglich sind, und an die Ablaufstruktur der Demonstration.[3] Einfach bleiben jedoch zwei wichtige Momente: die Beziehung des Demonstranten zu seinem Sachverhalt — er bleibt immer er selbst und verliert sich nie im Dargestellten — und seine Beziehung zu den Umstehenden, den ‚Zuschauern', denen er den Vorfall demonstriert. Es entspricht der Neigung Brechts für das Ansetzen am Nullpunkt (»Die Kunst bleibt in hohem Sinne Kunst, wenn sie ‚unten' beginnt, mit dem Aufsuchen den einfachsten, nächstliegenden, zweckmäßigsten Gebärden, leicht verstehbaren Vorführungen menschlicher Verhaltungsarten«, 15/375), wenn er gerade diese Momente des *Theaters an der Straßenecke* zum Ausgangspunkt für die Grundhaltung des Schauspielers seiner Sache und seinem Publikum gegenüber macht:

> »Die Beziehung des Schauspielers zu seinem Publikum sollte die allerfreieste und direkteste sein. Er hat ihm einfach etwas mitzuteilen und vorzuführen, und die Haltung des bloß Mitteilenden und Vorführenden sollte allem nunmehr unterliegen. Hier macht es noch keinen Unterschied aus, ob seine Mitteilung und Vorführung mitten unter dem Publikum, auf einer Straße oder in einem Wohnzimmer stattfindet oder auf der Bühne, diesem abgemessenen, den Mitteilungen und Vorführungen reservierten Brett. (. . .) Es tritt nur einer auf und zeigt etwas in aller Öffentlichkeit, auch das *Zeigen* (. . .) Seine Person bleibt so gewahrt als eine gewöhnliche, von andern unterschiedene Person mit eigenen Zügen, die dadurch allen andern gleicht, die ihr zusehn. (15/407)

Das Herausstellen der Person des Schauspielers als ‚Gesprächspartner' des Zuschauers, der als Gleicher unter Gleichen einen Vorgang zur Diskussion stellt und sich nicht in den Vorgang hinein und dadurch vom Zuschauer entfernt, ist ebenso in dem Modell der *Straßenszene* begründet wie die Betonung des *Zeigegestus*, der im Modell durch die Aufgabe der Demonstranten vorab angelegt ist, während er auf der Bühne, durch Konventionen verstellt, erst wieder neu begründet werden muß. Nur über diese Haltung kann der Schauspieler jedoch seinen Standpunkt vermitteln, den er der Figur gegenüber einnimmt, kann er seine Darstellung zum Teil seiner Argumentation machen:

»Zeigt, daß ihr zeigt! Über all den verschiedenen Haltungen
Die ihr da zeigt, wenn ihr zeigt, wie die Menschen sich aufführen
Sollt ihr doch nicht die Haltung des Zeigens vergessen.
Allen Haltungen soll die Haltung des Zeigens zugrund liegen.
Dies ist die Übung: vor ihr zeigt, wie
Einer Verrat begeht, oder ihn Eifersucht faßt
Oder er einen Handel abschließt, blickt ihr
auf den Zuschauer, so als wolltet ihr sagen:
Jetzt gib acht, jetzt verrät dieser Mensch, und so macht er es.« (9/778)

»Dies muß gesagt werden, weil es in keiner Weise das übliche ist. Der Schauspieler hat
üblicherweise nicht als Grundhaltung das, daß er die Zuschauer anblickt, bevor er seine
Vorführung veranstaltet, unverdeckt, ja betont sich an den Zuschauer wendet mit allem,
was er macht. Dieses Aug-in-Aug, ‚Gib acht, was der, den ich dir vorführe, jetzt macht',
dieses ‚Hast du gesehen?', ‚Was denkst *du* darüber?' mag, künstlerisch gehandhabt, indem es sich in vielen Schattierungen gibt, alles Starre, Primitive abstreifen, es muß aber
doch bleiben, und es ist die Grundhaltung des V-Effekts; er kann in keiner andern angelegt werden.« (15/407)

Gegenstand des Theaters sind selbstverständlich komplexere Vorgänge als ein Unfall. Desgleichen sind die Handlungen des Schauspielers artifizieller als die des Demonstranten an der Straßenecke. Was dieser gewissermaßen in mehreren Gängen
auseinanderlegt, erscheint möglicherweise auf der Bühne als einzige in sich diffe-
renzierte Darstellungshandlung mit sich überlagernden Zeigemomenten. Durch
den Gestusbegriff und seine analytische wie konstruktive Qualität sind sie auf-
schlüsselbar und voneinander trennbar und wiederum — als unterscheidbare Elemente — miteinander verbunden zeigbar. Wie dies vor sich gehen kann, beschreibt Brecht in seinen Ausführungen über das Theater der Chinesen:

»Zu zeigen: Ein junges Mädchen bereitet Tee. Der Schauspieler zeigt zunächst, daß Tee
bereitet wird. Dann zeigt er, wie man Tee in vorgeschriebener Weise bereitet. Das sind
bestimmte, immer wiederkehrende Gesten, die vollendet sind. Dann zeigt er gerade dieses Mädchen, etwa, daß sie heftig ist oder duldsam oder verliebt. Dabei zeigt er, wie der
Schauspieler Heftigkeit oder Duldsamkeit oder Verliebtheit ausdrückt, in wiederkehrenden Gesten.« (15/428)

»Gestisch« betrachtet, überlagern sich hier soziale Beziehungen sehr allgemeiner,
konventioneller und sehr individueller Art, eingefaßt durch die besondere Beziehung des Schauspielers zu seinem Zuschauer in der Vermittlung seiner Kunstfer-
tigkeit. Daß jedes Moment für sich und zugleich alle in ihrem widersprüchlichen
Zusammenklang gezeigt werden können, begründet das Mehr an Erfahrung, das
in diesem Vorgang auf der Bühne gegenüber dem Vorgang in der Wirklichkeit angelegt ist: »Wenn du fertig bist, soll dein Zuschauer mehr gesehen haben als selbst
ein Augenzeuge des ursprünglichen Vorgangs.« (16/582)

Der Verfremdungseffekt als Folgeerscheinung des gestischen Prinzips — Der
doppelte Gestus des Schauspielers — Vier Ebenen der Verfremdung

Ähnlich wie in der *Straßenszene* als dem Modell für sein Theater sucht Brecht
auch den Verfremdungseffekt als soziales Phänomen im Alltag, als »eine Prozedur
des täglichen Lebens« auf. Dabei zeigt sich, daß die konstituierenden Merkmale
des gestischen Prinzips, die Momente der Auswahl, des Absonderns, des Heraus-
hebens und Zeigens, bereits in diesen ‚natürlichen' Erscheinungsformen des V-
Effekts enthalten sind und sie ermöglichen.

> »Im Hervorbringen des V-Effekts hat man etwas ganz Alltägliches, Tausendfaches vor
> sich, es ist nichts als eine vielgeübte Art, einem andern oder sich selber etwas zum Ver-
> ständnis zu bringen, und man beobachtet es beim Studium sowohl wie bei geschäftli-
> chen Konferenzen in dieser oder jener Form. Der V-Effekt besteht darin, daß das Ding,
> das zum Verständnis gebracht, auf welches das Augenmerk gelenkt werden soll, aus ei-
> nem gewöhnlichen, bekannten unmittelbar vorliegenden Ding zu einem besonderen,
> auffälligen, unerwarteten Ding gemacht wird. Das Selbstverständliche wird in einer ge-
> wissen Weise unverständlich gemacht, das geschieht aber nur, um es dann umso ver-
> ständlicher zu machen. Damit aus dem Bekannten etwas Erkanntes werden kann, muß
> es aus seiner Unauffälligkeit herauskommen; es muß mit der Gewohnheit gebrochen
> werden, das betreffende Ding bedürfe keiner Erläuterung. Es wird, wie tausendfach, be-
> scheiden, populär es sein mag, nunmehr zu etwas Ungewöhnlichem gestempelt.
> Ein einfacher V-Effekt wird angewendet, wenn man jemandem sagt: ‚Hast du dir schon
> einmal deine Uhr genau angesehen?' Der mich das fragt, weiß, daß ich sie schon oft an-
> gesehen habe, nun, mit seiner Frage, entzieht er mir den gewohnten, daher mir nichts
> mehr sagenden Anblick. Ich sah sie an, um die Zeit festzustellen, nun stelle ich, auf ein-
> dringliche Art befragt, fest, daß ich die Uhr selber nicht mehr eines staunenden Blickes
> gewürdigt habe, sie ist nach vielen Richtungen hin ein erstaunlicher Mechanismus.
> Ebenso handelt es sich um einen Verfremdungseffekt einfachster Art, wenn eine ge-
> schäftliche Besprechung eingeleitet wird mit dem Satz: ‚Haben Sie sich schon einmal
> überlegt, was aus dem Abfall wird, der aus Ihrer Fabrik tagaus, tagein den Fluß hinunter-
> schwimmt?' Dieser Abfall ist bisher nicht unbemerkt den Fluß hinuntergeflossen, er ist
> sorgfältig in diesen geleitet worden, Menschen und Maschinen werden dazu verwendet,
> der Fluß ist schon ganz grün von ihm, er ist sehr bemerkbar weggeflossen, aber eben als
> Abfall. Bei der Fabrikation war er abfällig, jetzt soll er zum Gegenstand der Fabrikation
> werden, das Auge fällt interessiert auf ihn. Die Frage hat ihn verfremdet, und das sollte
> sie. Allereinfachste Sätze, die den V-Effekt anwenden, sind Sätze mit ‚nicht — sondern'
> (er sagte nicht ‚komm herein', sondern ‚geh weiter'. Er freute sich nicht, sondern er är-
> gerte sich). Da bestand eine Erwartung, gerechtfertigt durch Erfahrung, aber sie wurde
> enttäuscht. Man hätte glauben sollen, daß..., aber man hätte es nicht glauben sollen. Es
> gab nicht nur eine Möglichkeit, es gab deren zweie, beide werden angeführt, zunächst
> wird die eine, die zweite, dann auch die erste verfremdet. Damit ein Mann seine Mutter
> als Weib eines Mannes sieht, ist ein V-Effekt nötig, er tritt zum Beispiel ein, wenn er ei-
> nen Stiefvater bekommt. Wenn einer seinen Lehrer vom Gerichtsvollzieher bedrängt
> sieht, entsteht ein V-Effekt; aus einem Zusammenhang gerissen, wo der Lehrer groß er-
> scheint, ist er in einen Zusammenhang gerissen, wo er klein erscheint. (. . .)

Auch das Wort ‚tatsächlich' kann Aussagen verfremden. (Er ist tatsächlich nicht zu Hause gewesen; er sagte es, aber wir glaubten es nicht und sahen nach; oder auch: wir hätten es nicht für möglich gehalten, daß er nicht zu Hause sein konnte, aber es war eine Tatsache.) Nicht minder dient das Wort ‚eigentlich' der Verfremdung. (‚Ich bin eigentlich nicht einverstanden.')« (15/355 ff.)

In Zusammenhang mit der *Straßenszene* beschreibt Brecht die *Zeitlupe* bei der Rekonstruktion von Handlungsabläufen und Vorgängen (hier: eines Unfalls) als einen ‚natürlichen' Verfremdungsvorgang:

> »Folgende Situation könnte entstehen. Ein Zuschauer könnte sagen: ‚Wenn der Verunglückte, wie Sie es zeigen, den rechten Fuß zuerst auf die Straße setzte, dann . . .' Unser Demonstrant könnte ihn unterbrechen und sagen: ‚Ich habe gezeigt, daß er mit dem linken zuerst auf die Straße kam.' Bei dem Streit, ob er wirklich den linken oder rechten Fuß bei seiner Demonstration zuerst auf die Straße setzte und vor allem, was der Überfahrene machte, kann die Demonstration so abgeändert werden, daß der V-Effekt entsteht. Indem der Demonstrant nunmehr auf seine Bewegung genau achtet, sie vorsichtig, wahrscheinlich verlangsamt, vollzieht, erzielt er den V-Effekt; das heißt, er verfremdet den kleinen Teilvorgang, hebt ihn in seiner Wichtigkeit hervor, macht ihn merkwürdig.« (16/554)

Auf der Bühne wird diese ‚Prozedur' ins ‚Künstliche' übersetzt. Das *Zeigen des Zeigens*, angelegt im Blickwechsel zwischen Spieler und Zuschauer wird bei Brecht zur *Grundhaltung des V-Effekts*, zur ‚Voraussetzung für seine Entstehung' (15/341), dieses *Aug-in-Aug* umrahmt gewissermaßen als doppelte Zäsur den Vorgang auf der Bühne oder sein entscheidendes Moment. Auch hier ergibt sich ein unmittelbarer Zusammenhang zwischen dem Gestusbegriff im allgemeinen, dem Grundgestus des Zeigens im besonderen und nunmehr dem Verfremdungseffekt. Die Trennung des scheinbar unauflöslich Verbundenen, das Festhalten des im Fluß Befindlichen, das Herauslösen des Eingebetteten, eben dies bewirkt den V-Effekt.

Der Grundgestus des Zeigens bedingt das Nebeneinander von Zeigendem und Gezeigtem, das bedeutet hier: das Verweisen des Spielers auf die Figur, die Trennung beider Erscheinungsebenen im Spieler, den betonten »im Spiel zum Ausdruck kommenden Gegensatz des Schauspielers zur Figur« (15/367). Das ‚Aug-in-Aug' des Spielers und des Zuschauers hat als notwendigen Gegenzug das ‚Aug-in-Aug' der gespielten Figur und ihres Gegenüber im Vorgang auf der Bühne zur Folge, und zwar in einer deutlichen gestischen Wendung.

> »Der Schauspieler steht ja tatsächlich auf der Bühne als Schauspieler und als Stückfigur zugleich, und dieser Widerspruch muß sich in seinem Bewußtsein vorfinden; er macht die Figur recht eigentlich lebendig.« (16/863)
> »Dies bedeutet nicht, daß er, wenn er leidenschaftliche Leute gestaltet, selber kalt sein muß. Nur sollten seine eigenen Gefühle nicht grundsätzlich die seiner Figur sein.« (16/683)

Dieser doppelte Gestus kann, wie es der Demonstrant an der Straßenecke aus den

Bedürfnissen der Situation heraus ‚natürlicherweise' tut, zunächst auseinandergelegt werden:

> »Um eine Hilfsvorstellung zu benutzen: Wir können die eine Hälfte der Haltung, die des Zeigens, um sie selbständig zu machen, mit einer Geste ausstatten, indem wir den Schauspieler rauchen lassen und ihn uns vorstellen, wie er jeweils die Zigarette weglegt, um uns eine weitere Verhaltensart der erdichteten Figur zu demonstrieren.« (16/684)

Solche Auseinanderlegungen finden — allerdings aus der Rolle heraus — in Vorstellungsakten der Personen zu Beginn ihres Auftretens statt, z.B.: »Ich bin der Kaufmann Karl Langmann und reise nach Urga, um die Schlußverhandlung über eine Konzession zu führen.« (2/795) Sie würden verschärft zugunsten der Person des Spielers durch Vorsprüche wie das »Selbstgespräch einer Schauspielerin beim Schminken« (9/788 f.):

> Ich werde eine Trinkerin darstellen
> Die ihre Kinder verkauft
> In Paris, zur Zeit der Commune.
> Ich habe nur fünf Sätze.
>
> Aber ich habe auch einen Gang, die Straße hinauf.
> Ich werde gehen wie ein befreiter Mensch
> Ein Mensch, den außer dem Sprit
> Niemand befreien wollte, und ich werde
> Mich umsehen, wie die Betrunkenen, die fürchten
> Daß man sie verfolgt, ich werde mich
> Nach dem Publikum umsehen.
>
> Ich habe meine fünf Sätze geprüft wie Dokumente
> Die man mit Säuren wäscht, ob nicht unter den offenkundigen Schriftzügen
> Noch andere liegen. Ich werde jeden einzelnen
> Sprechen wie einen Anklagepunkt
> Gegen mich und alle, die mir zusehen.
>
> Wäre ich gedankenlos, dann schminkte ich mich
> Einfach wie eine alte Säuferin
> Eine verkommene oder kranke, aber ich werde
> Als eine schöne Person auftreten, die zerstört ist
> Mit gelber, einst weicher Haut, nun verwüstet
> Einst begehrenswert, nun ein Abscheu
> Damit jeder fragt: Wer
> Hat das gemacht?

Der Text ist eine Art Selbstvergewisserung der Schauspielerin, bevor sie in das ‚Bild' eintritt. Er zeigt die Standortsuche der Figur gegenüber und für die Figur im Vorgang auf der Bühne. Er zeichnet das eigene gestische Profil und das der Figur zueinander und in Richtung auf das Publikum. Dabei ist der reflektierende Gestus der Schauspielerin deutlich abgesetzt von ihrem Gestus als Figur. Brecht verlangt letztlich das Ineinander beider gestischen Profile mit wechselnden Konturen, das »Sichüberschneiden der beiden Gesichter« (16/610), gewissermaßen auch das Nebeneinander beider Texte in einer doppelten Spur — im Bewußtsein des Spielers und darüber hinaus im Bewußtsein des Zuschauers.[4]

Zur Stabilisierung dieser doppelten Bewußtseinsspur, zur Stabilisierung des doppelten Gestus entwickelt Brecht eine Reihe von Übungen während des Probenprozesses:

> Der Schauspieler soll sich Anweisungen und Kommentare zu dem, was er spricht und tut, ausdenken und sie beim Probieren laut aussprechen, er soll zum Beispiel dem Satz, den er zu sprechen hat, voraussetzen: ‚Darauf sagte ich böse, denn ich hatte nichts gegessen' oder ‚Ich wußte damals noch nichts von diesen Zusammenhängen und sagte also'. Dabei ist es gut, wenn der Schauspieler seine Rolle einmal in der Ichform und einmal in der Erform rezitiert. Wenn er sich unter dem Er eine bestimmte Person des Stückes vorstellt, zum Beispiel eine feindliche, dann kann er seine Sprechart gegen den Kommentar und die Spielanweisung durchsetzen lernen. Ein Beispiel: In der Ichform hieß es: ‚Ich sagte ihm meine wahre Meinung und sagte', in der Erform heißt es: ‚Er regte sich auf und suchte nach etwas, was mich verletzen konnte, und sagte schließlich.' Und nun kann, was gesagt wurde im Tone dessen, der es sagte, im Tone dessen, der es hörte, gesprochen werden. Entscheidend für die Gestaltung ist natürlich die Erform, bei der der Sprecher der Schauspieler ist, so daß Spielanweisung und Kommentar die Meinung des Schauspielers über die Figur wiedergibt.« (15/410)

In diesen Übungen entfaltet sich der Gestus des Zeigens in zwei Richtungen: in den Gestus des Erzählens, der dem *epischen* Theater schließlich seinen Namen gibt und auch im *dialektischen* Theater der Spätzeit grundlegend bleibt, und den des Kommentars. Als *Brückenvers* eingeschoben in die Dialogpartien zum Beispiel der Antigone-Bearbeitung, bekommt dieser Gestus eine zusätzliche Stabilisierung und eine eigene ästhetische Qualität:

> »Um die Darstellung der Fabel unterzuordnen, wurden den Schauspielern beim Probieren Brückenverse gegeben, welche sie in die Haltung von Erzählern brachten. Bevor die Darstellerin der Antigone zum erstenmal die Spielfeldgrenze überschritt, sagte sie (und hörte in späteren Proben den Inspizienten sagen):
>
> Antigone ging, des Ödipus Kind, mit dem Kruge
> Staub aufsammeln, damit Polyneikes' Leib zu bedecken
> den der erzürnte Tyrann vor die Vögel und Hunde geworfen.« (17/1218)

Der doppelte Gestus, um den es Brecht geht, kann allerdings auch als fortlaufender Widerspruch gewissermaßen in sich stabil angelegt und akzentuiert werden, etwa durch ‚Fehlbesetzungen', z.B. Darstellung tragischer Situationen durch Komiker, Darstellung von Frauen durch Männer, von Erwachsenen durch Kinder und umgekehrt.

> »Wenn Kinder Erwachsene spielen, so kann man natürlich nicht nur über Kinder etwas in Erfahrung bringen, sondern auch über Erwachsene. Da, wo die Kinder sich verstellen, besondere Anstrengung aufwenden, erscheint das Bild der Erwachsenen.«

> »Auch bei jenen Frontaufführungen im Krieg, durch Soldaten für Soldaten veranstaltet, hatte man jenen Effekt der Verfremdung, wenn Soldaten irgendwelche Mädchenrollen

spielten. Es blieb ein Komisches jedem Zuschauer bewußt, und doch stellten sich, wenn die Darsteller die Unterwäsche zeigten, sogar erotische Effekte ein. Und von den Frauen erfuhr man um das mehr durch die Darsteller, als sie als Männer mehr über die Frauen wußten als die Frauen: Es erschien die Frau als handhabbares Wesen.« (15/368, vgl auch 16/611)

Wenn man so will, ist es die ‚Unzulänglichkeit' des Spielers gegenüber den Anforderungen der Figur, seine ‚Unfähigkeit', sich voll aufzugeben, die seine eigene Person und ihren spezifischen Gestus in einer stabilen Konfrontation hält gegenüber dem, was er zeigt, und fortwährende Brechungen zwischen der sozialen Wirklichkeit des Spielers und der sozialen Situation auf der Bühne, und damit den V-Effekt ‚garantiert'. Brecht versteht dies als Chance.

Die Kontinuität in der Brechung, und das heißt ästhetisch nichts anderes als die auffällige Verknüpfung widersprüchlicher gestischer Momente über die Spannung zwischen Spieler und Figur hinaus, erfolgt schließlich in der Darstellungshandlung selbst, in der Verknüpfung der Haltungen und Gesten, der mimischen Bewegungen, sprachlichen Äußerungen und ihres Tonfalls, in der Bewahrung ihrer Selbständigkeit als *Stückchens im Stück* und ihrem wechselseitigen Bezug.
Vorbilder für Verknüpfungen dieser Art findet Brecht sowohl in hocharti̇fiziellen wie in einfachen, kindlichen Darstellungsformen:

»Chaplins Gesicht ist immer unbewegt, wie gewachst, eine einzige mimische Zuckung zerreißt es, ganz einfach, stark, mühevoll. Ein bleiches Clowngesicht mit einem dicken Schnurrbart, Künstlerlocken und Clowntricks.« (15/61)
»ruth führt mit kindern einen kleinen scetch auf (. . .) interessante v-effekte. das unpersönliche abliefern des textes und der gestik (mimik nicht vorhanden). das zurückgehen in ruhestellung, wenn sie nicht dran sind. das rigorose weitergehen.« (AJ/3.1.41)

Die Maske wird zu einem Mittel, gestische Momente zu entdecken und auszuwählen:

»Eine einfache Methode für den Schauspieler, den Gestus zu verfremden, besteht darin, ihn von der Mimik zu trennen. Er braucht nur eine Maske aufzusetzen und im Spiegel sein Spiel zu verfolgen. Auf diese Weise wird er leicht zu einer Auswahl von Gesten kommen, die in sich reich sind. Gerade die Tatsache, daß die Gesten ausgewählt sind, bringt den V-Effekt hervor. (. . .) Mit der Maske probend, verfremdet der Schauspieler auch die Sprechweise. Er sieht, daß er auch hier zu einer Sammlung kommen muß, einer Sammlung ausgewählter Tonfälle. Er erleichtert sich so die Übersetzung des Natürlichen ins Künstliche und übersetzt nach dem Sinn.« (15/369).

Die Verfremdung von Tonfällen ist im Aufeinanderstoßen des erzählenden oder kommentierenden Gestus mit dem Tonfall der Bühnenfigur bereits angelegt:

»Das Mitsprechen der Spielanweisungen in der dritten Person bewirkt, daß zwei Tonfälle aufeinanderstoßen, wodurch der zweite (also der eigentliche Text) verfremdet wird. Außerdem wird die Spielweise verfremdet, indem sie tatsächlich erfolgt, nachdem sie schon einmal in Worten bezeichnet und angekündigt wurde.« (15/345)

Sie entsteht in anderer Weise z.B. in der Verbindung von Verssprache und vulgärem Gestus oder umgekehrt. Brecht hat sich im Zusammenhang mit der *Heiligen Johanna der Schlachthöfe* und dem *Arturo Ui* dazu ausführlich geäußert:

»Jede Gruppe hat ihre eigene Sprache. Wenn Sie es so betrachten, haben Sie am Ende eine Darstellung (Demonstration) von Idiomen. Die großen Fleischfabrikanten zum Beispiel benutzen den Shakespearschen Blankvers als die Sprache der reichen bourgeoisen Individuen. Es ist der Slang dieser Gesellschaftsschicht, wie er sich bereits klassisch in der Literatur festgesetzt hat.« (Brecht im Gespräch, 48)

»nachträglich habe ich viel damit zu tun, die jamben des AUFHALTSAMEN AUFSTIEG DES ARTURO UI zu glätten. ich hatte den jambus sehr schlampig behandelt, teils mit der begründung, daß das stück ja doch nur in englisch aufgeführt würde, teils mit der, daß ein verlotterter vers diesen persönlichkeiten anstehe. grete (...) hielt die beiden begründungen für ausreden. (...) verlumpung ließe sich anders als durch schlechte jamben ausdrücken. (...) vor allem meinte sie aber, daß der v-effekt geschädigt wird, wenn der jambus nicht glatt ist.« (AJ/2.4.41)

»natürlich ist der glatte(!) jambus ein rückschritt nach dem synkopierten, den ich sonst benutze, aber hier ist er richtig, denke ich.« (AJ/7.4.41) »abgesehen davon, daß der Blankvers mit der deutschen Sprache eine sehr unglückliche ehe führt (...) hat er für mich immer dieses anachronistische an sich, das fatale feudale. nimmt man ihm das verkastelte, gewundene und förmliche des höfischen offiziellen ausdrucks, wird er gleich leer und ,gewöhnlich', ein emporkömmling. dennoch, obwohl also hauptsächlich travestiewirkung erzielt wird, wenn ich gangster und karfiolhändler jambisch agieren lasse, da so nur das inadäquate ihres herrischen auftretens ans licht der rampe kommt, bildet sich da, wo dann der blankvers mißhandelt, verstümmelt, gestreckt, verhunzt wird, neues formales material für einen modernen vers mit unregelmäßigen rhythmen, aus dem noch allerhand werden kann.« (AJ/12.4.41)

Neben den Möglichkeiten widersprüchlicher Verknüpfung ist die Verssprache an sich schon eine Verfremdung natürlicher Sprechweise und natürlicher Tonfälle, die »alle Aussagen und Gefühlsäußerungen (klärt), wie ein schönes Arrangement die Vorgänge zwischen den Menschen des Stücks klärt.« (16/809, vgl. S.34ff) Ähnlich verfremdet die »Eleganz einer Bewegung und die Anmut einer Aufstellung«.(16/698) Erinnert man sich daran, daß der Brechtsche Vers unmittelbare Umsetzung und formaler Spiegel der einzelnen aufeinanderfolgenden gestischen Schritte ist (vgl. hier S. 52ff), so erscheint auch von daher in der Verfremdung der Äußerung durch den Vers der V-Effekt unmittelbar auf das Gestische bezogen.

Der Verfremdungseffekt — so kann man resümieren — ist ein Resultat der Arbeit mit dem gestischen Prinzip. Er setzt die analytische Qualität des Gestusbegriffs voraus, und zwar die Möglichkeit, die Elemente eines Handlungskomplexes unter einem jeweils bestimmbaren Aspekt einer besonderen Beziehung zwischen Menschen voneinander zu isolieren. Er setzt den allgemeinen Gestus des Zeigens voraus, der bestimmte Handlungselemente aus einem komplexen Zusammenhang heraushebt, um entscheidende oder wichtige Züge einer Beziehung zwischen Menschen erkennbar und zum Gegenstand des Denkens und der kritischen Untersuchung zu machen. Der Verfremdungseffekt setzt schließlich eine Darstellungsweise voraus, die eben diese voneinander abgelösten Elemente eines komplexen Handlungszusammenhanges (Tonfälle, Gesten, Äußerungen, Handlungen) zusammenfügt zu einer neuen *Komposition*, die das, was das ‚Original mit zu leiser Stimme aussagt' (16/687), deutlicher macht und den ‚Zuschauer mehr sehen läßt als das Augenzeugen des ursprünglichen Vorgangs' (vgl. 16/582)

Der Verfremdungseffekt als Resultat der Arbeit nach dem gestischen Prinzip stellt sich ein auf verschiedenen Ebenen bzw. durch Überlagerung verschiedener Ebenen. Dies bezieht sich auf das Theaterereignis im ganzen und auf die Mikrostruktur seiner Teile:

1. Der Gestus des Theatervorgangs als ‚Theater' und seine deutliche Herauslösung aus den übrigen Lebenszusammenhängen verfremdet die gezeigten Ereignisse und den Kunstvorgang insgesamt.

Das Theater als eine besondere Form der öffentlichen Äußerung hat einen spezifischen Gestus, der offengelegt oder verschleiert werden kann, und zwar durch die Deklarierung des Theaters als Theater bzw. durch die Deklarierung des Theaters als ‚Leben'. Die ‚hypnotischen Felder' des alten (und neuen) Illusionstheaters suggerieren mit dem Aufgehen des Vorhangs eine ‚wirkliche' Welt der Handlungen und Leidenschaften. Demgegenüber steht bei Brecht die Forderung nach der Offenheit und Einsehbarkeit des theatralischen Arrangements.

> »Der Parabelerzähler tut gut, alles, was er für seine Parabel braucht, jene Elemente, mit deren Hilfe er den gesetzmäßigen Verlauf seines Vorgangs zeigen will, offen den Zuschauern vorzuweisen. Der Bühnenbauer zeigt also offen die Lampen, Musikinstrumente, Masken, Wände und Türen, Treppen, Stühle und Tische, mit deren Hilfe die Parabel gebaut werden soll.« »Wenn wir das Spiel der Schauspieler so beleuchten, daß die Beleuchtungsanlage ins Blickfeld des Zuschauers fällt, zerstören wir einiges von seiner Illusion, einem momentanen, spontanen, nicht geprobten, wirklichen Vorgang beizuwohnen.« (15/454)

Dem entspricht das Kenntlichmachen der Kulisse als Kulisse, einzelner ‚geborgter' Details der Wirklichkeit als geborgt und hier verwendet zur Kennzeichnung von Absichten, die Betonung des Handwerks, der Tatsache, daß hier etwas fertiggemacht wurde, der *Gestus des Aushändigens*:

> »Es ist da nötig, daß dem eigentlichen Spiel der Gestus des Aushändigens von etwas Fertigem unterliegt. Vor den Zuschauer kommt jetzt das Oftgehabte von dem Nichtverworfenen, und so müssen die fertiggestellten Abbildungen in völliger Wachheit abgeliefert werden, damit sie in Wachheit empfangen werden können.« (16/699)

Dem entspricht schließlich auch die Einsetzung der jeweiligen Kunstmittel als offensichtliche Kunstmittel, der deutliche Wechsel der ästhetischen Ebenen (vom Bild zur Musik, von der Musik zur Aktion und so weiter) bzw. der jeweils selbständige Beitrag bei dem Zusammenwirken der Künste (vgl. S. 93).

2. Die Auswahl und die — dem natürlichen Ablauf der Ereignisse gegenüber souveräne und betonte Neuverknüpfung der Einzelvorgänge verfremden den Einzelvorgang.

Die *Fabel* entsteht als Komposition ausgewählter gestischer Vorgänge und Details von Vorgängen nach dem Prinzip der bewußten Montage. Der Suggestion gegenüber, die die Illusion bruchloser Handlung entsprechend dem natürlichen Fluß der Ereignisse hervorzurufen sucht, verknüpft die Brechtsche Fabel die ausgewählten und widerspruchvollen Handlungseinheiten zu einem widerspruchsvollen Ganzen mit auffälligen Knoten, deutlichen Zäsuren, bewußtem Wechsel der Ebenen, zu einem aus *Ansichten* und *Absichten* komponierten Bild von Wirklichkeit.

Die Zäsuren und Knoten werden deutlich gemacht durch Einschübe (Projektionen, musikalische Adressen), die jeweils einen neuen widersprechenden Gestus etablieren, und durch Titel, die den unmittelbar vorhergehenden oder nachfolgenden Gestus ankündigen bzw. kommentieren, dabei spielt das Durchsetzen des ,Gestalteten' mit ,Formuliertem' eine wesentliche Rolle (vgl. S.24f).

Grundsätzlich steht der Fabeldichter bzw. das Theater als *Erzählerkollektiv*, als Organismus der Theaterproduktion den Abläufen der Ereignisse, ihrer natürlichen Zeit- und Sinnstruktur ebenso souverän gegenüber wie der Demonstrant in der *Straßenszene* bei der Auseinanderlegung des Vorfalls, der Betonung seiner wesentlichen Momente, der Wiederholung und des Rückgriffs, des Wechsels zwischen Darstellungshandlung, Kommentar und Diskussion, des Nebeneinanders möglicher Varianten usw.

3. Die deutliche Trennung von Spieler und Figur, die Auswahl und das betonte Zeigen ihrer Verhaltensmomente verfremden Spieler und Figur als eigenständige Personen und ihren jeweiligen Gestus.

Das Handeln auf der Bühne wird bestimmt durch den Widerspruch zwischen dem Gestus der Figur und dem Gestus des Schauspielers. Dieser gestische Widerspruch soll nicht verwischt werden durch den Verzicht des Darstellers auf die eigene gesellschaftliche Haltung und die vollständige Einfühlung in die Figur, sondern soll akzentuiert werden durch den betonten Gestus des Zeigens. Die *Einfühlung*, das *Erleben* der Figur, gestisch gesprochen: die Anpassung an den Gestus der Figur, die Auflösung des eigenen Erfahrungszentrums in ihr, wird zu einer Phase der Probenarbeit, zur »Suche nach der Wahrheit der Figur im subjektiven Sinn« (16/843). Sie wird aufgehoben in der Sicht der Figur von außen bei der Vermittlung des Vorgangs im Spiel.[5]

Der grundlegende Gestus des Zeigens entfaltet sich als Gestus des Erzählens und Kommentierens. Der Darsteller spricht und handelt aus der Haltung des Erzählers heraus, »das Ereignis hat stattgefunden, hier findet die Wiederholung statt« (16/548), es handelt sich nicht um Verkörperung der Vorgänge, sondern um deren Demonstration. Der Gestus des Erzählens wird — in der Phase des Probens — gestützt durch epische Texteinschübe, die die Vorgänge in der Zeitstufe der Vergangenheit und in der dritten Person wiedergeben. Durch die Verbalisierung von Spielanweisungen akzentuiert der Darsteller in seinem eigenen Verhalten den Gestus des Regisseurs oder Arrangeurs. Durch Kommentare zu den Vorgängen betont er den Gestus kritischer Distanz oder kritischer Untersuchung.

4. Der Schauspieler entwickelt seine Darstellung aus kleinsten gestischen Schritten in deutlichen gestischen Wendungen, mit deutlichen Schnitten und macht so den kleinen Vorgang im großen auffällig und wahrnehmbar, verfremdet ihn.

Die Aussonderung und Heraushebung des Einzelgestus und seine das Selbständige jedes gestischen Elements herausstellende Verknüpfung führt beispielsweise zum Aufeinanderstoßen unterschiedlicher Tonfälle, dem widersprüchlichen Zusammenspiel von Verssprechen und Körperhaltung, von mimischer Bewegung und Geste, zum Blickwechsel des Spielers beim Hineingehen in die Figur und dem Heraustreten aus ihr, zur Wahrnehmbarkeit des *Nicht* im *Sondern*, des widersprechenden *Eigentlich* in den Äußerungen des Bejahens und Verneinens, zum Widerspiel einer Zahnbürste, die ,aus der oberen Jackentasche des angehenden Bettlers Filch herauslugt, mit einem alten Hut' (17/1003) in der Dreigroschenoper, zu der Handbewegung, mit der Mutter Courage bei ihrem ,unredlichen Handel' den Zeugmeister »anweist, weiterzuspielen, da der Sohn das Geschäft ruhig hören kann«, auch wenn sie ihn kurz zuvor aufgefordert hat »seinerseits immer redlich zu sein« (16/754, vgl. S. 28f). Bei der Suche nach Elementen des Gestischen folgt der Schauspieler den Widersprüchen zwischen der eigenen Person und der Figur und darüberhinaus in den Figuren selbst und in ihrem sozialen Zusammenhang.

Die verschiedenen Dimensionen des Realismusbegriffs — ,Kunst' als Problem — Die Straßenszene als realistisches Modell eines realistischen Theaters

Das Ausstellen des Theaters als Theater, die Komposition der Fabel, welche ausgewählte isolierte Teile so verknüpft, ,daß Knoten auffällig werden', die Unterbrechung des Flusses der Ereignisse durch Einschübe, Titel, Kommentare, den Wechsel der ästhetischen Ebenen, die Brechung der Figur durch die Person des Schauspielers, die ,künstliche' Verknüpfung widersprechender Ebenen und Formen von Äußerungen, all dies läßt ein Theater entstehen, dessen Abläufe formal in offensichtlichem Widerspruch stehen zu den gewohnten Abläufen der gesellschaftlichen Wirklichkeit, zum ,titellosen Leben', und das sich landläufigen Vorstellungen von *Realismus* widersetzt.

Nicht zufällig wurde das Realismusproblem angestoßen in Zusammenhang mit der *Trennung der Elemente* und der Verwendung von Musik im Theater. Das Musikemblem aus Trompete, Trommel, Fahnentuch und aufleuchtenden Lampenbällen, das in der Aufführung der *Mutter Courage* die musikalischen Einschübe ankündigte, wurde in der Kritik »als bloße Spielerei und als ein unrealistisches Element« abgetan. Für Brecht dagegen war gerade dieses Emblem kennzeichnend für das Montageprinzip und ein Element des Gestischen in der Aufführung: Als ,zartes, leichtes Ding, schön anzuschauen', steht es in Widerspruch zu den berichteten Ereignissen, die es unterbricht, fällt es als ästhetischer Gegenstand (Bild) aus der Ästhetik theatralischer Vorgänge heraus, betont es den ästhetischen Charakter des Theaters als Veranstaltung zum Vergnügen der Sinne, kennzeichnet es Theater als Theater. Im Sinne des gestischen Prinzips ist es ein *auffälliger Knoten*, der die jeweilige musikalische Adresse mit den Vorgängen in der Handlung sowohl verknüpft als auch von ihnen absetzt. Es vergegenständlicht zugleich einen neuen

Gestus, den des musikalischen Kommentars, die volle Wendung des Schauspielers nach vorn: den Gestus des Zeigens. Es ist ‚unrealistisch' insoweit, als es (im Sinn des gestischen Prinzips) die musikalische Adresse herauslöst, verfremdet und den Fluß der Ereignisse, ‚das titellose Leben', nicht ununterbrochen weiterfließen läßt. Damit erhebt sich allerdings die Frage, welche Bedeutung der Begriff des *Realismus* im Zusammenhang mit dem gestischen Prinzip bei Brecht überhaupt annimmt.

Es ist bezeichnend, daß Brecht, in dem Bemühen, ‚natürliche Vorbilder' für seine Theaterpraxis im gesellschaftlichen Alltag zu finden, das Realismusproblem an einem viel früheren Punkt ansetzt als seine ‚realistischen' Kritiker. Er sucht zunächst das Modell seines Theaters in der gesellschaftlichen Wirklichkeit auf und findet es in der bereits erwähnten *Straßenszene*, dem »Beispiel allereinfachsten, sozusagen ‚natürlichen' epischen Theaters« (16/546, vgl. S.97). In der Funktion, die dieses ‚alltägliche Theater' in der gesellschaftlichen Wirklichkeit hat (hier: die Rekonstruktion eines Unfalls, seiner Ursachen in den Verhaltensweisen der Beteiligten, Feststellung der Schuld), sieht Brecht das Verhältnis von Theater und gesellschaftlicher Wirklichkeit vorgebildet:

> »Ein wesentliches Element der ‚Straßenszene', das sich auch in der ‚Theaterszene' vorfinden muß, soll sie episch genannt werden, ist der Umstand, daß die Demonstration gesellschaftlich praktische Bedeutung hat. Ob der Straßendemonstrant nun zeigen will, daß bei dem und dem Verhalten eines Passanten oder des Fahrers ein Unfall unvermeidlich, bei einem andern vermeidlich ist, oder ob er zur Klärung der Schuldfrage demonstriert — seine Demonstration verfolgt praktische Zwecke, greift gesellschaftlich ein.« (16/548)

Ein Theater, das sich an diesem Modell orientiert, bestimmt demnach sein Verhältnis zur gesellschaftlichen Wirklichkeit von seiner *gesellschaftlich praktischen Bedeutung* und von seinen Absichten her, wichtige Züge der gesellschaftlichen Wirklichkeit deutlich zu machen und zueinander in Beziehung zu setzen, um so in diese Wirklichkeit eingreifen zu können. Diese Absichten bestimmen die Auswahl der Züge, der Details, die Art, wie sie zueinander in Beziehung gebracht werden, bedingen die Grundhaltung des Zeigens und damit die Verfremdung der ausgewählten Details.

Direkt auf die Frage des Realismus bezogen und die Kategorie der ‚Ähnlichkeit' in dieser Frage relativierend, schreibt Brecht in seinem Arbeitsjournal und im *Kleinen Organon*:

> »die gewöhnliche anschauung ist, daß ein kunstwerk desto realistischer ist, je leichter die realität in ihm zu erkennen ist. dem stelle ich die definition entgegen, daß ein kunstwerk desto realistischer ist, je erkennbarer in ihm die realität gemeistert wird. das pure wiedererkennen der realität wird oft durch eine solche darstellung erschwert, die sie meistern lehrt. (...) jedenfalls muß man das augenmerk darauf lenken, ob der künstler ein realist ist, d.h. schreibend realistisch vorgeht, die realität gegenüber allen verschleierungen und täuschungen zur geltung bringt und in das reale handeln seines publikums eingreift.« (AJ/4.8.40)

»Wenn die Kunst das Leben abspiegelt, tut sie es mit besonderen Spiegeln. Die Kunst wird nicht unrealistisch, wenn sie die Proportionen ändert, sondern wenn sie diese so ändert, daß das Publikum, die Abbildungen praktisch für Einblicke und Impulse verwendend, in der Wirklichkeit scheitern würde.« (16/698)

Der Begriff des Realismus im Brechtschen Verständnis greift damit über das Kunstwerk als in sich geschlossene Einheit hinaus und findet seine Kriterien in der Haltung des Kunstwerks der Wirklichkeit gegenüber und in seinen Wirkungen auf sie: »solange man unter realismus einen stil und nicht eine haltung versteht, ist man formalist, nichts anderes.« (AJ/26.11.48) Der Realismusbegriff ist, so verstanden, nicht nur ein ästhetischer, sondern ein erkenntnistheoretischer und ein gesellschaftspolitischer Begriff. Unter den Dimensionen des Realistischen ist die der äußeren Ähnlichkeit nur eine — überwuchert sie, ergibt sich platter, selbstgenügsamer Naturalismus:

>»Naturalismus und eine gewisse anarchische Montage können konfrontiert werden mit ihren sozialen Wirkungen, indem man nachweist, wie sie nur die Symptome der Oberfläche wiedergeben und nicht die tieferliegenden sozialen Kausalkomplexe.«

Die charakteristischen Merkmale von Naturalismus und Realismus stehen in scheinbarer Nähe zueinander, aber so, daß Naturalismus als *Realismus-Ersatz* erscheint (AJ/ 30.3.47):

»*naturalismus*	*realismus*
die gesellschaft betrachtet als	die gesellschaft geschichtlich
ein stück natur	betrachtet
das milieu	das System
reaktion der individuen (. . .)	kausalität
mitgefühl	kritik
die vorgänge sollen ‚für sich	es wird ihnen zur verständlichkeit
selbst sprechen’	verholfen
das detail als ‚zug’	gesetzt gegen das ganze
sozialer fortschritt empfohlen	gelehrt
kopien (. . .)	stilisierungen
das publikum als einheit angesprochen	die einheit wird gesprengt.

Der Realismus des Brechtschen Theaters ordnet also die Aspekte der Wirklichkeit unter den Gesichtspunkten der Erkenntnis und der gesellschaftlichen Wirkung neu. Das Arrangement von Vorgängen zwischen Menschen »geht nicht vom kriecherischen Empirismus und dem ihm ästhetisch entsprechenden Naturalismus« aus (Bloch, 256), sondern von der *forschenden und vergleichenden Haltung des Denkenden* (vgl. 7/2951), der darauf aus ist, »die Ursachen von Prozessen in die Reichweite der (Beeinflußbarkeit durch die) Gesellschaft zu stoßen«. (19/368) Die Haltung des denkenden Realisten ist »realistisch in jeder Beziehung« (19/372):

>»Er berücksichtigt die gesellschaftliche Lage seiner Leser (bzw. Zuschauer, H.M.R.), ihre Klassenzugehörigkeit, ihre Stellung der Kunst gegenüber, ihre aktuellen Ziele; (. . .) (er) schöpft seine Kenntnis der Wirklichkeit nicht lediglich aus sensuellen Impressionen, sondern listet der Natur ihre Listen ab mit Hilfe aller Hilfsmittel der Praxis und des Wissens und stellt ihre Gesetzlichkeiten dar in einer Weise, die in das Leben selber, das Leben des

Klassenkampfes, der Produktion, der besonderen geistigen und körperlichen Bedürfnisse unserer Zeit eingreifen können (...). Er begreift und handhabt Kunst als menschliche Praxis, mit spezifischen Eigenarten, eigener Geschichte, aber doch Praxis unter anderer und verknüpft mit anderer Praxis.« (19/372)

Die Schwierigkeit, die Diskussion eines so verstandenen Realismus innerhalb eines traditionell verstandenen Begriffs von ,Kunst' zu führen, ist offensichtlich.[6] Eine Konsequenz Brechts ist, die Bedeutung dieses Kunstbegriffs für seine Theaterarbeit zunächst einzuschränken, bzw. ihn in Zusammenhang mit einer umfassenden gesellschaftlichen Praxis neu zu bestimmen:

»Leute, die die Welt so zeigen wollen, daß sie beherrschbar wird, tun gut, zunächst nicht von Kunst zu reden, sich nicht nach den Geboten der Kunst zu richten, nicht Kunst anzustreben. Beauftragen sie nämlich ,die Kunst' mit einer solchen Aufgabe, dann können sie höchstens unerquickliche Kompromisse zustande bringen, ,die Kunst' kann dann nur soundsoweit gehen, ohne aufzuhören, ,die Kunst' zu sein (...). Verzichten sie (die Philosophen, H.M.R.) aber zunächst darauf, von Kunst zu reden, sich nach den Geboten der Kunst zu richten, Kunst anzustreben, so werden sie ihre Sache rücksichtslos fördern können und dennoch nicht auf die Dienste der Kunst völlig verzichten müssen; denn sie können für ihre Zwecke allerdings nach genauer Prüfung, allerlei Erfahrungen, Fachkenntnisse, Institutionen der Kunst frei benutzen. Immer nur dort Kunst einsetzend, wo sie für ihre Absichten nötig ist, werden sie eine Kunst aufbauen; denn es wird zweifellos eine Kunst sein, die Welt so darzustellen, daß sie beherrschbar wird.« (15/261)

Mit aus diesem Grund greift Brecht bei dem Modell für seine Theaterarbeit nicht auf Kunstereignisse zurück, sondern auf das ,alltägliche' Ereignis an der Straße:

»Es liegt dem epischen Theater daran, sein Grundmodell an eine Straßenecke zu legen, das heißt, zurückzugehen auf allereinfachstes 'natürliches' Theater, auf ein gesellschaftliches Unternehmen, dessen Beweggründe, Mittel und Zwecke praktische, irdische sind.« (16/554) »Der Vorgang ist offenbar keineswegs das, was wir unter einem Kunstvorgang verstehen.« (16/547) »Ist das epische Theater also nicht an Kunst interessiert? Man tut gut, die Frage zunächst anders zu stellen; nämlich so: Können wir künstlerische Fähigkeiten für die Zwecke unserer ,Straßenszene' brauchen? Die Frage zu bejahen fällt leicht. Auch in der Demonstration an der Straßenecke stecken künstlerische Elemente.« (16/555)

Brechts ,Polemik' gegen die Kunst ist also ein Scheinangriff und gilt bestimmten Verfechtern der ,Kunst'. Sie zielt nicht darauf, die Wirkungsmöglichkeiten von Kunst aufzugeben, sondern darauf, die Kunst aus ihrer ,Insellage' zu erlösen und mit der gesellschaftlichen Praxis zu verbinden, ihre Möglichkeiten innerhalb dieser Praxis wirksam werden zu lassen und so zu nutzen, wie das bei der Einbindung ,natürlicher Vorformen von Kunst in die alltägliche Praxis zu beobachten ist.' An anderer Stelle betont er im umgekehrten Sinn ausdrücklich:

»Wir können unsere Darstellungen des menschlichen Zusammenlebens nicht ohne Kunst zustande bringen. Wir benötigen diese freien schöpferischen phantasievollen Fähigkeiten, dieses Verdichten, Leichtmachen, den Kern treffen.« (15/379)

Und in den Notizen zur Frage, »was unter anderem von Stanislawski gelernt werden kann«, heißt es:

»Stanislawski lehrte die Schauspieler die gesellschaftliche Bedeutung des Theaterspielens. Die Kunst war ihm nicht Selbstzweck, aber er wußte, daß auf dem Theater kein Zweck erreicht wird außer durch Kunst.« (16/859)

Letztlich geht es also selbstverständlich um Theaterkunst, vor dem Hintergrund der *Straßenszene* ausdrücklich um »hochartistisches Theater mit komplizierten Inhalten und weiter sozialer Zielsetzung« (16/558). Das Unterlaufen der Diskussion um Kunst folgt auch beim *schrittweisen Aufbau* eines *Theaters im wissenschaftlichen Zeitalter* dem »Ansetzen des Nullpunkts« und sucht es dort auf, wo es als sozialer Vorgang in seinen Handlungsformen vorgebildet und in seinem sozialen Sinn unzweifelhaft ist.

Die Überschreitung eines traditionellen und engen Kunst- und damit verbundenen *Realismusbegriffs* führt — dem Modell der *Straßenszene* folgend — zu gewichtigen Konsequenzen in der inneren Struktur und in der äußeren Organisation von Theaterereignissen: der Komposition der *Fabel* aus gestischen Teilstücken, den Sprüngen im Verlauf der Handlung (in doppeltem Sinn als *Risse* und *Zeitsprünge*), dem betonten Wechsel der ästhetischen Ebenen, dem Unterbrechen des Theaterereignisses undsoweiter. Der Realismusbegriff gerade in seinem traditionellen *Abbildungsaspekt* wird durch die Ableitung aus der *Straßenszene* und den Handlungsmodellen des *Demonstranten* neu definiert und von der jeweiligen *sozialen Zielsetzung* abhängig:

»Der Zweck seiner Demonstration bestimmt, welchen Vollständigkeitsgrad er seiner Nachahmung verleiht. Unser Demonstrant braucht nicht alles, nur einiges von dem Verhalten seiner Personen zu imitieren, ebenso viel, daß man ein Bild bekommen kann.« (16/549)

»Die Stimme des Überfahrenen, um ein Detail herauszugreifen, mag zunächst keine Rolle gespielt haben beim Unfall. Eine Meinungsverschiedenheit unter Augenzeugen darüber, ob ein Ausruf, den man hörte (,Obacht'), vom Verunglückten oder von einem andern Passanten herrührte, kann unsern Demonstranten dazu veranlassen, die Stimme zu imitieren. Die Frage kann dadurch entschieden werden, daß demonstriert wird, ob die Stimme die eines Greises oder einer Frau war oder ob sie nur hoch oder niedrig war. Ihre Beantwortung kann aber auch davon abhängen, ob die Stimme die eines gebildeten Mannes oder die eines ungebildeten war. Laut oder leise mag eine große Rolle spielen, da je nachdem den Fahrer eine größere oder kleinere Schuld treffen kann. Eine Reihe von Eigenschaften des Überfahrenen bedürfen der Darstellung. War er zerstreut? Wurde er abgelenkt? Durch was vermutlich? Was in seinem Benehmen deutet darauf hin, daß er gerade durch jenen Umstand und nicht durch einen andern abgelenkt werden konnte? Und so weiter und so weiter. Wie man sieht, gibt unsere Demonstrationsaufgabe an der Straßenecke Gelegenheit für ziemlich reiche und vielseitige Abbildungen von Menschen«. (16/549)

Die Absicht des Zeigenden, die Forderungen der Situation, in der gezeigt wird, der Verwendungszusammenhang des Gezeigten — sie bestimmen demnach die Auswahl der gezeigten Details, die wechselnde Genauigkeit, die Reihenfolge und Art der Zusammenfügung, die Größe oder Kleinheit des jeweiligen Ausschnitts, bestimmen den Vollständigkeitsgrad des (Theater-) Ereignisses im ganzen. Zwar: »Die Theaterszene gibt im allgemeinen weit vollständigere Bilder, gemäß ihres weiter gesteckten Interessenkreises.« Aber sie muß ihren »Aufwand rechtfertigen können aus dem Zweck heraus.« (16/549) Das Erkenntnis- und Wirkungsinteresse an der Realität bestimmt als letzte Instanz, was — auch im ästhetischen Sinn — *realistisch* ist.

Dieses Verfahren, das Brecht aus dem Verhalten des Demonstranten der *Straßenszene* abliest, ist eben das Verfahren, das dem gestischen Prinzip zugrunde liegt: die Wirklichkeitserfahrung in ihrer Kontinuität wird aufgelöst, zerschlagen in einzelne Erfahrungsbilder und neu zusammengefügt. Vollständigkeit ist kein Kriterium, zusammengefügt wird, was unter einer neuen ‚willkürlichen' Sinnsetzung zusammenpaßt und sich ergänzt (vgl. S.31). Wenn die originäre Abfolge überhaupt eine Rolle spielt, wird sie in abgesetzten Schritten vollzogen, so daß man *mit dem Urteil dazwischenkommen* kann. Die Zerlegung der Erfahrung ermöglicht dies, an den Bruchstellen werden die *Vorgänge hinter den Vorgängen* sichtbar. Die *Straßenszene* Brechts entpuppt sich zugleich als ein Modell für die Wirkungsweise des gestischen Prinzips im Alltagsverhalten, orientiert an dem, was Brecht *realistisch* nennt: »den gesellschaftlichen Kausalkomplex aufdeckend (...) konkret und das Abstrahieren ermöglichend.« (19/326) Dieser Doppelaspekt, der Umschlag vom Konkreten ins Abstrakte und umgekehrt, ist im Gestusbegriff aufgehoben. Er begründet zugleich den Realismus als eine erkenntnistheoretische Kategorie.

Typus — Stilisierung und Symbol — Das Beispiel eines großen Realisten

In dem Film *Kuhle Wampe oder Wem gehört die Welt*, der die Lage der Arbeitslosen in Berlin um 1931 schildert, wird der Selbstmord eines jugendlichen Arbeitslosen gezeigt. In Zusammenhang mit den Schwierigkeiten, den Film durch die Zensur zu bringen, liefert Brecht einen *Kleinen Beitrag zum Thema Realismus*, und zwar »vom Polizeistandpunkt aus« (18/214) ff.). Die Argumentation des Zensors greift vor allem auf diesen Selbstmord zurück:

>»Niemand bestreitet Ihnen das Recht, einen Selbstmord zu schildern. Selbstmorde kommen vor. Sie können ferner auch den Selbstmord eines Arbeitslosen schildern. Auch sie kommen vor. Ich sehe keinen Grund, das zu verheimlichen, meine Herren. Ich erhebe aber einen Einwand gegen die Art, in der Sie den Selbstmord Ihres Arbeitslosen geschildert haben. (...) Ja, es wird Sie erstaunen, daß ich Ihrer Schilderung den Vorwurf mache, daß sie mir nicht *menschlich* genug erscheint. Sie haben keinen Menschen geschildert, sondern eine, ja sagen wir es ruhig, eine Type. Ihr Arbeitsloser ist kein richtiges Individuum, kein Mensch aus Fleisch und Blut, unterschieden von allen andern Menschen, mit besonderen Sorgen, mit besonderen Freuden, letzten Endes mit besonderem Schicksal. Er ist ganz oberflächlich gezeichnet, verzeihen Sie mir als Künstler, diesen starken Ausdruck dafür, daß wir zu wenig von ihm erfahren, aber die Folgen sind politischer Natur und zwingen mich, Einspruch gegen die Zulassung Ihres Films zu erheben. Ihr Film hat die Tendenz, den Selbstmord als *typisch* (Hervorhebung H.M.R.) hinzustellen, als etwas nicht nur dem oder jenem (krankhaft veranlagten) Individuum Gemäßes, son-

dern als Schicksal einer ganzen Klasse! Sie stehen auf dem Standpunkt, die Gesellschaft veranlasse junge Menschen zum Selbstmord, indem sie ihnen Arbeitsmöglichkeiten verweigert. Und Sie genieren sich ja auch nicht, des weiteren anzudeuten, was den Arbeitslosen anzuraten wäre, damit hier eine Änderung eintritt. Nein, meine Herren, Sie haben nicht als Künstler gehandelt, nicht hier. Es lag Ihnen nicht daran, ein erschütterndes Einzelschicksal zu gestalten, was Ihnen niemand verwehren könnte.« (18/214f)

Brecht hält eine ‚Verteidigungsrede‘, ohne natürlich die Karten auf den Tisch zu legen (»Ich hielt mich streng an die Unwahrheit.«):

»Ich führte Einzelzüge an, die wir unserm jugendlichen Arbeitslosen gegeben hatten. Zum Beispiel, daß er, bevor er sich aus dem Fenster stürzte, seine Armbanduhr weglegte. Ich behauptete, daß nur dieser rein menschliche Zug uns die ganze Szene eingegeben habe. Daß wir doch auch andere Arbeitslose zeigten, die nicht Selbstmord begingen, 4000, denn wir hatten einen großen Arbeitersportverein aufgenommen. (...) Der Zensor betonte, wir hätten dem Selbstmordvorgang einen ausgemacht demonstrativen Charakter verliehen. Er gebrauchte den Ausdruck ‚so etwas Mechanisches‘.« (Ebd.)

Dem Einwand gegenüber, daß ärztliche Gutachten beweisen würden, »daß Handlungen dieser Art oft einen mechanischen Eindruck hervorriefen«, wendet der Zensor ein:

»Das mag sein, (...). Aber Sie müssen doch zugeben, daß Ihr Selbstmord alles Impulsive vermeiden läßt. Der Zuschauer will ihn sozusagen gar nicht aufhalten, was doch bei einer künstlerischen, menschlich warmherzigen Gestaltung eintreten müßte. Großer Gott, der Schauspieler macht das ja, wie wenn er zu zeigen hätte, wie man Gurken schält!« (Ebd.)

Brecht bemerkt abschließend:

»Aus dem Haus gehend, verhehlten wir nicht unsere Wertschätzung des scharfsinnigen Zensors. Er war weit tiefer in das Wesen unserer künstlerischen Absichten eingedrungen als unsere wohlwollendsten Kritiker.« (Ebd.)

Um den Scharfsinn dieses Zensors genau einschätzen zu können, stelle ich noch einmal nebeneinander, was er in diesem Fall vermißt, und was er entdeckt:

allgemein:

kein Mensch aus Fleisch und Blut	‚Type‘
kein Individuum mit besonderen Freuden, Sorgen, mit besonderem Schicksal	Selbstmord typisch
kein erschütterndes Einzelschicksal	Schicksal einer Klasse
Selbstmord nicht krankhaft veranlagtem Individuum Gemäßes	Gesellschaft veranlaßt junge Menschen zum Selbstmord

speziell zum Vorgang des Selbstmords

nicht impulsiv	demonstrativ
keine künstlerisch warmherzige Gestaltung	mechanisch
man will ihn nicht aufhalten	gezeigt so, wie man Gurken schält

Auf der einen Seite findet sich, hier als Verlust vermerkt, was gediegene Kultiviertheit von Kunst erwartet: erschütternde Einzelschicksale, deren Darstellung emotional fesselt, bewegende Kräfte (Gefühle, Ideen, Krankheiten), Vorgänge, in die man rettend eingreifen möchte, aber wegen fesselnder Darstellung — in einer Art ästhetischer Ohnmacht — nicht eingreifen kann, Erschütterung. Auf der anderen Seite formuliert sich in Ansätzen das ästhetische Programm Brechts: der Einzelne als Typus, in allgemeine Prozesse der Gesellschaft verwickelt, Mechanismen ausgeliefert, demonstrativ und nüchtern vorgeführt. In verallgemeinerter Formulierung:

>»Das epische Theater ist hauptsächlich interessiert an dem Verhalten der Menschen zueinander, *wo es sozialhistorisch bedeutend (typisch) ist.* Es arbeitet Szenen heraus, in denen Menschen sich so verhalten, daß die sozialen Gesetze, unter denen sie stehen, sichtbar werden. Dabei müssen praktikable Definitionen gefunden werden, das heißt solche Definitionen der interessierenden Prozesse, durch deren Benutzung in die Prozesse eingegriffen werden kann. Das Interesse des epischen Theaters ist also ein eminent praktisches. Das menschliche Verhalten wird als veränderlich gezeigt, der Mensch als abhängig von gewissen ökonomisch-politischen Verhältnissen und zugleich als fähig, sie zu verändern.« (15/474)

Der Begriff *typisch*, hier verstanden als *sozialhistorisch bedeutsam,* bedeutet die Rückführung von Verhaltensweisen auf spezifische, in einer bestimmten historischen Situation gegebene gesellschaftliche Bedingungen, in der eben dieses Verhalten erwartbar, den ‚Regeln' entsprechend — oder auch *nicht, sondern* ihnen widersprechend, aber auf sie bezogen gezeigt wird, als eine Entscheidung unter bestimmten Voraussetzungen, nicht als Naturvorgang. Typisches Verhalten ist in diesem Sinn ein Verhalten, in dem die sozialen Bedingungen des Handelns sichtbar werden. Dabei ist die statistische Häufigkeit kein entscheidendes Kriterium:

>»Historisch bedeutsam (typisch) sind Menschen und Geschehnisse, die nicht die durchschnittlich häufigsten oder am meisten in die Augen fallenden sein mögen, die aber für die Entwicklungsprozesse der Gesellschaft entscheidend sind. Die Auswahl des Typischen muß nach dem für uns Positiven (Wünschbaren) wie nach dem Negativen (Unerwünschten) hin erfolgen.« (19/531)

Das sozialhistorische Moment des Typischen, um das es Brecht geht, ist im Gestus aufgehoben und drückt sich in ihm aus. Die Ästhetik des *mimischen Prinzips* ist demgegenüber indifferent, sie bleibt der Ästhetik des Gestischen untergeordnet. Das zeigt sich etwa in dem Beispiel der Armbanduhr, die Brecht in seiner ‚Rede' erwähnt: Der jugendliche Arbeitslose legt, bevor er aus dem Fenster springt, seine Uhr ab. Dies ist ein anderes Verhalten, als in anderen historischen Situationen, in denen z.B. den Toten wertvolle Gegenstände ins Grab gegeben werden, es ist zugleich ein klassenspezifisches Verhalten: eine Armbanduhr mochte in bestimmten Zeiten und in bestimmten Gesellschaftsklassen einen Wert haben, über den nachzudenken auch angesichts des Todes angemessen sein konnte; weiter gibt dies Verhalten Aufschluß über die Einstellung zum Tode (zum Selbstmord) und über die soziale Einstellung:

>»Der einzelne Typus und seine Handlungsweise wird so bloßgelegt, daß die speziellen

Motoren sichtbar werden, denn nur ihre Beherrschung liefert ihn dem Zugriff aus. Das Individuum bleibt Individuum, wird aber gesellschaftliches Phänomen, seine Leidenschaften werden gesellschaftliche Angelegenheiten und auch seine Schicksale. Die Stellung des Individuums in der Gesellschaft verliert seine ‚Naturgegebenheit' und kommt in den Brennpunkt des Interesses.« (16/654 f.)

Die Argumentation Brechts, daß es sich hier um einen ‚rein menschlichen Zug' handele (s.o.), ist bewußt falsch. Es handelt sich um einen gesellschaftlich bedeutsamen Verhaltensauschnitt, um ein wesentliches gestisches Detail. Diese einzelnen gestischen Details werden unter dem Gesichtspunkt ausgewählt, in welchem Maße historisch-gesellschaftliche Bedingungen in ihnen und durch sie erkennbar werden. Typisches Verhalten in diesem Sinne ist dabei nicht widerspruchsfrei, sondern spiegelt die Widersprüche in einer historischen Situation. Die Auswahl der gestischen Details erfolgt nach diesen historisch bedeutsamen (typischen) Widersprüchen.

Das realistische Theater kopiert nicht Verhalten, sondern stilisiert es. (Vgl. S.109). Der Begriff der *Stilisierung* meint zunächst nichts anderes als den Vorgang des Übersetzens vom *Natürlichen* ins *Künstliche*. »Es ist natürlich Unsinn, *Stil* und *Natur* als abolute Gegensätze zu behandeln. Die Natur tritt in Nachbildungen immer stilisiert auf.« (15/424) Auch der Typus entsteht so durch Stilisierung, aus der Auswahl und Zusammenfügung gesellschaftlich bedeutsamer Momente menschlichen Verhaltens. Dennoch ist der Begriff der Stilisierung für Brecht nicht ohne weiteres brauchbar. Die Kritik, die er an gewissen Stilisierungen anmeldet, zielt auf die ausschließlich ästhetische, schematische, ahistorische, aus *vorab künstlichen* und abstrakten Elementen sich ableitende und damit willkürliche Erscheinungsform von Stil:

> »Die Schauspieler, Spielleiter und Bühnenbauer gewinnen ihre Stilisierungen für gewöhnlich auf Kosten des Realismus. Sie schaffen Stil, indem sie ‚den' Bauern, ‚die' Hochzeit, ‚das' Schlachtfeld schaffen; das heißt, indem sie das Einmalige, Besondere, Widerspruchsvolle, Zufällige entfernen und ausgeleierte oder ausleierbare Muster herstellen, die meist nicht bewältigte Realität, sondern Abzeichnungen von Zeichnungen sind, leicht herstellbar, da in diesen Stilelemente schon vorhanden sind. Diese Stilisten haben nicht selbst Stil und suchen nicht den Stil der Realität zu erfassen, sondern ahmen Stilisierungsmethoden nach.« (17/1205)
> »Bei der Stilisierung ‚bedeutet' Geste und Tonfall ‚etwas' (Furcht, Stolz, Mitleid und so weiter). Ein Gestus, der durch solche Stilisierung zustande kommt, löst den Fluß der Reaktionen und Aktionen der Personen in eine Folge starrer Symbole auf, es entsteht eine Art Schrift mit Schriftzeichen ganz abstrakter Art, und die Darstellung menschlichen Verhaltens wird schematisch und unkonkret.« (15/370)

Um Stilisierungen dieser Art kann es sich also nicht handeln. Das Spannungsverhältnis zwischen Natur und Stil ist — im Brechtschen Sinn — ein Verhältnis ständiger Rück- und Wechselbeziehungen. In ähnlicher Weise wie das Theater Brechts sein Modell im Alltag an der Straßenecke sucht — wenn man so will, ein auch dort bereits auf seinen Zweck hin ‚stilisiertes' Modell, geht es hier um Stilisierungsformen auf der Grundlage *realer*, alltäglicher Modelle: Um die Auswahl und

Verknüpfung widerspruchsvoller *natürlicher* Elemente, um die Herausstellung *sozialhistorisch* bestimmter Merkmale. Zur Spielweise des Schauspielers in der *Antigone*-Inszenierung schreibt Brecht:

> »Die Stilisierung, welche sein Spiel zur Kunst macht, darf dabei die Natürlichkeit nicht austilgen, sondern hat sie im Gegenteil zu steigern. (...) Die Stilisierung bedeutet die große Herausarbeitung des Natürlichen, und ihr Zweck ist es, dem Publikum als einem Teil der Gesellschaft das für die Gesellschaft Wichtige an der Fabel aufzuzeigen.« (17/1218)

Stilisierung und damit Abstraktion im *realistischen* Sinn, heißt demnach: Rückverweis auf das Konkrete als Muster, Verweis des realen Ausschnitts auf das Ganze. Die ‚Schriftzeichen’, sollen sie nicht ‚ganz abstrakter Art’ bleiben, dürfen nicht nur auf sich selbst und auf den ‚Schriftzug’ verweisen, der sie zusammenfaßt, sondern auch auf die Gegenstände, von denen sie ausgehen. Sie müssen durchbrochen bleiben und den Blick freigeben — auch hier — auf die (realen) Vorgänge *hinter* den (ästhetischen) Vorgängen.

Die von dem Kriterium des Realistischen her bestimmte Einstellung Brechts zur Frage von Stilisierung findet sich wieder in seiner Einstellung zur Verwendung von *Symbolen*. In seinen Bemerkungen zum Bühnenbau unterscheidet er zwischen *Symbol* und *Kennzeichen*:

> »Das Auswählen von Kennzeichen für die Schauplätze ist nicht dasselbe wie das Erfinden von Symbolen. Ein Symbol für eine Fabrik wäre eine Zwingburg. Dieses gälte für alle Fabriken und bliebe auch das gleiche für eine Fabrik in den verschiedenen Szenen eines Stückes. Damit ist ein einziger Zug aller Fabriken symbolisiert und ein zeitloser Ausdruck gefunden. Was aber, wenn die Zwingburg gesprengt ist? Wo bleibt die Fabrik? So ist es auch, wenn man das Kapital mit einem Goldklumpen symbolisiert, eine leere Spielerei, da Geld noch nicht das Kapital ist und die Gier nach Gold noch nicht die Gier nach der Ware Arbeitskraft. Solches Symbolisieren tut dem von einigen daraus Gewinnziehenden verbreiteten Aberglauben Vorschub, die Menschheit stehe unter der Herrschaft einiger Ideen oder von Urtrieben ewiger Art. Die Zeichen von der hier gemeinten Art dagegen sind realistische Hinweise auf die Umgebung der Menschen des Dramas, und ihr Studium gibt Aufschlüsse über die gesellschaftlichen Prozesse, die eben im Gang sind und die in Gang zu bringen sind. (...)
> Eine Fabrik ist das Handwerkszeug (etwa der Riesenspinnstuhl) von Arbeitern und die Verkörperung unbezahlter Arbeitsstunden, die Geburtsstätte von Produkten und die Verschleißstätte menschlicher Arbeitskraft (...) Man sieht, die arbeitende Fabrik sehend, nicht nur Handlungen von Menschen gegenüber Menschen. (...)
> Es ist klar, daß es Kennzeichen für die stattfindende Produktion geben muß, aber auch solche der stattfindenden Ausbeutung, es ist gerade das gesellschaftliche Relevante dieses Ortes, daß hier die Produktion in der Form der Ausbeutung und die Ausbeutung in der Form der Produktion vor sich geht.« (15/455ff)

Das *Kennzeichen* vermeidet die Geschlossenheit des Symbols nach innen — als eines scheinbar stimmigen, widerspruchsfreien Bildes — und nach außen — als Verkörperung einer Idee oder bestenfalls eines erstarrten Zustandes. Das Kennzeichen ist ein Verweis auf Prozesse, ein reales Element unter anderen, an dem die Prozesse sichtbar werden, die es prägten, und gerade auch widersprüchliche Prozesse: ein Ort gesellschaftlicher Auseinandersetzungen — nach diesen Gesichtspunkten wird es ausgewählt. Es verweist in sich und durch sich auf einen gesellschaftlichen Gestus: »Das Ganze (...) ist durch Teile (...) vertreten, das realistische Ganze durch realistische Teile«, die »Merkmale bestimmter gesellschaftlicher Prozesse (des Produzierens von Waren, des Wohnens)« tragen. (15/458ff) »Die Kunst des Abstrahierens muß von *Realisten* angewendet werden.«(15/455)

In seinem Aufsatz über die *Weite und Vielfalt der realistischen Schreibweise* stellt Brecht einen solchen Realisten vor und nennt die Folge dieser ‚großen symbolischen Bilder‘ P.B. Shelleys beispielhaft für Realismus in der Literatur. Die Ballade *Der Maskenzug der Anarchie*, »geschrieben unmittelbar nach den von der Bourgeoisie blutig unterdrückten Unruhen in Manchester (1819)«, beschreibt, »wie sich ein schrecklicher Zug von Manchester nach London bewegt«, in dem der *Mord*, der *Betrug*, die *Heuchelei*, die *Anarchie* in der Maske damaliger Staatsmänner einhergehen (19/340):

III

>»Ich traf den Mord unterwegs —
>Er ging maskiert wie Castlereagh
>sehr glatt sah er aus, aber finster;
>Sieben Bluthunde folgten ihm.
>(...)

VII

>»Und noch viel mehr VERHEERUNGEN traten auf
>In diesem schrecklichen Maskenzug
>Alle verkleidet bis zu den Augen
>Als Bischöfe, Anwälte, Peers und Spitzel.

VIII

>Zuletzt kam die ANARCHIE: sie ritt
>Auf einem weißen Pferd, mit Blut bespritzt;
>Sie war blaß bis zu den Lippen
>Wie der Tod in der Apokalypse.

IX

>Und sie trug eine königliche Krone
>Und umklammerte ein glänzendes Szepter;
>Auf ihrer Stirn aber sah ich ein Zeichen —
>ICH BIN GOTT UND KÖNIG UND GESETZ.« (19/342 ff.)

»So verfolgen wir den Zug der Anarchie auf London zu und sehen große symbolische Bilder und wissen bei jeder Zeile, daß hier die Wirklichkeit zu Wort kam. Hier wurde nicht nur der Mord bei seinem richtigen Namen genannt, sondern, was sich Ruhe und Ordnung nannte, wurde als Anarchie entlarvt. Und diese ‚symbolische‘ Schreibweise hinderte Shelley keineswegs, sehr konkret zu werden. « (19/346)

Die Betrachtung realistischer Aspekte in einem Kunstwerk muß (laut Brecht) darin ansetzen, daß man es »mit der Realität selber konfrontiert, die es behandelt« (19/340). Inwiefern wird Shelley trotz seiner ‚symbolistischen‘ Schreibweise sehr konkret? Er nennt Namen von Staatsmännern, z.T. mit bekannten oder erkennbaren Merkmalen. Er blendet alltägliche oder auch seltene, aber doch real erfahrbare Bilder ein: herrschaftliche Jäger mit einer Meute von Bluthunden, denen rohes Fleisch vorgeworfen wird; Männer, »blau von Trunkenheit«; Kinder, die mit glitzernden Steinen spielen wollen; Kinder, die von herabfallenden Mühlsteinen erschlagen werden. Hohe Kindersterblichkeit nun war eine sehr konkrete Tatsache, desgleichen das Gesetz und Ordnung fordernde und durchsetzende Auftreten der Vertreter der Macht, der Bischöfe, (Staats-)anwälte, Peers und ihrer Spitzel und die öffentlichen Glanzparaden der Krone, schließlich auch die *Verheerungen*: *Mord, Betrug, Heuchelei, Anarchie*, als Tatbestände und als sozialer Gestus — jedes Element ein scheinbar aus dem Zusammenhang gerissenes Teil und zugleich ein Kennzeichen der Gesellschaft, die Shelley umgibt.

Durch den Kunstgriff des *Maskenzuges* entsteht daraus ein Netz von Zusammenhängen in doppeltem Sinn: das eine kann in Gestalt des anderen oder als dessen Ur-sache erscheinen. Die Maske ist ein Kennzeichen für die Mehrschichtigkeit von Gesichtern, für das Undurchsichtige, die Vortäuschung, das Verdecken, Verheimlichen von wahren Gesichtern, für das Durchschauen, die Abhebbarkeit von falschen, die Ent-deckung, Ent-larvung von verborgenen, von wahren Gesichtern. Entsprechend kann sie stehen für das Verhältnis von Schein und Wirklichkeit, von Oberfläche und Struktur, von isoliertem Erscheinungsbild und Kausalzusammenhang, für das Verhältnis der Vorgänge zu den Vorgängen hinter den Vorgängen.

Durch die Maske werden Verwandlungen möglich, auch die Dinge und Sachverhalte verwandeln sich: vorgetäuschte Tränen — scheinbar in Edelsteine, tatsächlich in Mühlsteine, die Gehilfen des Mords in Bluthunde, die rohen Fleischbrocken werden zu Menschenherzen, die Berauschtheit durch Wein zur Berauschtheit durch Verwüstung (durch den »Wein der Verwüstung«), die gesichtslosen *Verheerungen* maskieren sich mit erkennbaren Menschengesichtern.

In der Sprache der Poetik könnte man von *rhetorischen Figuren* sprechen, von Metaphern, Vergleichen, Allegorien — oder eben Symbolen, vom Setzen des einen Wortes für das andere, einer Bedeutung für die andere, einer Person für einen Begriff, psychologisch von Assoziationen; als Doppelerfahrungen, als Ineinanderschieben oder Übereinanderschieben von Erfahrungsbildern sind sie Verwandlungen. Das Irritierende an dem Verfahren Shelleys ist die Umkehrung des Gewohnten etwa im Falle der *Verheerungen*: Nicht die Abstrakta, der Mord, der Betrug usw., erscheinen als Allegorien in entsprechenden Verkörperungen, sondern die bekannten Gesichter werden zu Metaphern allgemeiner Zustände und Haltungen, die staatstragenden Personen werden zu den Masken, hinter denen die Verheerungen sich verstellen. Dies, in Verbindung mit geläufigen Metaphernbildungen, läßt das Bewußtsein in der Schwebe, auf welcher Ebene der Erfahrung man sich jeweils bewegt (vgl. S. 89). Das Bild bleibt in Unruhe. Die offene ästhetische Spannung zwischen beiden Ebenen der Erfahrung löst sich nicht auf, sie wird offengehalten fast wie eine Wunde.

Das ist realistisch im Brechtschen Sinn: »konkret und das Abstrahieren ermöglichend« (19/326, vgl. S.112):

»Bei Balzac ist viel zu lernen, vorausgesetzt, man hat schon viel gelernt. Aber Dichtern wie Shelley muß sogar ein noch sichtbarerer Platz in der großen Schule der Realisten angewiesen werden als Balzac, da er die *Abstraktion besser ermöglicht* (Hervorhebung H.M.R.) als jener und nicht ein Feind der unteren Klassen ist, sondern ein Freund.« (19/348)

Der Maskenzug wird in einem zweiten Sinn zu einem Kennzeichen für die Teilung der Gesellschaft in die, die sich verbergen oder etwas zu verbergen haben, und die, die (noch) nicht durchschauen. Im Maskenzug ist der offizielle, staatstragende Gestus als Gestus der Täuschung abgebildet.

In der Metapher der Maske, ausgehend von diesem zweiten Sinn, liegt schließlich auch der Gestus der Parteinahme begründet, des Anstachelns zum Aufruhr, zur Ent-deckung des Charakters der Masken, zu ihrem Abreißen, zum Eingriff in die politische Situation:

XXXVIII
»Steht auf wie Löwen nach dem Schlummer
In unbesiegbarer Anzahl!
Schüttelt eure Ketten ab wie Tau
Der im Schlaf auf euch gefallen war:
Ihr seid viele — sie sind wenige.« (19/346)

Dieser Gestus des Anstachelns ist bereits in der ersten zitierten Strophe angelegt in dem Nebeneinander der Aussagen »Ich traf den Mord unterwegs — er ging maskiert wie Castlereagh ...«: der Gedankenstrich markiert eine scharfe gestische Wendung, und zwar sowohl als Wechsel der Bedeutungsebene von der Metapher zum Gemeinten als auch unmittelbar im Gestus des Sprechens. Der Sprecher (Autor) wechselt von dem *Aug-in-Aug* mit einem visionären Bild, dem Maskenzug der Anarchie (Ich sehe den Mord) zum Aug-in-Auge mit dem Hörer (Er hat das Gesicht Castlereaghs) im Hinweis auf die konkrete politische Situation (vgl. S. 100f). In dieser gestischen Wendung liegt unter anderem ein Moment der Verknüpfung von ästhetischer Praxis, von Kunst, mit anderer Praxis. Realistisch ist die Ballade also auch in diesem Sinne (vgl. S. 110) und im Sinne der weiteren Kurzformeln Brechts: »die herrschenden Gesichtspunkte als die Gesichtspunkte der Herrschenden entlarven« (nahezu wörtlich zu verstehen) und »das Moment der Entwicklung betonend« (19/326).

Brecht demonstriert seine Auffassung von Realismus hier an einem Text, der sich scheinbar weit von der gegebenen Realität entfernt, im Grunde aber doch sehr direkt auf sie zugeht. »Sein Flug erhob sich nicht zu hoch über den Boden«. (19/346) Die Ballade Shelleys faßt schließlich nahezu alle wesentlichen Kriterien Brechts zum Problem des Realismus zusammen: die Ähnlichkeit, aber auch die Abweichung des Kunstvorgangs vom realen Vorbild, die ,willkürliche' oder gezielte Neuordnung von Elementen der Realität, die deutliche Trennung und durchbrochene Verknüpfung dieser Elemente, so daß man ,mit dem Urteil dazwischen kommt', die Abstraktion des Konkreten und im Konkreten, den Blick auf die brennenden gesellschaftlichen Fragen und deren Lösungen, den Eingriff, die Verknüpfung der eigenen (ästhetischen) Praxis mit anderer Praxis.

Realismus in diesem Sinn ist kein *Stil*, sondern eine *Haltung*. Aber die Haltung des Realisten bleibt widersprüchlich in sich. Der Schritt, der ihn vom Konkreten, Natürlichen, Realen entfernt in die Stilisierung, in die Abstraktion bleibt ein Widerspruch zu dem Schritt zurück. Der Gestusbegriff löst diesen Widerspruch formal auf, indem er beides meint: Der Gestus, der als Vorgang und Haltung ausgewählt und vollzogen wird, ist abstrahiert und konkret zugleich, sinnliche Erscheinung und gesellschaftsanalytische Einheit (vgl. S. 31). Aber der Widerspruch ist nicht ausschließlich — und nicht einmal in erster Linie ästhetischer Natur. Er ist vorab auch ein Widerspruch zwischen der ästhetischen Praxis selbst und der Praxis, die sie umgibt. Der Gestus des Realisten auf der Bühne kann letztlich nicht beschränkt werden auf das Einreißen der vierten Wand. Sie schließt sich in einiger Entfernung sofort neu, wenn sie nicht immer wieder neu eingerissen wird. Die Verknüpfung der ästhetischen Praxis mit anderer Praxis bleibt das letzte entscheidende Kriterium des Realistischen. Das formuliert Brecht, ausgehend noch einmal von dem Widerspruch *abstrakt-konkret*, an anderer Stelle so:

> »Tatsächlich ergibt Stilisieren ohne Dialektik keine realistischen Werke. Ein gewisses leichtfertiges Abstrahieren ist nicht Sache eines Realisten. Dennoch abstrahiert er. (...) Erst (...) nähere Konkretisierung zeigt den Realisten, ihre Verknüpfung mit der Praxis, der eigenen und der fremden, ist Realismus.« (17/1018)

Die Verknüpfung der Theaterkunst mit der Praxis — Kolloquium über die gesellschaftlichen Zustände — Lehrstück und Modellspiel — Die Zuschaukunst

»Ein Theaterstück«, schreibt Brecht, »enthält immer ein Abbild der Welt.« (15/430). Dieses Abbild zeigt die Welt ‚in Stücken', auf besondere Weise miteinander verknüpft. Zugleich ist das Theaterereignis selbst ein Stück Welt. Auf zweierlei Weise können sich die Grenzen zwischen dem Abbild und der Welt oder zwischen dem Theater und dem Leben verwischen: Das Theater kann den Abbildaspekt absolut setzen bis zur Illusion, bis zur Suggestion von Leben, es kann den Abbildcharakter fallen lassen, die Tatsache, daß es *auch* ein Stück Welt ist, absolut setzen und Leben ‚behaupten'. In beiden Fällen verschwindet der Betrachtungsaspekt von Theater oder tritt — je nach Deutlichkeit der Tendenz — in den Hintergrund. Dem gestischen Prinzip folgend und den besonderen Kriterien seines Realismusverständnisses, betont das Theater Brechts die auffällige Trennung und die auffällige Verknüpfung zugleich. Das Theater soll sich zeigen als Theater und sich zugleich als eine besondere Praxis verknüpfen mit anderer Praxis. [7]
Diese Verknüpfung ist ein Hauptkriterium des Brechtschen Realismus. Der Demonstrant der *Straßenszene* wird unter anderem gerade deshalb zur Orientierungsfigur für den Schauspieler, die *Straßenszene* selbst zum Modell für eine Szene des epischen Theaters, weil »die Demonstration gesellschaftlich praktische Bedeutung hat und gesellschaftlich eingreift.« (16/548) Die Vorführung an der Straßenecke, deren Zweck es ist, die »Begutachtung des Vorfalls zu erleichtern«, stellt für das Theater »Kriterien auf, nach denen bemessen werden kann, ob es sich bei ihm

um einen sinnvollen Vorgang handelt oder nicht.« (16/558) Wie nun gewinnt das Theater gesellschaftlich praktische Bedeutung? Welches sind seine ‚Zwecke‘ bei seinen ‚komplizierteren Inhalten und seiner weiteren sozialen Zielsetzung‘? Wie verknüpft es sich mit anderer Praxis in ‚auffälligen Knoten‘?

In Absetzung von den beiden gegenläufigen Tendenzen des Theaters ist schon das Ausstellen der Theaterpraxis vor den Augen von Menschen anderer Praxis, das Moment also des Betrachtens selbst, die erste Schleife dieses Knotens. Sie verbindet die Handlungen und Gedanken auf der Bühne mit denen der Zuschauer im Vergleichen und Erinnern (vgl. die Rede des *Denkenden* an die Schauspieler im Stückfragment *Aus Nichts wird Nichts*, 7/2951). Das Betrachten unterbricht die eigene Praxis, hält den Blick fest und lenkt ihn in einer inneren Wendung zugleich in die eigene Praxis zurück.

In seinem Entwurf zu einem Versuch, »vom *epischen* zum *dialektischen* Theater zu kommen« (16/923), beschreibt Brecht dies als eine besondere Ebene des Widerspruchs:

> »Damit auf spielerische Weise das Besondere der vom Theater vorgebrachten Verhaltungsweisen und Situationen herauskommt und kritisiert werden kann, dichtet das Publikum im Geist andere Verhaltungsweisen und Situationen hinzu und hält sie, der Handlung folgend, gegen die vom Theater vorgebrachten. Somit verwandelt sich das Publikum selber in einen Erzähler.« (16/924)

In dieser Rolle des *Ko-Fabulierens* nimmt das Publikum »den Standpunkt des produktivsten, ungeduldigsten, am meisten auf glückliche Veränderung dringenden Teils der Gesellschaft« ein (ebd.). Das Publikum wiederholt auf höherer Stufe die Hauptgeste des Schauspielers aus der ersten Phase seiner Arbeit an der Figur, das »Kopfschütteln« (»Du schüttelst den Kopf wie einen Baum, daß seine Früchte auf den Boden fallen, wo sie eingesammelt werden können.« 16/843). Der Schauspieler hat diesen Widerspruch vorab ausgetragen und in der Gesamtkomposition der Fabel ausgestellt. Aber selbstverständlich ist auch bei ihm diese Ebene des Widerspruchs grundlegend:

> »Zu den zurechtgemachten Vorgängen und Figuren befindet sich das Wissen der Schauspieler aus Erfahrung und Buch in vielem Widerspruch, und diesen Widerspruch müssen sie feststellen und beim Spiel aufrecht erhalten. Sie müssen zugleich aus der Wirklichkeit und aus der Dichtung schöpfen, denn wie in der Arbeit der Stückeschreiber muß in ihrer Arbeit die Wirklichkeit reich und aktual vorkommen, damit das Besondere oder Allgemeine der Dichtung wahrnehmbar herausgeholt wird.« (16/704)

Der doppelte Gestus des Widerspruchs und der kritischen Zustimmung begründet das »Kolloquium (über die gesellschaftlichen Zustände)« (15/346) zwischen Schauspieler und Publikum. Auch wenn das Kolloquium zwischen Bühne und Parkett in der Regel in stummer Verständigung abläuft, so ist der in ihm angelegte Gestus die zweite Schleife, die die Praxis auf der Bühne mit der Praxis außerhalb des Theaters verknüpft. In diesem *Kolloquium* bildet sich also der Knoten.

Welcher Art ist nun dieses Kolloquium, wodurch wird es im einzelnen bestimmt und wie verläuft es? Einen gewissen Aufschluß gibt die Frage nach dem *Gesamtgestus* des Stückes oder weitergehend: des Theaterereignisses. »Der Gesamtgestus eines Stückes ist nur in vager Weise bestimmbar«, aber »da ist immerhin die Haltung des Stückeschreibers zum Publikum: Belehrt er? Treibt er an? Provoziert er? Warnt er? Will er objektiv sein? Subjektiv? Soll das Publikum zu einer guten Laune oder schlechten Laune überredet werden oder soll es nur daran teilnehmen? Wendet er sich an die Instinkte? An den Verstand? An beides? Usw. usw.« (16/753), vgl. S. 31) Diese möglichen Haltungen des Stückeschreibers sind mitbestimmend, in gewissem Sinne richtungsweisend für den Austausch von Widerspruch und Zustimmung, für den *Ton* und die Zielsetzungen in diesem Kolloquium über die Rampe hinweg:

> »Vor einer Aufführung der ‚Rundköpfe und Spitzköpfe' sah ich Zuschauer bei derselben Szene weinen, wo andere lachten, und ich war mit beiden zufrieden; und die eisige Haltung der Mehrzahl der Zuschauer störte mich nicht sonderlich. Ich mußte hören: ‚Das ist schön, aber falsch', und ich mußte hören: ‚Er hat recht, aber was weiter?'« (15/314)

Zum Gesamtgestus des Stücks gehört darüber hinaus »die Haltung einer Epoche, der des Stückeschreibers und derjenigen, in die das Stück verlegt ist«, und vor allem der *Stücktypus*: »Handelt es sich um ein Gleichnis, das etwas beweisen soll? Um die Beschreibung von Vorgängen ungeordneter Art?« (16/753f) Noch einen Schritt weiter führen die Fragen nach dem Gesamtgestus des Theaterereignisses, die Brecht hier nicht stellt, so beispielsweise die Frage, wie das ‚Kolloquium über die gesellschaftlichen Zustände', als das Brecht das Theaterereignis versteht, geführt werden soll, wie der Austausch widersprüchlicher Haltungen zwischen Schauspieler und Publikum organisiert werden soll — über das *Aug-in-Auge* des Schauspielers und das Lachen und Weinen, das Pfeifen, Zwischenrufen und Türenschlagen des Publikums oder das beiseite gesprochene »Das ist schön, aber falsch« hinaus. Denn das *stumme* Kolloquium dieserart gleicht letztlich kommunizierenden Spitzen zweier Eisberge und ist zwar sicherlich ein Knoten zwischen dieser und jener Praxis, aber womöglich noch kein auffälliger Knoten.

Brecht hat in der gleichen Zeit, in der die Konzeption eines *gestischen Theaters* sich entwickelte, Versuche und Vorschläge gemacht, diesen Austausch zu verstärken und ihn auf eine qualitativ andere Stufe zu heben. Er spricht von einem »Funktionswechsel des Theaters als gesellschaftlicher Einrichtung«:

> »Die Gesamtheit des Theaters muß umgestaltet werden, nicht nur der Text oder der Schauspieler oder selbst die ganze Bühnenaufführung — auch der Zuschauer wird einbezogen, seine Haltung muß geändert werden. Diesem Wechsel der Haltung des Zuschauers entspricht die Darstellung der menschlichen Haltungen auf der Bühne; die Auflösung des mimischen Materials nach den Verhältnissen hin.« (15/222)

In den Anmerkungen zur *Dreigroschenoper* gelten die eingeblendeten *Titel* als »ein primitiver Anlauf zur *Literarisierung des Theaters*« (vgl. S. 25):

> »Die Literarisierung bedeutet das Durch*setzen* des ‚Gestalteten' mit ‚Formuliertem', gibt dem Theater die Möglichkeit, den Anschluß an andere Institute für geistige Tätigkeit herzustellen, bleibt aber einseitig, solange sich nicht auch das Publikum an ihr beteiligt und durch sie ‚oben' eindringt.« (17/992)

Was Brecht 1931 unter dem Begriff der *Literarisierung* verstand (der Begriff taucht später nicht mehr auf), ist ein Ansatz dazu, das Kolloquium über die gesellschaftlichen Zustände gewissermaßen ,anzuheizen' und die Arbeit des Theaters durch Beteiligung in die Praxis des Publikums einzubinden. Darüber hinaus bedeutet *Literarisierung* Information, geradezu *Ausbildung* für den Theaterbesuch, schließlich für die Beteiligung an der öffentlichen Kultur (15/222). Diese Entwicklung wird schrittweise vorangetrieben. Das ,Durch*setzen* des Gestalteten mit dem Formulierten' über eingeblendete Titel und in sich geschlossene kommentierende Lieder hinaus geschieht in der *Mutter* beishielsweise durch Chöre, die sich unmittelbar an den Zuschauer wenden:

> »Um das ,Versinken' der Zuschauer, das ,freie' Assoziieren zu bekämpfen, können im Zuschauerraum kleine Chöre plaziert werden, welche ihm die richtige Haltung vormachen, ihn einladen, sich Meinungen zu bilden, seine Erfahrungen zu Hilfe zu rufen, Kontrolle zu üben. Solche Chöre richten einen *Appell an die Praktiker im Zuschauer*, rufen ihn zur Emanzipation gegenüber der dargestellten Welt und auch der Darstellung selber auf.« (2/901)

Diese Choreinwürfe knüpfen an bestimmte Aussagen, bestimmte Stichworte an, geben Stellungnahmen ab und demonstrieren dem Zuschauer eine Haltung, die er selbst den Vorgängen oder Situationen gegenüber einnehmen könnte — oder schon einnimmt, der er aber auch widersprechen kann. So etwa in der ersten Szene: Pelagea Wlassowa hat eine wässrige Suppe gekocht, der wieder verkürzte Lohn ihres Sohnes reicht nicht zu Besserem, sie fürchtet sich vor seiner Unzufriedenheit:

> »PELAGEA WLASSOWA (...) Er ist ganz anders, als sein Vater war. Er liest dauernd Bücher, und das Essen war ihm nie gut genut. Jetzt ist die Suppe noch schlechter geworden. So wird er immer unzufriedener.
> (Sie trägt ein Traggeschirr mit Suppe ihrem Sohn hinüber. Wenn sie zurückgekehrt ist, sieht sie, wie der Sohn, ohne von seinem Buch aufzusehen, den Deckel des Geschirrs abnimmt und an der Suppe schnuppert, dann den Deckel wieder hinauftut und das Geschirr wegschiebt.)« (2/825)

Hier wird eingeschoben:

> »2. Chor. Er ist unzufrieden, da er seine Lage erkannt hat!
> Und auf seine Unzufriedenheit wartet
> Die ganze Welt.« (2/901)

Dreimal wird in diesem Szenenabschnitt *Unzufriedenheit* geäußert: einmal als Wortlaut im Gestus der Befürchtung (Pelagea Wlassowa), einmal als Handlungsvollzug (Pawel Wlassow), schließlich wieder als Wortlaut im Gestus der Argumentation für die Notwendigkeit dieser Unzufriedenheit (Chor). Diese Mehrschichtigkeit, durch die der gleiche Sachverhalt in verschiedenen Haltungen erscheint, bildet gewissermaßen drei Denkschritte ab. Der Chor vertritt dabei den Zuschauer als ,Gruppe' und macht den letzten — üblicherweise verborgenen Denkschritt öffentlich. Die Chortexte »sind änderbar (je nach Situation) gedacht und können durch Verlesen von Zitaten oder Dokumenten durch Vortrag von Gesängen ergänzt oder ersetzt werden.« (2/901) Die Chorversion erscheint allerdings in Hinblick auf einen neuen Zuschauergestus als die fortgeschrittenste Spielart. Brecht hat sich in einem Gespräch mit I.V. Jerome (1935 in New York) näher zu der Funktion der Chöre geäußert:

>»BRECHT (. . .) Der Chor bestimmt das Verhalten des Zuschauers. In den Beispielen für die Benutzung des Chors — wie in den Anmerkungen angeführt — werden kleine Chöre im Zuschauerraum plaziert. Angenommen, Sie sind im Theater und ein Mann sitzt neben Ihnen; im Verlauf des Spieles stellt er Fragen, kritisiert er, lobt er, informiert er Sie (. . .) Die Erfahrungen auf der Bühne vor Ihnen und über Ihnen müssen verallgemeinert, die Prozesse da vor Ihnen müssen kritisiert werden.« (Brecht im Gespräch, 46)

Vor allem in den Lehrstücken geht Brecht einen Schritt weiter. Bereits im *Badener Lehrstück* gibt es Wechselreden zwischen dem Führer des gelernten Chors, dem gelernten Chor und der ‚Menge' (dem Publikum). In Entwürfen zu dem Lehrstück *Die Horatier und die Kuratier* argumentieren die Spieler mit den Zuschauern. Brecht hat hier ein »Modell für Wechselgespräche zwischen den Chören und den Zuschauern« vorgezeichnet (nach Steinweg, Brechts Modell, 146):

>»(nach der schlacht der lanzenträger)
>*Zuschauer:*
>also entscheidet einzig die list?
>*Spieler:*
>nein. eben entschied doch die waffe.
>aber durch list erreicht der schwächer bewaffnete
>daß er, selber ausscheidend, den gegner doch schwächte.
>*Zuschauer:*
>also entscheidet nicht nur die maschine?
>*Spieler:*
>auch der horatier baute sich
>eine maschine. aus fluß und floß
>und einem lanzenstumpf baute er
>sich selbst in ein mächtiges geschoß um.
>(nach der schlacht der bogenschützen)
>*Spieler:*
>was habt ihr gesehen?
>*Zuschauer:*
>wir haben gesehen:
>der gute kämpfer
>benutzt die sich bewegende umwelt.
>er berechnet
>voraus, wie der schatten fällt.
>wie eine große maschine bedient er verständig
>die sich bewegende umwelt.«

In diesen stilisierten, fest in die Gesamtkomposition aller gestischen Vorgänge eingefügten und auf ausgewählte bezeichnende Gesten ausgerichteten Wechselgesprächen ist ein neuer theatralischer Grundgestus modellhaft angelegt, der über den Gestus des Zeigens im epischen Theater weit hinausgeht: der Grundgestus der Diskussion; er verknüpft die Erfahrungen aus der gesellschaftlichen Praxis mit den in der Fabel ‚komponierten' Vorgängen. Dieser Gestus prägt die Lehrstücke Brechts und den praktischen Umgang mit ihnen.

In der *Maßnahme*, dem in dieser Hinsicht entwickeltsten Lehrstück, ist die *Diskussion* von der Struktur her der eigentliche Angelpunkt des Stückes. Vor dem Hintergrund dieser Diskussionen zwischen den Agitatoren und dem Kontrollchor entfaltet sich das Geschehen, das zum Tod eines jungen Genossen geführt hat, als Rekonstruktion und Untersuchung. In unmittelbarer Korrespondenz zu dem Verfahrensmodell der *Straßenszene* wird das Geschehen in seine Einzelvorgänge und diese in ihre gestischen Teilschritte zerlegt, unterbrochen von einer formalisierten Diskussion der jeweiligen »gesellschaftlichen Pointe« und einem musikalischen Kommentar.

Die *Diskussion* ist auch der dramaturgische Ort, die Gelenkstelle für die Einfügung *aktueller* Teile. Sie beschränkt sich in ihrer stilisierten Form im Stücktext jeweils auf einen demonstrativen Argumentationsschritt Frage-Antwort-Einverständnis und ein Resumee, so zum Beispiel nach der dritten Szene *Der Stein*:

> »*Diskussion*
>
> *Der Kontrollchor*
> Aber es ist nicht richtig, zu unterstützen den Schwachen
> Wo immer erleidet, ihm zu helfen
> Dem Ausgebeuteten, in seiner täglichen Mühsal?
> *Die vier Agitatoren*
> Er hat ihnen nicht geholfen, aber uns hat er gehindert,
> Propaganda zu treiben im unteren Stadtteil.
> *Der Kontrollchor* Wir sind einverstanden.
> *Die vier Agitatoren* Der junge Genosse sah ein, daß er das Gefühl vom Verstand getrennt hatte. Aber wir trösteten ihn und sagten ihm die Worte des Genossen Lenin:
> *Der Kontrollchor*
> Klug ist nicht, der keine Fehler macht, sondern
> Klug ist, der sie schnell zu verbessern versteht.« (2/644)

Dieser eine demonstrative Argumentationsschritt benennt den Hauptwiderspruch in dieser Szene, die *Diskussion* wählt die Hauptfrage und die entscheidende Stellungnahme zu ihr stellvertretend aus. Eine wirkliche Diskussion stellte natürlich sehr viel mehr Teilfragen und ginge den *Stellen des falschen Verhaltens* in kleinen untersuchenden Schritten nach. Vor allem ist hier der szenische Eingriff möglich von den Erfahrungen und den Standpunkten der Spieler her und die praktische Kritik an der Textvorgabe (dem *Lehrstückmuster*). Brecht gibt dafür ausdrückliche Hinweise:

> »Die Form der Lehrstücke ist streng, jedoch nur, damit Teile eigener Erfindung und aktueller Art desto leichter eingefügt werden können. (...) in der ‚Maßnahme‘ können ganze Szenen frei eingefügt werden.«[8]

Das Lehrstück löst das Problem, die Praxis des Theaters mit der Praxis seines Publikums zu verknüpfen, indem es den Zuschauer in den Theatervorgang einbezieht, ihn ‚eindringen läßt in die Vorgänge oben‘ auf der Bühne, bis er schließlich als ‚Zuschauer‘ fast verschwindet: »Prinzipiell ist für das Lehrstück kein Zuschauer nötig, jedoch kann er natürlich verwertet werden.« (17/1024) Zugleich verschwindet aus diesem Produktions- und Lernzusammenhang auch der professionelle Schauspieler: Theaterproduktion wird zu einem Prozeß zwischen Autor und Publikum, sie löst sich aus dem institutionellen Rahmen des Theaters heraus. Das Lehrstück ist — vom Theater her gesehen — eine extreme Lösung. In einer verhältnismäßig systematischen Arbeitsstruktur ist die Verknüpfung von ästhetischer Praxis und anderer Praxis außerhalb der Theaterinstitution angelegt.[9]

Brechts Interesse am nicht-professionellen Theater führt auch zu anderen, weniger systematisierten Formen der Verknüpfung innerhalb der Theaterpraxis selbst, dem gemeinsamen Spiel von Berufs- und Amateurschauspielern. Die vom Gestischen her entwickelte Spielweise schafft dazu in den Augen Brechts die ästhetische Grundlage:

> »Wir spielten mit Schülern in Schulen und mit Schauspielern in Schulen und mit Schülern in Theatern. (...) Wir bildeten Ensembles aus Arbeitern, die nie eine Bühne betreten hatten, und hochqualifizierten Artisten, und bei aller Verschiedenheit der ‚Stile‘ konnte kein Zuschauer die Einheitlichkeit der Darbietung in Abrede stellen.« (15/316)
> »Für das zeitgenössische Amateurtheater (der Arbeiter-, Studenten- und Kinderschauspieler) macht sich die Befreiung von dem Zwang, Hypnose auszuüben, besonders günstig bemerkbar. Es wird denkbar, Grenzen zu ziehen zwischen dem Spiel von Amateur- und Berufsschauspieler, ohne daß eine der Grundfunktionen des Theaterspielens aufgegeben werden muß.« (15/304)

Auch das Theater kann seinen Ort verlassen und sich — gerufen oder aus eigenem Antrieb — hineinbegeben in die Praxis seines Publikums. Dieser Schritt ist bei Brecht nur vorgedacht. Ausgangspunkt ist die Vorstellung von einem ‚nach Arbeitsstätten einheitlichen Publikum‘. Ein solches Publikum »kann ganz anders Einfluß nehmen auf ein Theater, ein Theater ganz anders Einfluß nehmen auf ein so gebildetes Publikum« (16/736). Die Fragen, die an das Theater gestellt werden können, sind genauer auf eine Praxis bezogen, die der gemeinsame Erfahrungshintergrund des Publikums ist. Das Theater kann auf diese Fragen und diesen Erfahrungshintergrund hin genauer spielen. Brecht erwähnt in diesem Sinn die Produktion des Stückes *Katzgraben* von Erwin Strittmatter als ein »beglückendes Beispiel der Zusammenarbeit von Theater und Bevölkerung« (16/941). In einem Gespräch über *Politische Programme* (1956) führt Brecht diesen Gedanken einer Einbindung des Theaters in die Praxis weiter:

> »Es handelt sich darum, daß wir kleine mobile Truppen schaffen können, die Programme einstudieren für Arbeiter, Bauern und andere Berufsgruppen. Man könnte kleine Sachen bringen, möglichst mit örtlichen Themen, über Schwierigkeiten an den Orten selber. Wie können wir dazu die Theater einspannen bis zu einem gewissen Grade? Vor allem muß die Initiative an den Orten selber vorhanden sein.« (Brecht im Gespräch, 175)

Ausführlicher beschrieben ist dieser Stücktypus erst bei Wekwerth unter dem Begriff *Modellspiel*:

> »Das Modellspiel ist von allen hier beschriebenen Vermittlungstypen das unerprobteste und wahrscheinlich das der meisten Möglichkeiten. Es könnte ein echtes Produkt unserer sozialistischen Demokratie sein, die konsequent nun auch auf den Ablauf einer Theaterveranstaltung angewendet wird. Das Modellspiel kennt den direkten gesellschaftlichen Auftraggeber (Betrieb, Universität, Genossenschaft, Armee usw.). Das wichtigste Individuum ist der Zuschauer selbst. Seine Initiative ist Auslöser der Veranstaltung und seine praktische Aktivität die Folge.« (Wekwerth 1974, 134)

»Da der Zuschauer das hauptsächlich produzierende Individuum des Modellspiels ist, muß er in das künstlerische System der Bühne integriert sein. (135) Oder anders gesagt: »Das Modellspiel (...) stellt seine Variante eines Geschehnisses nicht nur aus, um den Zuschauer zu Gegenentwürfen zu veranlassen, es hält sich so offen, daß diese Gegenentwürfe die Geschehnisse auf der Bühne beeinflussen können.« (137)

Das Theater hat also neben den gezeigten Geschichten, Beobachtungen, Verhandlungen und Stücken vor allem die sozialen Systeme auszuliefern, die dem Zuschauer den Schlüssel geben, selbst mit diesen Systemen umzugehen und zu produzieren.«

»Das Modellspiel könnte sich mit Fragen einzelner Betriebe befassen, mit neuen Stücken und Vorgängen also, aber es könnte auch alte Stücke als Modelle für bestimmte Fragen vorführen. Die Vorführung selbst kann so freizügig sein wie nur möglich. Sie könnte in den Klubhäusern von Betrieben stattfinden, in Schulen, auf Parkplätzen, aber auch im Theater, wenn es eben mit seinem Apparat gebraucht wird.«

Wekwerth findet das ‚Modell eines solchen Modellspiels‘ vorgebildet im *Kaukasischen Kreidekreis* von Brecht:

> »Ein klassischer Fall eines Modellspiels ist die Struktur des ‚Kaukasischen Kreidekreis‘, wenn man das Vorspiel im Kolchos direkt als Wirklichkeit nimmt. Zu einem Streit zweier Kolchosen über die Nutzung eines Tals (Ziegenzucht oder Obstbau) ist ein berühmter Sänger geladen, der an einem alten Modell einen Fall beschreibt, wo eine Mutterschaft nicht biologisch, sondern sozial bestimmt wurde. Umgelegt auf das wirkliche Modell des Streites der Kolchosen besagt es: Nicht das Naturrecht des Eigentums entscheidet über den Verbleib des Tales, sondern das gesellschaftliche Recht der Produktivität.« (134f)

Lehrstück und Modellspiel sind Spielarten von Theater, die sich konsequent aus dem gestischen Prinzip und daraus bezogene Vorstellungen von Realismus ableiten lassen. Sie setzen allerdings eine politisch geprägte oder zumindest eine gesellschaftlichen Sachverhalten unmittelbar offene Theaterkultur voraus. Daraus sind sie entstanden. Bezeichnenderweise gibt es Weiterentwicklungen dieser Modelle vor allem im pädagogischen oder therapeutischen Raum, da wo verhältnismäßig homogene Zielgruppen Theater sehen oder spielen. Auch die ursprünglich in einer politischen Theaterkultur angesiedelte Theaterarbeit etwa von Augusto Boal, in dessen *Forum Theater* Elemente des *Modellspiels* erscheinen, schlägt im europäisch/mitteleuropäischen Rahmen um in diese Richtung.

Auf der anderen Seite sind die Modelle von Theater, die den Realismusbegriff in seiner pragmatischen Dimension auf diese radikale Weise ernst nehmen und die unmittelbare Verankerung in der Praxis suchen, auch bei Brecht nicht die Hauptäste von Theaterarbeit, sondern Nebenzweige, wenn auch gelegentlich die vordersten Spitzen. (Noch 1956 bezeichnet Brecht, laut Manfred Wekwerth, die *Maßnahme* von ihrer Form her als *Theater der Zukunft*. Wekwerth 1973, 78) Das Hineinwirken der Theaterkunst in die sie umgebende Praxis findet — in der Regel sehr viel vermittelter und individualisierter statt.[10]

»Es gilt zwei Künste zu entwickeln«, schreibt Brecht: »die Schauspielkunst und die Zuschaukunst.« (16/710) In der Tat ist erst durch das wechselseitige Entgegenkommen dieser beiden Künste realistisches Theater im Sinne einer Verknüpfung der Theaterkunst mit der sie umgebenden Praxis denkbar. Zuschaukunst ist mehr als individuelles Verstehen eines Theatervorgangs, mehr als die Korrespondenz individueller innerer Bilder und Vorgänge im Zuschauer mit individuell produzierten Bildern und Vorgängen auf der Bühne. Zuschaukunst ist gebunden (ebenso wie Schauspielkunst) an ein reichhaltiges gestisches Vokabular, über das auf beiden Seiten der Rampe verfügt werden kann. Das bedeutet die Fähigkeit, soziale Vorgänge in ihren Elementen genau lesen (und produzieren) zu können, und zugleich die Fähigkeit, die Regeln, nach denen sie produziert und gelesen werden können, im Prozeß des Theatervorgangs zu erkennen und anzuwenden. Brecht kommt zu seinen Vorstellungen von Zuschaukunst über die Betrachtung des chinesischen Theaters:

> »Besonders wichtig für uns vom Theater der Chinesen scheint sein Bemühen, eine wahre Zuschaukunst hervorzubringen. Zunächst muß man beim Anblick dieser nicht ohne weiteres nur gefühlsmäßig verstehbaren Kunst (die so viele Vereinbarungen mit ihrem Zuschauer trifft, so viele Regeln aufstellt darüber, wie er mit ihm, dem Theater, zu verkehren hat) annehmen, es handle sich um eine Kunst nur für einen kleinen Kreis von Gelehrten, lauter Eingeweihten. Man erfährt, dies sei keineswegs so: Dieses Theater wird auch von den breiten Volksmassen verstanden. Und doch kann es soviel voraussetzen! Und doch kann es eine Zuschaukunst verlangen und hervorbringen, eine Kunst, die erst gelernt, ausgebildet, dann im Theater ständig geübt werden muß. Sowenig der chinesische Schauspieler seinem Publikum einfach »etwas vormachen« kann, wenn er nur genügend Hypnotisierkraft hat (etwas unbedingt zu Verabscheuendes), so wenig kann der Zuschauer ohne jedes Wissen, ohne die Fähigkeit des Vergleiches, die Kenntnis der Regeln, aus dieser Kunst den vollen Genuß ziehen.« (15/428)

Grundlage dieses Zusammenwirkens von Schauspiel- und Zuschaukunst im chinesischen Theater ist für Brecht die Existenz eines bestimmten Gestenkanons und das *doppelte Zeigen* der Schauspieler: Sie »zeigen nicht nur das Verhalten der Menschen, sondern auch das Verhalten der Schauspieler. Sie zeigen, wie die Schauspieler die Gesten der Menschen in ihrer Art vorführen.« (15/427, vgl. S.98)
Dadurch werden sie als Vorgänge zugleich in ihren Elementen sichtbar, und die Änderungen in ihrem Ablauf, die der Schauspieler vollzieht, werden »nicht unmerklich, sondern sie werden unter dem prüfenden und erinnernden Blick des Publikums vorgenommen.« (15/425)

> »Er spielt so, daß fast nach jedem Satz ein Urteil des Publikums erfolgen könnte, daß beinahe jede Geste der Begutachtung des Publikums unterworfen wird.« (16/625)
> »Auf die Einfühlung des Zuschauers wird trotzdem nicht verzichtet. Der Zuschauer fühlt sich in den Schauspieler als in einen Betrachtenden ein; so wird seine betrachtende, zuschauende Haltung kultiviert.« (16/622)

Dagegen stehen für Brecht »die typischen oberflächlichen Gestaltungen westlicher Schauspieler«, »die ihre Figuren aus lauter kleinen nervösen Zügen zusammensetzen, die wenig besagen, mehr oder weniger privaten Ursprungs sind, nichts Typisches bedeuten« (15/426). Sie können nicht genau gelesen werden, weil sie weder ein ästhetisches noch ein soziales Vokabular im Sinne einer Sprache des Gestischen haben. So treten auch Momente der Änderung nicht ins Bewußtsein.[11]

Momente der Änderung sind jedoch ein Kernpunkt des Brechtschen Realismusverständnisses und ebenso einer auf dieses Realismusverständnis bezogenen Zuschaukunst: »Tatsächlich interessiert die Techniker des epischen Theaters nicht die Beibehaltung der Gesten, sondern ihre Änderung, genauer gesagt, die Beibehaltung im Hinblick auf die Änderung.« (15/425) Die Zuschaukunst, um die es hier geht, kann nicht den rituellen Vollzug meinen, in dem sich eine statische Gesellschaft auf dem Theater immer wieder selbst repräsentiert und selbst reproduziert:

> »Tatsächlich können nur diejenigen ein Technikum wie den V-Effekt der chinesischen Schauspielkunst mit Gewinn studieren, die ein solches Technikum für ganz bestimmte gesellschaftliche Zwecke benötigen.« (16/627)

Dieses Modell von Zuschaukunst, das Brecht im chinesischen Theater vorfindet, relativiert sich also an den gesellschaftlichen Zwecken seines eigenen Theaters und an der in diesen Zwecken begründeten Komplexität seines Realismusverständnisses. Die ‚Beibehaltung der Gesten in Hinblick auf ihre Änderung‘ bedeutet vor allem *Historisierung* der Geste und des Gestus: »Mit sozialem Gestus ist der mimische und gestische Ausdruck der gesellschaftlichen Beziehungen gemeint, in denen die Menschen einer bestimmten Epoche zueinanderstehen.« (15/346) Die *Gestentafel*, als die Brecht beispielsweise die Szenenfolge *Furcht und Elend des Dritten Reiches* entwickelt, zielt nicht auf die ästhetische Fixierung eines Gestenkanons überhaupt, sondern auf den deutlichen Bezug der stilisierten (typisierten) Geste zu ihrem realen Vorbild in Abweichung von Vor-bildern aus einer anderen Zeit oder in gezielter Annäherung an sie: die Gestik der Diktatur, »eben die gesten, des verstummens, sich umblickens, erschreckens usw.« (AJ/15.8.38, vgl. auch S. 21). Von daher wird die Orientierung an Bilddokumenten, Fotos, Situationen aus Wochenschauen und Filmen für gestische Details in Vorgängen und Haltungen, vor allem für die antifaschistischen, aber auch für historische Stücke wichtig: Sie sind Elemente einer Sprache des Gestischen mit historischen Brechungen und Schichten.[11]

Eine Zuschaukunst im Brechtschen Sinn entwickelt sich nicht in der Fähigkeit, Bilder des Theaters als in sich schlüssige ‚Folge starrer Symbole‘ lesen zu können, sondern in der Fähigkeit, in diesen Bildern die Bilder der Wirklichkeit — in Entsprechung oder Kontrast — zugleich und neu zu erfahren, die ästhetische Erfahrung in der Erfahrung der Wirklichkeit aufzufangen, aufzuheben und umgekehrt:

> »Das Außerordentliche war, daß die Spieler diese furchtbaren Vorfälle keineswegs so vorführten, daß die Zuschauer versucht waren, ein ‚Halt!‘ auszurufen. Die Zuschauer schienen das Entsetzen der Personen auf der Bühnen überhaupt nicht zu teilen, und so kam es, daß im Zuschauerraum immerfort gelacht wurde, ohne daß dadurch der tiefe Ernst der Veranstaltung litt. Denn das Lachen schien die Dummheit zu betreffen, die sich hier zur Gewalt gezwungen sah, und die Hilflosigkeit zu meinen, die da als Roheit auftrat. Prügelnde wurden betrachtet wie Stolpernde, Verbrecher, wie solche, die Irrtü-

mer begingen oder sich eben täuschen ließen. Das Lachen der Zuschauer hatte sehr viele Schattierungen. Es war ein glückliches Lachen, wenn die Verfolgten ihre Verfolger überlisteten, ein befreites, wenn ein gutes, wahres Wort geäußert wurde. So mag ein Erfinder lachen, wenn er nach langer Bemühung die Lösung gefunden hat: So einfach war es, und er sah es so lange nicht!« (16/603)

So beschreibt Brecht die Aufnahme der Szenenfolge *Furcht und Elend des Dritten Reiches* 1938 in Paris. In der Vorstellung einer so dynamisierten *Zuschaukunst* bilden sich noch einmal alle Kriterien des Gestischen Prinzips ab: die Wahrnehmung der Einzelzüge, ihrer Widersprüche und Verweise in der Gesamtkomposition, die Auswahl, Stilisierung, die Ästhetik der Verknüpfung, die Zusammenfassung und Begründung des Handelns im Betrachten.

Abstecher

Das Gestische Prinzip in der Theaterarbeit Brechts

1

Die Brechtsche Theatertheorie ist nicht als in sich geschlossenes System konzipiert, sondern entwickelt sich aus dem Nachdenken über die Praxis und aus dem programmatischen Denken (dem Vor-denken) für sie. Orientiert am Anliegen der Theaterproduktion, folgt sie ihren Schritten und lenkt sie zugleich. Anders gesagt, die Theatertheorie Brechts und mit ihr der Begriff des Gestischen bekommen eher im Rückblick, in der Verallgemeinerung ihres Entwicklungsprozesses den Charakter eines ‚Systems'. Manfred Wekwerth beschreibt das so (1974): »Brecht haßte nichts mehr als übereilte Systematisierungen. Er selbst machte seine Notate von Tag zu Tag, von Stück zu Stück. Nur sehr vorsichtig und die Verallgemeinerungen immer wieder als verfrüht vor sich herschiebend, kam er zu Aussagen, die das Theater als Ganzes betrafen.« Andererseits gilt für ihn, »daß Brecht uns ein wirkliches System von Gedanken über seine Theater und seine gesellschaftliche Funktion hinterlassen hat, das sich vor ähnlichen Systemen dadurch auszeichnet, daß es bis heute ein »lernendes« geblieben ist. Also eines, das sich mit seinem Umfeld weiterentwickelt.«

Dem schrittweisen Bezug zwischen Theorie und Praxis entspricht Brechts Vorgehensweise in der Theaterarbeit überhaupt: Vom einzelnen zum einzelnen fortschreitend, gelangt er zu einem allmählich zusammenfügenden Ganzen. Diese Vorgehensweise bezeichnet Brecht als *induktiv*. Für den Schauspieler bedeutet das das »schrittweise Vorgehen beim Studium und Aufbau der Figur« (15/398). Der Schauspieler »tritt leer an« (15/395).

Das *deduktive* Vorgehen geht umgekehrt von einer Verallgemeinerung aus und leitet aus ihm Einzelheiten und Konkretisierungen ab. Verallgemeinerungen in diesem Sinn sind die *Figur*, der *Charakter*, die »Zusammenschau im großen Ganzen« (15/395). Wekwerth sieht gerade in dem *Eins-nach-dem-andern-Spielen* ein wesentliches Kriterium der gestischen Spielweise (1980, 118f). Induktives Vorgehen ist jedoch nicht nur eine Sache des Schauspielers, sondern ebenso Sache des Probenleiters, des Bühnenbauers, des Musikers, schließlich des Stückschreibers selbst (15/420).

1937 denkt Brecht an die Gründung einer *Diderot-Gesellschaft*, einer *Gesellschaft für induktives Theater*, die er sich als einen »arbeitsmäßigen« Zusammenschluß von Künstlern vorstellt, um ähnlich den Wissenschaften »überindividuelle Aufgaben und objektive Kriterien« zu formulieren, »Erfahrungen ihrer Mitglieder systematisch zu sammeln, eine Terminologie zu schaffen, die theatralischen Konzeptionen des Zusammenlebens der Menschen wissenschaftlich zu kontrollieren.« (15/306ff) In dieser *Gesellschaft für induktives Theater* wären von ihren Ansichten her durchaus auch Aristoteles und schließlich sogar Stanislawski am Platze, auch wenn sie in anderen Hinsichten Gegenpositionen markieren.

So schreibt Aristoteles über das Verhältnis von Charakter und Handlung: »Das Wichtigste davon ist der Aufbau der Handlungen. Denn die Tragödie ist nicht die Nachahmung von Menschen, sondern von Handlungen und Lebensweisen, von Glück und Unglück. (...) Sie handeln also nicht, um die Charaktere darzustellen, sondern in den Handlungen sind auch die Charaktere eingeschlossen.« (Poetik, 31f) Auch Aristoteles leitet also — ähnlich wie der »Demonstrant« Brechts in der *Straßenszene* ‚seine Charaktere ganz und gar aus ihren Handlungen ab' (16/551). Beim späten Stanislawski finden sich ähnliche Ansätze in der Begründung von Figuren, menschlichen Beziehungen und emotionaler Wahrheit aus den physischen Handlungen (vgl. S.143). Hier liegt allerdings eine Entwicklung und Veränderung von Anschauungen bei Stanislawski vor. In den frühen Vorstellungen Stanislawskis ist für diese Frage genau das umrissen, was Brecht unter »der alten Schauspielkunst« verstand.

2

Das *Theater im wissenschaftlichen Zeitalter* hat die Funktion, »die gesellschaftlichen Prozesse in ihren kausalen Zusammenhängen« (16/551) darzustellen, eine »tiefgreifende und zum Handeln ausreichende Erkenntnis der großen gesellschaftlichen Prozesse unserer Zeit zu vermitteln« (17/1020). Über eine »Benutzung der Wissenschaften für Kunstwerke« (15/281) und die »Verwertung wissenschaftlicher Kriterien für die Dramatik hinaus geht es Brecht um die »»Angleichung der Funktionen einer Kunst und einiger Wissenschaften« (16/545). In dem Aufsatz *K-Typus und P-Typus* konkretisiert Brecht dies in dem

Vergleich des neuen Typus der Dramatik mit dem Planetarium, »einer allbekannten Einrichtung für astronomische Demonstrationen« und des alten Theaters mit *Karussellen*, »die uns auf hölzernen Rossen oder Autos oder Flugzeugen an allerhand auf die Wände gemalten Darstellungen von Gebirgslandschaften vorübertragen.« (16/540f). Im Gegensatz zum Modell des emotionalen Erlebnisses, dem *Karussell*, ist das *Planetarium* ein Modell wissenschaftlicher Untersuchung: »einfach die bewegungen der menschen (auch der gemüter der menschen) zum studium modelliert, das funktionieren der gesellschaftlichen beziehungen gezeigt, damit die gesellschaft eingreifen kann.« (AJ/12.2.39).

Unabhängig einmal von der immer mitgedachten pragmatischen Dimension dieser Art von Untersuchung läßt sich in der Tat sowohl in der Haltung der gesellschaftlichen Wirklichkeit gegenüber als auch in der Begrifflichkeit eine Wechselbeziehung zwischen dem Theater Brechts und den Sozialwissenschaften feststellen: Die Kunst entwickelt selbst »eine Wissenschaft, zumindest eine Technik«, die Dramatik gleicht sich in ihrer Funktion den Wissenschaften an (16/540). Ausgehend von dem Versuch, in der *Straßenszene* Erscheinungen eines Theaters im Alltag aufzufinden und aus ihnen die Grundlagen seines eigenen Theaters ,abzuleiten' (16/551ff, vgl. S.97), entwickelt Brecht Beobachtungsformen und -methoden, die ihre sozialwissenschaftlichen Entsprechungen haben:

»Anschließend an die untersuchungen in der STRASSENSZENE müßte man andere arten alltäglichen theaters beschreiben, die gelegenheiten aufsuchen, wo im täglichen leben theater gespielt wird. in der erotik, im geschäftsleben, in der politik, in der rechtspflege, in der religion usw. man müßte die theatralischen elemente in den sitten und gebräuchen studieren. die theatralisierung der politik durch den faschismus habe ich schon ein wenig bearbeitet. aber dazu müßte das alltägliche theater studiert werden, das die individuen ohne publikum machen, das geheime ,eine rolle spielen'. so müßte man das ,elementare ausdrucksbedürfnis' unserer ästhetiken einzirkeln.« (AJ/6.12.40)

»für den MESSINGKAUF wäre auszuarbeiten das thema *angewandtes theater*, dh, es müßten einige grundbeispiele des einander-etwas-vormachens im täglichen leben beschrieben werden sowie einige elemente theatralischer aufführungen im privaten und öffentlichen leben. *wie* leute andern leuten zorn zeigen, weil sie es für schicklich oder vorteilhaft halten, oder zärtlichkeit oder neid usw. wichtig die auch im privaten leben geübte gruppierung in den verschiedenen situationen. wie werden die distanzen gewechselt bei einem ehekrach — bei welchem satz entfernt sich der mann von der frau, wann setzt er sich usw? rolle der gruppierung bei der alltäglichen dramatisierung der sozialen beziehungen — wo und wie sitzt der vorgesetzte? analysen von fotografischen aufnahmen historischer ereignisse.« (AJ/10.10.42)

In dem Dialog *über die Theatralik des Faschismus* aus dem *Messingkauf* wird dieses *Angewandte Theater* für einen speziellen politischen Zusammenhang auf seine Elemente hin untersucht: die Degradierung des *Volks* zum *Publikum*, die *Dramatisierung* des unauffälligen Vorfalls, die *Einstudierung* des Verhaltens als ungezwungen, bedeutend, weltmännisch zur Täuschung, zum Schein des Natürlichen (16/563f). Gerade diese Momente des *Angewandten Theaters* sammelt Brecht in einer Fülle von Fotos; sie halten fest, was der faschistische Alltag an Gesten produziert (AJ/8.10.40, vgl. auch Lindner, 104ff).

Die Annäherung an die Wissenschaft bei Brecht findet durchaus ihre Entsprechung in der Annäherung der Sozialwissenschaften an das Theater und seine Begriffe. Sie findet sich in der Anlehnung der alten Vorstellung von der *Welt als Bühne* in den Theorien des sozialen Verhaltens, in der Rollentheorie, ausgesprochen bei Goffman in seinem frühen Buch *Wir alle spielen Theater*, in einer neuen Konzeption bei Sennet *(Verfall und Ende des öffentlichen Lebens/Tyrannei der Intimität)*. Vergleicht man jedoch diese sozialwissenschaftlichen Ansätze, Situationen des sozialen bzw. des öffentlichen Lebens als Teile eines Szenariums zu verstehen, mit dem Anliegen Brechts, das Theater als Ort einer Untersuchung des menschlichen Zusammenlebens einzurichten, so werden doch die Unterschiede im Interesse und in der Funktion der Begriffe auffällig.

Während die Metapher bzw. das Paradigma des Theaters in der Begrifflichkeit der Sozialwissenschaften gewissermaßen einen Zwischenschritt darstellen, um von den konkreten Sachverhalten in die Abstraktion eines Systems von Sozialität überzuwechseln, sind die ,sozialwissenschaftlichen' Begriffe Brechts das analytische Instrument, um eine konkrete Verhaltenserscheinung der sozialen Wirklichkeit in eine ebenso konkrete Verhaltenserscheinung im Theatervorgang umzuformen, ohne daß dabei der analytische Vorgang des Herauslösens verloren geht. Die abstrahierende Qualität des Begriffs erscheint wieder in der Qualität des Theatervorgangs, *konkret* zu sein und das *Abstrahieren* zu ermöglichen (vgl. S.112) Dieses unterschiedliche Interesse ist, meine ich, auch in der scheinbaren Nähe der Begriffe und Vorstellungen Brechts zu Begriffen und Vorstellungen des Behaviorismus gegeben, die Rosenbauer im Anschluß an Schöne untersucht hat. Aber wenn Rosenbauer auch aufschlußreiche Parallelen zwischen marxistischen und behavioristischen Positionen und zwischen dem brechtschen und dem behavioristischen Interesse am beobachtbaren Verhalten und an der Veränderung dieses Verhaltens entdeckt, Parallelen, die aus einer materialistischen Grundeinstellung entstehen — so liegen doch die eigentlichen Ausgangspunkte und Zielsetzungen jeweils weit auseinander: diese Parallelen berühren sich nicht. »*Theater* und *Psychologie* ausgewechselt«, schreibt Rosenbauer, »sind Äußerungen Brechts und Watsons, austauschbar.« (Rosenbauer, 42) Das mag vom Wortlaut her gelegentlich stimmen, von der Funktion der Begriffe her ändert sich damit aber zugleich der Sinn. Abgesehen von der Kritik, die die Vorgehensweise Rosenbauers bereits bei Knopf (1974, 80—90) und anderen gefunden hat, führt die behavioristische Interpretation der Lehrstücke in die Irre — für den Zeitpunkt der Arbeit (1970) allerdings verzeihlich (vgl. dazu S.156), aber auch generell das Verständnis des Schauspielers als »Verhaltensforscher« behavioristischer Art (Rosenbauer, 90) und die These, »daß die Termini ,Gestus' und ,gestisches Prinzip' den Einfluß dieser Psychologie widerspiegeln« (ebd., 7), sind meines Erachtens ein Mißverständnis (vgl. AJ/21.4.41).

Entgegen einem System von Reflexen, als welches das Individuum »sehr flach und verwischt« im Behaviorismus erscheint, pocht das Theater — und mit ihm auch Brecht — auf das Einmalige, Individuelle, ,Unschematische', auch da, wo es das Typische anstebt und die Möglichkeit der Abstraktion im Konkreten (vgl. S.112). Das gilt sowohl für die Figuren der Stücke, die als *widerspruchsvolle* angelegt sind, als auch für den Schauspieler, der beobachtetes Verhalten so in die Figuren einbringt, daß die Widersprüche als *Entscheidung* für einen Gestus und gegen einen anderen sichtbar werden. Gestus auf der Bühne ist also Ergebnis von Auseinandersetzung, von Auswahl und Entscheidung mit dem Interesse an konkreten Detail. Das vor allem macht den Gestusbegriff zu einem theatertechnischen und zu einem ästhetischen Begriff — trotz aller sozialwissenschaftlichen Anklänge.

Es geht um ein *Theater* im wissenschaftlichen Zeitalter, das zwar die Methoden der Gesellschaftswissenschaften und ihre Erkenntnisse *verwertet*, aber *Theater* bleibt. Insofern schießt die Behauptung Peter Wagners, »daß der ,Spaß' des Zuschauers gerade darin bestehen soll, durch die Technik der Aufführung zu soziologischen Erkenntnissen gebracht zu werden« (604f), weit über das Ziel hinaus. Bei Brecht heißt es dagegen: »Es ist nämlich eine Eigentümlichkeit der theatralischen Mittel, daß sie Erkenntnisse und Impulse in Form von Genüssen vermitteln; die Tiefe der Erkenntnis und des Impulses entspricht der Tiefe des Genusses.« (17/1240) Die ,Verhaltensforschung' des Theaters ist eine andere als die Sozialwissenschaften.

Ich will das an zwei Beispielen aus der *Hofmeister*-Bearbeitung Brechts (nach Lenz) andeuten. Vor allem zwei szenische Vorgänge zeigen die gesellschaftsanalytische Qualität des Gestusbegriffes unmittelbar als ästhetische. Es sind zugleich von Brecht oben benannte Grenzfälle, in denen eine bloße Tätigkeit in einen sozialen Gestus umschlägt: ,Versuche, auf einer glatten Fläche nicht auszurutschen', bzw. ,Fliegenfangen'. Brecht spricht hier ausdrücklich von den artistischen Momenten, die mit den poetischen und sozialen Momenten zusammengehen (17/1240).

In der vierten Szene ist der Hofmeister (Läuffer) mit seinem Zögling (Leopold) auf dem Eis zugleich mit einer Gruppe von drei Mädchen. Die Szene »zeigt Läuffer in seiner Isoliertheit, die ihm ein normales Liebesleben unmöglich macht. Er ist der »Hahn im Korb«, der als »Hecht im Karpfenteich« behandelt wird. Er zeigt groß seine Künste, die waghalsigsten Sprünge vollführend. (Natürlich darf Läuffer dabei keinesfalls als eitel gezeigt werden! Er ist viel zu sehr damit beschäftigt, auf die Mädchen zu wirken, als daß er es sich gestatten könnte, sich an seiner Wirkung selbst zu berauschen.) Die Plumpheit seines Zöglings, den er auf dem Hals hat, bringt ihn zu Fall, und dies vervollständigt seinen Mißerfolg, an dem er völlig unschuldig ist. (17/1242)

Die Artistik des Hofmeisters auf dem Eis ist sein Versuch, auf dieser ,glatten Fläche' *nicht* auszurutschen, *sondern* zu imponieren. Um dies Problem für ihn zu schärfen, braucht es das Kichern der Mädchen. »Für die Mädchenschar wurde eigens eine junge Schauspielerin hinzuengagiert, welche **kichern** konnte. In der Tat zeigte dieses Kichern alleine schon die sexuelle Gewecktheit und Gehemmtheit der Mädchen.« (17/1242) Der Sozialbezug als ästhetische Verknüpfung zeigt sich aber nicht nur in der Verbindung der artistischen Momente des Kicherns und des Eislaufens, in denen sich das Beziehungsmoment herstellt und ausdrückt, sondern zugleich in dem Verweisungscharakter jedes Moments auf die Situationen des ganzen Stücks; dies auch noch in einem anderen Moment: »Nach seinem verfehlten Anschlußversuch rückwärts weglaufend, zeigte Läuffer zähnebleckend jene Wildheit, die er am Schluß gegen sich selbst anwenden wird.« (17/1226)

Bereits bei der *Einstellung* in der 3. Szene bewegt sich der Hofmeister auf glatter Fläche, und es gelingt ihm auch hier nicht, ›nicht auszurutschen‹. »Der arme Teufel kämpft um sein Leben, wenn er der Majorin die paar Menuettschritte vorführt! er betrachtet seine Füße zumindest so scharf, wie diese sie betrachtet. Trocknet sich schon den Schweiß von der Stirn (. . .), verlangt sie noch einen Pas mehr. Leopold, der Sohn, um dessen Erziehung er sich bewirbt, fängt inzwischen Fliegen von der Wand: Er hat schon vielen Engagements beigewohnt.« (17/1224) Die tänzerische Ausbildung, die er genossen hat, nützt dem Hofmeister hier nur insofern, als gerade sie in der Situation sozialer Demütigung seine Bewegungen besonders gequält erscheinen lassen muß: Auch das Examen Läuffers, der mit Angstschweiß auf der Stirn Grazie zeigen muß«, ist »sorgfältig als eine artistische ›Nummer‹ ausgeführt.« (17/1242) Erst vor diesem Hintergrund wird das Fliegenfangen des Leopold zu einem sozialen Gestus, der einmal die Grundbeziehung zwischen Leopold und seinem neuen Hofmeister aufdeckt — als von gequälter Anspannung auf der einen und von Desinteresse auf der anderen Seite gekennzeichnet, zum andern die Fliegenhaftigkeit des Hofmeisters selbst in dieser Umgebung. Der besondere Gestus jedes Bühnenvorgangs entfaltet sich erst in der Verknüpfung und im Verweis auf die Gesamtheit aller Vorgänge. Die analytische Qualität des Gestus artikuliert sich auf der Bühne immer zugleich als ästhetisch-konstruktive.

3

Das *Sperren der Gebärden* ist ein Ausstellen der gestischen Elemente, »die jeder zeitlichen Abfolge zugrunde liegen« (Benjamin, Versuche, 20). In der Geste aufgehoben ist der Widerspruch zwischen dem Zustand, der den Vorgang erzeugt und in ihm enthalten ist, und dem Vorgang, der in den Zustand mündet und zugleich von ihm ausgeht. Die Geste wird so — nach Benjamin — zur »Mutter der Dialektik«. »Der Zustand, den das epische Theater aufdeckt, ist die Dialektik im Stillstand.« (Versuche, 20) Diesen Verweis des Moments auf den Vorgang und umgekehrt hat Lessing ausführlich im *Laokoon* untersucht. Lessing bezeichnet *Körper* mit ihren *sichtbaren* Eigenschaften als die *eigentlichen* Gegenstände der *Malerei*, *Handlungen* als die *eigentlichen* Gegenstände der *Poesie*. Er schreibt weiter: »Doch alle Körper existieren nicht allein in dem Raume, sondern auch in der Zeit. Sie dauern fort und können in jedem Augenblicke ihrer Dauer anders erscheinen und in anderer Verbindung stehen. Jede dieser augenblicklichen Erscheinungen und Verbindungen ist die Wirkung einer vorhergehenden und kann die Ursache einer folgenden und sonach gleichsam das Zentrum einer Handlung sein. Folglich kann die Malerei auch Handlungen nachahmen, aber nur *andeutungsweise* durch Körper. Auf der anderen Seite können Handlungen nicht für sich selbst bestehen, sondern müssen gewissen Wesen anhängen. Insofern nun diese Wesen Körper sind oder als Körper betrachtet werden, schildert die Poesie auch Körper, aber nur *andeutungsweise* durch Handlungen. Die Malerei kann in ihren koexistierenden Kompositionen nun einen einzigen Augenblick der Handlung nutzen und muß daher den *prägnantesten* wählen, aus welchem das Vorhergehende und Folgende am begreiflichsten ist. Ebenso kann auch die Poesie in ihren fortschreitenden Nachahmungen nur eine einzige Eigenschaft der Körper nutzen und muß daher diejenige wählen, welche das *sinnlichste Bild* des Körpers von der Seite erwecket, von welcher sie ihn braucht.« (Lessing, III, 104)

Für das Theater ergibt sich die Möglichkeit, mit der Ausstellung der Geste den *prägnantesten Augenblick* der Handlung und in der Unterbrechung des Ablaufs das Moment der Betrachtung von Handlung neu zu begründen. An diesen Wirkungsmomenten setzt etwa das Statuentheater Augusto Boals an.

Rosenbauer knüpft ebenfalls an die Ausführungen Benjamins an. Es ist aber bezeichnend, daß er die Unterbrechung zwar einesteils als Ort des Nachdenkens und der Erkenntnis akzeptiert, aber im nächsten Schritt wieder als Element der behavioristischen Verhaltensforschung in ihrem Sinn auf den Kopf stellt: »Das Tableau zeigt Dialektik im Stillstand, die sich aneinanderreihenden Elemente werden ausgestellt, der Zuschauer dringt in die Sprünge der Entwicklung. Auflösen der Kontinuität exponiert die Faktoren der Prozesse, die zwischen Menschen vorgehen.« In einer Bemerkung fährt er fort: »Bei Benjamin heißt es auch, (Versuche, 113, H.M.R) Aus kleinsten Elementen der Verhaltensweisen zu konstruieren, was in der aristotelischen Dramaturgie ,handeln' genannt wird, das ist der Sinn des epischen Theaters.« Diese Technik entspricht der Arbeitsweise der Verhaltensforscher, die an bestimmten Punkten eingreifen, Stimulus-Reflex-Beziehungen festzustellen. Dafür muß die Kontinuität der Vorgänge gestoppt werden.« (Rosenbauer, 59)

Im Gegensatz zur »Arbeitsweise der Verhaltensforscher« ist die Unterbrechung, das *Sperren der Gebärde*, für den Zuschauer die Chance, ,mit dem Urteil dazwischen kommen zu können' (vgl. 16/694). In dem entsprechenden Augenblick, in dem der Verhaltensforscher in seinen experimentellen Zusammenhang eingreifen würde, ist im Theater Brechts der innere Diskurs des Zuschauers mit dem Schauspieler angesetzt, die Nachfrage, das Urteil, die Zustimmung, der Widerspruch, d.h., der Eingriff der am ,Experiment' Beteiligten selbst (Vgl. S.121f u. 136f)

4

Reinhold Grimm sieht in der Betitelung szenischer Vorgänge zwei Wirkungen angelegt: »Die Spannung verlagert sich vom Was der Handlung auf das Wie. Die Haltung des Lesenden schützt den Zuschauer davor, sich in das Spiel zu verlieren, und ermöglicht ihm eine klare, sachliche Beurteilung des Vorgeführten.« (Grimm 1959, 326). Beide Wirkungen sind miteinander verbunden. Die Orientierung vom *Was* auf das *Wie* hin bedeutet die Kenntnis des Grundvorgangs und seiner Pointe und eine Verlagerung des Interesses auf den Verhaltensaspekt, und zwar wiederum in zwiefacher Hinsicht: auf den *sozialen* Vorgang als solchen und seine Details und auf den *ästhetisch-theatralischen* Vorgang, auf das Verhalten der Figuren zu einander und auf das Verhalten des Schauspielers zu seiner Figur, auf die soziale Wahrnehmung, die Erkenntnis und auf die Kunstleistung, das Vergnügen. Die Haltung des Lesenden schafft eine neue Wahrnehmungsstruktur im Verhältnis zur Bühne, damit eine Unterbrechung in der Beziehung zum Bühnenvorgang, eine neue Perspektive mit größerer Distanz und Übersicht.

Mit der Unterscheidung zwischen dem *Gestalteten* und dem *Formulierten* bringt Brecht darüber hinaus Fragen der Wahrnehmung und Aneignung von Wirklichkeit, der Kommunikation und des Lernens ins Spiel. So gibt es in der Kommunikationspsychologie bei Paul Watzlawick u.a. Unterscheidungen ganz ähnlicher Art, die den Bezug zwischen Titel und szenischem Vorgang weiter erhellen könnten, wenn auch die Interessenrichtungen Watzlawicks und seine Fragestellungen letztlich in eine ganz andere Richtung gehen, nämlich in die von Störungen des menschlichen Verhaltens. Es heißt dort: »Es gibt zwei grundsätzlich verschiedene Weisen, in denen Objekte dargestellt und damit zum Gegenstand von Kommunikation werden können. Sie lassen sich entweder durch eine Analogie (z.B. eine Zeichnung) ausdrücken oder durch einen Namen. Diese beiden Ausdrucksmöglichkeiten entsprechen den oben erwähnten analogen und die digitalen Kommunikationsformen in natürlichen und künstlichen Organismen.« (Watzlawick, 62f)

Die Funktion dieser Kommunikationsweisen, obschon unmittelbar aufeinander verwiesen, werden dabei ganz unterschiedlich gesehen: »Es besteht kein Zweifel, daß die meisten, wenn nicht alle menschlichen Errungenschaften ohne die Entwicklung digitaler Kommunikation undenkbar wären. Dies gilt ganz besonders für die Übermittlung von Wissen von einer Person zur anderen und von einer Generation zur nächsten. Andererseits aber gibt es ein weites Gebiet, auf dem wir uns fast ausschließlich nur der analogen Kommunikationsformen bedienen, die wir von unseren tierischen Vorfahren übernommen haben. Dies ist das Gebiet der Beziehung.« (ebd.).

Die besondere Begrifflichkeit des *Analogen* und *Digitalen* soll hier nicht weiter erörtert werden, ebensowenig bestimmte kritische Momente, etwa die enge und gesellschaftslose, ausschließlich das Emotionale betreffende Verwendung des Beziehungsbegriffs bei Watzlawick oder auch die Unterschiede zwischen ästhetischen Formen, dem *Gestalteten*, auf der einen und unmittelbar kommunikationsbezogenen *analogen* Momenten auf der anderen Seite. Festgehalten werden soll hier nur, daß menschliche Kommunikation (und damit schließlich auch Lernen) auf die wechselseitige Verknüpfung analoger und digitaler Momente von Information angewiesen ist, weiter die Tatsache, daß Brecht in seinem Bemühen, das

Theaterereignis zu einem *Kolloquium* zwischen Spieler und Publikum zu entwickeln, eine ganze Reihe von Verfahren in den Theaterprozeß eingeführt hat, die das *digitale* Moment (im Sinne Watzlawicks) verstärken: Auf diese Weise werden die Möglichkeiten geschaffen, die Vorstellungen in den Köpfen der beteiligten Spieler und Zuschauer öffentlich und vermittelbar zu machen, die üblicherweise sich nur in mehrdeutigen analogen Momenten oder überhaupt nicht äußern. Untersuchende Haltung und damit Lernen in der Theaterarbeit basieren also u.a. auf der wechselseitigen Durchbrechung und Verknüpfung, d.h. auf der dialektischen Verbindung analoger und digitaler Momente oder mit Brechts Begriffen des *Gestalteten* und des *Formulierten*. (Vgl. S.25 u. 122f)

In seinen Überlegungen zur Rolle des Zuschauers im Theater schreibt Wekwerth im Anschluß an ein theatralisches Experiment (vgl S.149): »Der primäre Spieler im Theater ist nicht der Schauspieler, sondern der Zuschauer. Er realisiert zwar sein Spiel nicht selbst (. . .). Im Gegenteil, der Reiz, der ihn zum Theater zieht, liegt gerade darin, daß der Zuschauer seine Spiele, die er sonst in seinem Kopf am inneren Modell der Außenwelt ,spielt', für die Dauer einer Vorführung auf die Bühne verlegt, wo sie von anderen realisiert werden, so daß sie der Zuschauer anschauen kann. (. . .) Die Vorgänge auf der Bühne werden für ihn zu seinen Vorgängen, die er gleichzeitig am inneren Modell in seinem Kopf und an ihrer gegenständlichen Entsprechung auf der Bühne spielt. Da beides nicht deckungsgleich ist, ergibt sich aus dieser Spannung, was man Überschreitung nennt. Sie besteht darin, im Spiel ,optimale Varianten' zu ermitteln, also neue Möglichkeiten« (Wekwerth, 101f).

In dieses *analoge* Spiel nun dringen die *Titel* ein, als Fragestellung, als Ausrichtung der Aufmerksamkeit, als ,Störung' oder Umstrukturierung einer gewohnten Wahrnehmung. Als solche Eingriffe in den Ablauf wirken sie während des folgenden szenischen Vorgangs nach oder zeigen Rückwirkungen auf den vergangenen. Vor allem da, wo über das Betrachten von Theater hinaus, eigene ästhetische Tätigkeit ansetzt, etwa im Lehrstück, wird der Bezug der beiden Tätigkeitsebenen, der Bezug zwischen dem *Formulierten* und dem *Gestalteten* als Lernen offensichtlich. Es wird aber hier nur aufgedeckt, was grundsätzlich in jeder Theatererfahrung dieser Art abläuft. (Zu lerntheoretischen Fragen vgl. Ritter 1980, 82f)

5

Innerhalb des Lehrstückprozesses sind diese ,inneren Modelle' beschreibbar, austauschbar, ausspielbar, sie werden Elemente der praktischen Untersuchung. Dieser Vorgang ist entsprechend der explorierenden Tätigkeit Leontjews zu denken. Auch ,die Theater-Handlungen hängen von der Erkenntnis und die Erkenntnis von den Theater-Handlungen ab'; der Funktionskreis wird durchbrochen im ,motorischen Teil', d.h. ,während der Theaterhandlung' selbst. In den fragwürdigen Momenten des ,Gestalteten' oder des ,analogen Prozesses' setzt mit der Unterbrechung orientierende Tätigkeit ein (Formulierung von Fragen, Meinungen, genaueres Beschreiben usw., ein Prozeß ,digitaler' — in diesem Zusammenhang besser noch ,diskursiver' Kommunikation. Allerdings nicht nur in dieser Rollenverteilung: dem dialektischen Verknüpfungszusammenhang entsprechend, kann ebenso das ,Gestaltete' (der analoge Prozeß oder die ,Theaterhandlung') zur Form der orientierenden oder untersuchenden Tätigkeit im unterbrochenen Diskurs werden.

Das Zerschneiden der Einzelszenen in ihre Einzelvorgänge und die Pointierung des jeweiligen Gestus in einem Titel, so wie es im Gestischen Prinzip angelegt ist, findet eine Entsprechung bei Stanislawski in der Untergliederung des Stückes bzw. der Handlungen auf der Bühne in *Abschnitte* und *Aufgaben*. Diese Entsprechung ist in manchen Details überraschend und läßt auf verwandte Vorstellungen von Theaterarbeit schließen — bei allen Unterschieden in der Schwerpunktsetzung, in anderen Momenten wird auch gerade die Verschiedenheit der Vorstellungen in dieser Entsprechung erkennbar.

Stanislawski führt zunächst die Teilbarkeit größerer Handlungszusammenhänge in kleine und kleinste Abschnitte physischer Handlungszüge vor, wie *Treppe hinuntergehen, Türklinke anfassen, Klinke herabdrücken, Türflügel öffnen, Schwelle überschreiten, Tür schließen* usw. (I, 134), und damit zugleich die Einsicht in das Detail und die Verwirrung, die durch die Vielzahl der Abschnittchen im Bewußtsein des Schauspielers entstehen kann. Die kleinen Abschnitte sind jedoch zugleich immer aufgehoben in größeren Abschnitten und Hauptabschnitten. Auf diese Weise wird die Wendung ins Detail und in andererer Richtung die Übersicht über ein gegliedertes Ganzes möglich, im gegebenen Beispiel etwa der *Weg nach Hause*: « von den großen zu den mittleren, von den mittleren zu den kleinen, von den kleinen zu den allerkleinsten Abschnitten, um sie nachher wieder zusammenzufassen und zu den großen zurückzukehren. Aber das Aufteilen des Theaterstücks und der Rolle in kleine Abschnitte ist nur als Interimsmaßnahme erlaubt.« (I, 136)

Stanislawski findet anschauliche Beispiele, um den Sinn der Abschnitte zu erläutern: den Putenbraten, der zum besseren Verzehr als Körper in seinen Gliederungen und darüber hinaus in kleine Bissen zerteilt wird, den Lotsen, dem die Kenntnis der kleinen Inselchen, Buchten, Riffe und Sandbänke schließlich zur durchgehenden Orientierung an der *Fahrtrinne* zusammenfließt, den kleinen Jungen, der sich den Heimweg unterteilt und ,verkürzt', indem er Steinchen vor sich her wirft. Aus dem letzten Beispiel gewinnt Stanislawski eine neue Funktion der ,Abschnitte': »Wenn der Weg sehr lang ist, wissen Sie, was er dann tut? Er nimmt ein Steinchen, wirft es möglichst weit und . . . ist nun in Aufregung: ,Und wenn ich das Steinchen nun nicht finde?' (. . .) Wir müssen das Schauspiel nicht nur zum Analysieren und Kennenlernen in Abschnitte teilen, sondern auch noch aus einem anderen, wichtigeren Grunde, der im innersten Wesen eines jeden Abschnitts verborgen ist (. . .). Es ist nämlich so, daß jeder Abschnitt eine schöpferische Aufgabe enthält. Die Aufgabe entsteht organisch aus dem Abschnitt oder umgekehrt, bringt ihn hervor.« (I,138)

Stanislawski unterscheidet *physische, elementar-psychologische* und *psychische* Aufgaben. »Jede physische Aufgabe enthält auch eine psychologische, und jede psychologische eine physische Aufgabe, wenn man sie ausführt.« (I,142) »Wie findet man aus dem Abschnitt die Aufgabe heraus? Die Psychotechnik dieses Vorgangs besteht darin, daß man für jeden Abschnitt eine entsprechende Benennung finden soll, die dessen Wesen am besten charakterisiert. (. . .) Die Benennung ist die Synthese, der Extrakt des Abschnitts. (. . .) Bei der Suche nach dem Namen findet man die Aufgabe.« (I,143) »Szenische Aufgaben müssen unbedingt durch Verben bestimmt werden (. . .), und zwar setzen Sie, bevor Sie das Verb nennen, (. . .) die Wörtchen ,ich will'. Also: ,Ich will — was? — tun'.« (I,144f)

Vergleicht man die *Abschnitte* und *Aufgaben* bei Stanislawski mit dem *Gestus* des Vorgangs, der Szene und seinem *Titel*, so zeigt sich, daß der Gestusbegriff — und mit ihm der Titel — sehr viel stärker eingegrenzt ist durch den Aspekt der *Beziehung zwischen Menschen*, auch wenn sich in der Betonung des Handlungsaspekts und des ,ich will' Parallelen ziehen lassen. Vergleichbar sind auch die Momente der Analyse eines komplexen Vorgangs durch die Abschnitte und der Synthese in der Benennung der Aufgabe. Unterschiede zeigen sich einmal in der *sozialhistorischen* Färbung des Titels bei Brecht bzw. in der *physisch-psychischen* Färbung der Aufgabenstellung bei Stanislawski.

Unabhängig von dem in dieser Frage gegenläufigen Interesse Stanislawskis und Brechts drückt sich in dem Brechtschen Begriffspaar vor allem ein ästhetisches Prinzip, in dem Begriffspaar bei Stanislawski ein arbeitstechnisches oder auch methodisches Prinzip aus. Die deutlichen Zäsuren und *Knoten* bei Brecht bleiben in der Aufführung erhalten, in den *Titeln* wird der Vorgang von außen kommentiert. Es genügt »zb nicht, bloß eine soziale qualität zu verlangen; die titel müssen auch eine kritische qualität enthalten, einen widerspruch anmelden. sie müssen voll arrangierbar sein, also muß die dialektik (widersprüchlichkeit, prozessualität) konkret werden können. (. . .) da ist ständig der sprung vom besonderen zum allgemeinen, vom individuellen zum typischen, vom jetzt zum gestern und morgen, die einheit des inkongruenten, die diskontinuität des weitergehenden.« (AJ/ 20.12.40).

Die *Abschnitte* und *Aufgaben* dagegen verschwinden im Handlungsfluß des Schauspielers (wenigstens in der Tendenz) und bleiben ihrer Funktion nach *subjektiv*: »Wichtig ist nur, daß die Aufgabe für den, der sie ausführen soll, verlockend und anregend ist.« (I,147) Anderseits ist in der *Aufgabe*, insbesondere natürlich in der *Überaufgabe* Stanislawskis trotz aller Verschmelzung mit der Figur das Bewußtsein des Schauspielers als Person aufgehoben und äußert sich so auch im Spiel. Dazu schreibt Brecht: »Stanislawskis Überaufgabe erfüllend, vertritt der Schauspieler (. . .) die Gesellschaft gegenüber seiner Figur, auch bei Stanislawski.« (16/863)

6

Der Doppelaspekt der *Fabel* ist in gewissem Sinne schwerer nachzuvollziehen als der Doppelaspekt des Gestus selbst, obwohl er sich schlüssig aus der Brechtschen Kennzeichnung als ,Gesamtkomposition aller gestischen Vorgänge' ergibt. Dies liegt u.a. daran, daß der Begriff der Fabel in der Literaturwissenschaft eine verhältnismäßig klare und eingegrenzte Bedeutung hat, die von dem Brechtschen Verständnis als »Herzstück der theatralischen Veranstaltung« und als »das große Unternehmen des Theaters (...) enthaltend die Mitteilungen und Impulse, die das Vergnügen des Publikums nunmehr ausmachen sollen« (16/693), abweicht. »Versucht man den Handlungsverlauf auf die letzt mögliche Knappheit zu bringen, auf sein reines Schema, so erhält man eben das, was die Literaturwissenschaft als die *Fabel* eines Werkes zu bezeichnen pflegt.« (Kayser, 77)

Eben dies ist die *Fabel* bei Brecht nicht. Auch bei Rosenbauer (69) ist die Fabel »der letzte, abschließende Begriff des Gestischen«, auch wenn er nicht zu einer eindeutigen Bestimmung kommt. Die Definition als »Handlungslinie« (Rülicke, 182) oder der Begriff des englischen *plot* (vgl. Rosenbauer 69) reichen da nicht hin. Im Gegenteil suggeriert der Begriff der *Handlungslinie*, der sich auch im ‚System' Stanislawskis findet, Ungebrochenheit auf der einen und Abstraktion von der Gesamtheit der Vorgänge auf der anderen Seite. Dagegen schreibt Brecht: »Die Fortführung der Fabel ist (...) diskontinuierlich, das einheitliche Ganze besteht aus selbständigen Teilen, die jeweils sofort mit den korrespondierenden Teilvorgängen in der Wirklichkeit konfrontiert werden können, ja müssen. Ständig zieht diese Spielweise alle Kraft aus dem Vergleich mit der Wirklichkeit, das heißt, sie lenkt das Auge ständig auf die Kausalität der abgebildeten Vorgänge.« (16/655)

Der Gesamtsinn der Fabel als einer widerspruchsvollen Einheit läßt sich selbstverständlich, ähnlich wie der Gestus der Einzelvorgänge oder Szenen in den Titeln, in seiner *gesellschaftlichen Pointe* formulieren, erzählen oder *gestalten* läßt sich die Fabel jedoch nur als Ereignis auf der Bühne: »Die Fabel soll nicht ein bloßer Ausgangspunkt für allerhand Ausflüge in die Seelenkunde oder anderswohin sein, sondern sie soll alles enthalten, und alles soll für sie getan werden, so daß, wenn sie erzählt ist, alles geschehen ist. Gruppierung und Bewegung der Figuren müssen die Fabel erzählen, welche eine Verknüpfung von Begebenheiten ist, und der Schauspieler hat keine andere Aufgabe.« (17/1217 f, vgl dazu auch Wekwerth 1974, 121: Die Fabel ist »die Organisation des Spiels«. Weiter: 137 f)

Peter Wagner hat sich 1970 in einem Aufsatz über das Verhältnis von *Fabel* und *Grundgestus* geäußert, kann aber meines Erachtens dieses Verhältnis nur unvollkommen deuten. Das liegt einmal daran, daß er den Begriff der Fabel nicht aus dem Prinzip des Gestischen ableitet, sondern umgekehrt (im Brechtschen Sinn *deduktiv*) vorgeht, zum anderen daran, daß er zwischen Fabel als einer ästhetischen *Konstruktion* ‚zurechtgemachter Vorgänge' und der gesellschaftlichen Wirklichkeit einen ungebrochenen Bezug herstellt. Brecht macht, wie er schreibt, »keinen Unterschied zwischen fiktionaler, ‚erdichteter' Fabel und Ausschnitt aus dem realen Geschichtsprozeß« (602). Die Fabel, die »für Brecht in ganz traditionellem Sinne noch undifferenziert all das umfaßt, was sich an zusammengehöriger fiktionaler Realität, an Vorgang und Rede auf der Bühne ereignet«, muß als ‚herausgehobener Teil des geschichtlich-sozialen Gesamtprozesses begriffen werden' (602). Die Fabel wird so zu einem »zusammenhängenden Vorgang« (605), die »bei der szenischen Darbietung in die einzelnen ‚Gestus' (zerfällt)« (07). Das Gegenteil scheint mir richtig: die einzelnen Vorgänge mit ihrem möglicherweise widersprüchlichen Gestus werden in der Aufführung zur Fabel, zu einer widerspruchsvollen Einheit, zusammengefügt und mit *auffälligen Knoten* verknüpft. Die Fabel, so wie sie dann auf der Bühne ausgestellt erscheint, unterscheidet sich grundsätzlich von einem Ausschnitt aus dem geschichtlich-sozialen Gesamtprozeß.

Gestische Sprache und gestisches Sprechen

1

Die *Übungsstücke für Schauspieler* schrieb Brecht 1939 für Helene Weigel, die in Stockholm Schauspieler unterrichtete. Sie gehören in den Umkreis des *Messingkaufs* und reflektieren die Problematik des gestischen Sprechens eigentlich nur nebenbei. Zu den *Parallelszenen*, die die Vorgänge neu ins Bewußtsein bringen gegenüber ‚Temperamentsausbrüchen', Theaterkonventionen und der Unantastbarkeit und Dominanz der dichterischen Sprache, kommen die *Zwischenszenen*. Sie stellen die Figuren in neue, im Original nicht gegebene Beziehungszusammenhänge, die ihre Charaktere widersprüchlicher erscheinen oder auch anlegen lassen, eine vorschnelle allgemeine Identifikation verhindern und historische Aspekte verstärken.

Die *Parallelszenen* und in gewissen Varianten auch die *Zwischenszenen* lassen sich über die von Brecht hier intendierten Ziele oder auch über die Fragestellungen des gestischen Sprechens hinaus in die *Lehrstückpraxis* einbringen: hier vor allem, um in den vorgegebenen Stücken Handlungs- und Sprechweisen eigener Erfahrung zu entdecken und sie als nunmehr bekannte Vorgänge neu in die Stücke einzubringen (vgl. Ritter 1978a, 1980a). In ähnlicher Weise schlägt Brecht bei dem Plan, *Das Leben des Konfutse* für »kindliche Berufsschauspieler« zu schreiben, *Kontrollszenen* vor, »welche den inhalt der eigentlichen szenen in die welt der kinder selbst projezieren« (AJ/25.12.40).

2

Brechts Bericht über die Arbeit mit dem Schauspieler Laughton an der Übersetzung des *Galilei* ins Englische zeigt, wie unmittelbar diese Gesten und Haltungen, diese »gewissen körperlichen Bewegungen« zur Arbeitsweise des Stückschreibers Brecht bei der Ausarbeitung von Texten gehören: »die zusammenarbeit mit LAUGHTON war die klassische in der profession, stückschreiber und schauspieler. (...) l(aughton) hatte das stück kennengelernt aus sehr unzulänglichen übersetzungen, die wir weglegten. nun übersetzte ich selbst satz für satz und er schrieb das wörtlich nieder. dann machte er vorschläge und spielte alles vor, bis es stimmte, dh bis der gestus da war.« (AJ/10.12.45) »Der mißliche Umstand, daß der eine Übersetzer kein Deutsch und der andere nur wenig Englisch wußte, erzwang, wie man sieht, von Anfang an ein Theaterspielen als Methode der Übersetzung. Wir waren gezwungen, zu machen, was sprachlich besser bewanderte Übersetzer ja ebenfalls machen sollten: Gesten übersetzen.« (17/1120)

Mitarbeiter und Freunde Brechts berichten von einer ähnlichen Arbeitsweise Brechts generell: »Brecht schuf vor allem aus der Gebärde heraus. Er stellte sich zuerst die Gesten seiner Menschen in ihrer jeweiligen Situation vor und suchte dann das entsprechende Wort.« (Feuchtwanger, 103) »Er spielt sich die Vorgänge vor. So entstehen die ‚Zeigeszenen‘, wie Brecht sie nennt.« (Hauptmann, 243)

Die Vorstellungen Brechts von gestischer Sprache, gestischem Sprechen, von Haltungen, die ‚durch die Sätze hindurchscheinen‘, von der Sprache ‚als einem Werkzeug des Handelns‘ berühren sich in manchem mit Vorstellungen aus der Sprachphilosophie oder der Theorie der Sprechakte und der Sprechhandlungstheorie, also der linguistischen Pragmatik, der Sprach-und Sprechwissenschaft. Einige Berührungsaspekte sollen hier kurz angesprochen werden.

So ist etwa in dem Begriff des *Sprachspiels* bei Wittgenstein eine ähnliche ‚Verwobenheit‘ der Sprache und der Tätigkeiten angezeigt (Wittgenstein, 17), bzw. die Tatsache, »daß das Sprechen der Sprache ein Teil ist einer Tätigkeit oder einer Lebensform« (ebd. 24). Führt man sich ‚die Mannigfaltigkeit der Sprachspiele‘ an Wittgensteins Beispielen vor Augen, so zeigen sie gelegentlich klare Entsprechungen: *Befehlen und nach Befehlen Handeln; Berichten eines Hergangs; Bitten, Danken, Fluchen, Grüßen, Beten; auch: Theater spielen*. Andererseits gibt es *Sprachspiele*, die mit dem Gestusbegriff so einfach nicht mehr zu erfassen sind: *Herstellen eines Gegenstandes nach einer Beschreibung; Über einen Hergang Vermutungen anstellen; Ein angewandtes Rechenexempel lösen.* (Vgl. Wittgenstein, 24f)

Wittgenstein reflektiert ein ähnliches Phänomen, wie es Brecht vom Theater her interessiert, auf einer sehr viel abstrakteren Stufe, vor allem geht es ihm nicht um Handeln und Sprechen als Äußerung der Beziehung zwischen Menschen — oder nicht in erster Linie. Das zeigt sich auch — und gerade da, wo eine besondere Nähe zum Problem des gestischen Sprechens gegeben scheint: »Von der Sicherheit, vom Glauben möchte man manchmal sagen, sie seien Tönungen des Gedankens; und es ist wahr: sie haben einen Ausdruck im *Ton* der Rede. Denk aber nicht an sie als ‚Gefühle‘ beim Sprechen oder Denken! Frag nicht: ‚Was geht da in uns vor, wenn wir sicher sind,...?‘, sondern: Wie äußert sich ‚die Sicherheit, daß es so ist‘ in dem Handeln des Menschen?« (Wittgenstein, 262)

Die unterschiedliche Blickrichtung im Gegensatz dazu wird noch deutlicher erkennbar bei Schmidt (1974), der den Terminus des *Sprachspiels* durch das des *kommunikative Handlungsspiel* ersetzt. Im Anschluß an Gebauer geht es für ihn um ein »Modell eines Handlungssystems, in dem die verschiedenen Handlungsformen prinzipiell gleichberechtigt sind. Diese unterscheiden sich allein erheblich durch die

Wirkungen, die sie hervorrufen.« (108f.) Diese Vorstellungen eines ausbalancierten Systems von Handlungen (deren eine die Sprechhandlung ist) in einem *Spiel* als komplexem kommunikativem Prozeß stehen einem gewissermaßen ursächlichen bzw. in umgekehrtem Sinn zweckgerichteten Verhältnis von Handeln und Sprechen bei Brecht gegenüber: Haltungen ‚liegen Sätze zugrunde’, Sprache ist ‚ein Werkzeug des Handelns’, die Sprache ‚soll dem Gestus der sprechenden Person folgen’.

Ähnlich liegen die Beziehungsverhältnisse zwischen der Sprechakttheorie (Searle 1971, Austin 1972) und Brechts Vorstellungen zum gestischen Sprechen. Nach Wunderlich soll »eine sprachliche Äußerung als interpersonaler *Sprechakt* oder — anders formuliert — als ‚Handlungszug’ im Rahmen eines gegebenen Kontexts zu verstehen« sein (Maas/Wunderlich, 117). Nun ist grundsätzlich ein Unterschied zu machen zwischen der Vorstellung von Sprechen als Handlung oder auch ‚Handlungszug’ und Sprechen als Teil oder gar resultierendem Teil von Handlung. Dennoch überlagern sich die Vorstellungen in verschiedenen Momenten, vor allem bei der Gruppe von Sprechakten, die die Beziehungen zwischen den (Sprech-)Handlungspartnern betreffen — ggfs. in Ausrichtung auf ein Drittes, den Sprechakten also, die eine spezifische Redesituation herstellen oder zumindest mitbestimmen: *Fragen, Befehlen, Warnen, Versprechen, Bitten* usw. — Sprechakte dieser Art ‚zeichnen’ einen Gestus, könnte man sagen, der durch den Wortlaut der jeweiligen Äußerung ‚hindurchscheint’.

Der Begriff des Sprechaktes an sich ist zunächst ein Versuch, Strukturelemente des *Systems Sprache* begrifflich zu fassen, und zwar hier das *performative* Element (vgl. Habermas, 103). So betont Geißner mit Recht den Unterschied zwischen Sprechakt und konkreter Sprechhandlung und zwischen Sprechakttheorie und Sprechhandlungstheorie. (1975, 40). Dennoch gibt es Versuche, aus der Sprechakttheorie Verfahren zu entwickeln, die in ähnlicher Weise Theaterhandlungen aus den Sprechakten ableiten und zu entwickeln suchen, wie Brecht dies vom Gestus her tut.

In dem Aufsatz »*Der Chef, der brüllt den Krause an . . .*/ *Sprechakttypen und rollenspezifische Sprechweisen* versucht Gutenberg, Bezüge zwischen sozialer Rolle, Sprechakt und Sprechausdruck zu entwickeln: »Jede Figur, mithin jede soziale Rolle, die sie hat, ist so kenntlich an den Sprechakten, die sie vollzieht. Die soziale Rolle ist also beschreibbar durch einen Set von Sprechakttypen: ein Chef ist eben jemand, der befiehlt, tadelt, droht, auffordert, unterbricht etc., ein Untergebener eben jemand, der sich rechtfertigt, zustimmt, beipflichtet, um Entschuldigungen bittet, einlenkt usw.« (Gutenberg, 189). In einer Sprechaktanalyse fügt er die ‚Rolle’ in einer Sequenz von Sprechakten zusammen bzw. erhält eine ganze Szenenstruktur aus Sprechakten.

Unabhängig davon, wie ergiebig es sein mag, das soziale Rollenkonzept für Analyse und Aufbau einer Bühnenfigur zu nutzen (vgl. S.132f), bietet die Sprechaktanalyse durch das klare Nebeneinander der Sprechvorgänge zumindest die Übersicht über das kommunikative Repertoire einer Figur. Zugleich zeigt sich jedoch auch eine gewisse Begrenztheit — die darüber hinaus auch wieder die unterschiedlichen Ausgangspunkte und Zielsetzungen sichtbar machen. Der Gestusbegriff ermöglicht dadurch, daß er Handlungen generell und Sprechhandlungen übergreift, selbst auf der elementaren Ebene eine dichtere Vorgangsstruktur, in der die Sprechhandlungen Teilerscheinungen sozialer Vorgänge sind. Er ermöglicht zugleich gestische Überlagerungen von Beziehungsmomenten, ggfs. widersprüchlicher Art, über den Funktionsbereich von Sprechakten hinaus, etwa den Gestus des *Sichzurückhaltens* oder des *Ungerechtwerdens* im Gestus der *Trauer*. Wie eng der Verhaltensspielraum der Figuren und wie blaß das Verhalten in ihm durch die Sprechaktanalyse bleiben, zeigt sich auch in den Beispielen der *Richtlinien* für die Literaturkurse in der gymnasialen Oberstufe Nordrhein-Westfalen, die für die szenische Erarbeitung einer Spielvorlage auch auf einer solchen Sprechaktanalyse aufbauen. (Richtlinien, 48ff)

3

Die gestische Sprache Luthers hat in starkem Maße Brechts eigene sprachliche Diktion beeinflußt. Das ist verschiedentlich festgestellt worden. Grimm (1979, 93) führt ein ähnliches Beispiel einer in sich gespannten, auf einander verweisenden doppelten Sprachgeste aus Brechts Jugenddrama *Die Bibel* an: »Wenn der Tag des Gerichts kommt, wie wirst du dastehen?« (7/3035) Klotz (1957, 116) gibt das Beispiel: »Ein guter Mensch! Ja, wer wär’s nicht gern?« (2/430). Die gestische Qualität dieser und ähnlicher Sätze liegt einmal in der ‚Reinheit’ und Prägnanz, in der ein gestischer Widerspruch auseinandergelegt und auch sprachlich in seinem Widerspruch gegeneinandergesetzt wird, hier in gewissem Sinn dadurch, daß die Teilsätze ‚auseinandergebrochen’ und ‚falsch’ wieder zusammengesetzt werden, zumindest im Verhältnis zur geläufigen Syntax. Man setze die Teilsätze um: die Formulierung ist in beiden Fällen gängiger und ungespannter. Im letzten Beispiel wird eine scheinbar einfache ‚Frage’ (»Wer wäre nicht gern ein guter Mensch?«) in ihrem gestischen Widerspruch überhaupt erst sichtbar. Als Frage ist sie ‚rhetorisch’ und liefert ihre Antwort gleichsam mit, in viel stärkerem Maße ist sie auch in ihrer einfachen Form ein (sarkastischer) Stoßseufzer, aber gewissermaßen ‚inkognito’. Erst in der brechtschen Formulierung entfaltet die Äußerung ihren Widerspruch als ‚Stoßseufzer’ und als rhetorische Frage und ‚verknüpft ihn mit auffälligen Knoten’.

Unter anderm ist das ein Problem der Grammatik, sowohl in der Brechung geläufiger Syntax als auch in den genauen ‚Umstandsbeziehungen’ der Äußerungen. So ist der Relativsatz in der Formulierung »Reiße das Auge aus, das dich ärgert«, von seinem Sinn, seinem Gestus her eine Begründung oder auch das nachträgliche Setzen einer Bedingung. Es ist aber auch ein Problem des Tonfalls, der sich in den beispielhaften Äußerungen sowohl im Gestus als auch in der Satzmelodie antithetisch verhält und so zu einer gespannten Einheit wird. Und es ist schließlich auch ein Problem des sprachlichen Rhythmus.

Solchen Elementen ist Kelbling bei der Suche nach gestischen Formulierungen in der Bibelübersetzung Luthers nachgegangen. Er gibt das Beispiel eines Satzes, den Luther »durch winzige Worteinsparungen oder Zusätze im Verlauf eines Zeitraums von über zwanzig Jahren immer wieder geändert (hat), bis er die endgültige Form gefunden hatte.« (Kelbling, 6) Als Beispiel führt er drei Übersetzungsvarianten zu *Matthäus 5, Vers 38* an (nach Arndt):

— »Yhr habt gehort, das gesagt ist, EYn aug vmb eyn aug, eynen zan vmb eynen zan.« (1522)
— »Yhr habt gehort, das gesagt is, Aug vmb aug, Zan vmb zan.« (1524)
— »Yr habt gehört, das da gesagt ist, Aug vmb auge, Zan vmb zan.« (1546)

Die Zurückführung der *Eindringlichkeit* der Formulierung auf die *Sprechbarkeit* ist eine Sache, die aus den Varianten ablesbar wird (Kelbling, 6). Dies ist ein Anliegen Luthers im *Sendbrief vom Dolmetschen:* »Denn man muß nicht die Buchstaben in der lateinischen Sprache fragen, wie man deutsch reden soll, wie diese Esel tun; sondern man muß die Mutter im Hause, die Kinder auf der Gasse, den einfachen Mann auf dem Markt danach fragen und denselben auf das Maul sehen, wie sie reden, und danach übersetzen, so verstehen sie es denn, und merken, daß man deutsch mit ihnen redet.« (Luther, nach Kelbling, 5)

Sprechbarkeit in den Sätzen bedeutet also einmal das Aufsuchen der ‚Vorbilder’ an den Orten, in den Situationen, wo sie gesprochen werden, wie sie aus *Haltungen* hervorgehen, wo sie »Ausdruck der Gesten der Menschen« sind. Rhythmisch bewirkt die Verkürzung »Aug vmb zan« eine größere Prägnanz, eine fast musikalische Präzisierung, auch in der Parallelaussage »Zan vmb zan«, einen stärkeren Zusammenstoß der Akzente, und damit der Hauptbedeutungen, d.h., eine Verdichtung des Denkprozesses. Dies ist eine *Eindringlichkeit* anderer Art, ohne daß die *Sprechbarkeit* verloren ginge, im Gegenteil.

Auch die Sprechmelodie präzisiert sich in der Verkürzung — musikalisch wie semantisch. Sie kann beispielsweise in einer schnellen melodischen Wendung abwärts ‚kadenzieren’. Auch andere ‚Melodien’ sind denkbar, sie bleiben jedoch immer prägnant und *eindringlich*, wenn sie nur der im Wortlaut angelegten Geste folgen. In der Sprachbehandlung Luthers verwirklicht sich also genau das, was Brecht fordert: eine ‚Sprachweise’, die »zugleich stilisiert und natürlich« ist. Luthers Sprachbehandlung findet sich von diesem Gesichtspunkt her dann mit deutlichen Parallelen in der Behandlung ‚unregelmäßiger’ Rhythmen in reimloser Lyrik’ unter dem doppelten Kriterium »Klang und Poitierung« (19/402) wieder. Darauf verweist auch Grimm. Er sieht das Gestische vor allem in der »eminenten Sprechbarkeit der Brechtschen Sätze, in denen Laut- und Sinngebärde, Rhythmus und Bedeutung gerade in ihrer Widersprüchlichkeit mustergültig vereinigt sind« (1979, 33); er geht der Sache allerdings nicht im Detail nach.

4

Wenn auch die Untersuchungen Birkenhauers das Moment des Gestischen in der Sprache und in bezug auf das Sprechen in einem — wie mir scheint — entscheidenden Punkt verfehlen oder zumindest außer acht lassen, so sind sie für die Wahrnehmung des Gestischen in der sprachlichen Formulierung bzw. in der Textstruktur und in mancher Hinsicht auch als Hinweise für den konkreten Sprechvorgang von großem Wert. Die Schritte, die Birkenhauer in diesem Sinne vollzieht, sind zusammengefaßt folgende:

— In der Analyse des Schillerschen und des Knebelschen Textes fragt er nach den Grenzen zwischen Sätzen und Teilsätzen unter den Gesichtspunkten ihres Pausenwertes, nach dem Zusammenhang zwischen der Geschlossenheit von Sätzen und Teilsätzen und den Gegebenheiten eines ‚eigentümlichen Tonfalls' und nach deren jeweiligem ‚Neuigkeitswert', den er in einer besonderen Konstituentenstruktur beider Texte veranschaulicht. (55 ff)

— Er gewinnt aus der Analyse der Texte eine Bestimmung für die *ungestische* Sprache: deren *versus*-Charakter, in der die Sprachgestalt in ihren einzelnen Gestaltelementen immer wieder auf sich selbst verweist und eine in sich geschlossene, künstliche poetische Eigenwelt herstellt. Die gestische Sprache dagegen entwickelt einen *pro-vorsa*-Charakter, einen nach vorn drängenden Charakter, der sich aus einzelnen, verhältnismäßig abgeschlossenen *Portionen* zusammensetzt, deren Zusammenhalt vor allem durch die *Einheit der Rede*, »konkreter: durch den, der da redet«, gestiftet wird. (60)

— In Anlehnung an Riesel führt er den *Ergänzungsanschluß* ein als eine besondere Art der ‚Satzverbindung' (neben Para- und Hypotaxe), eher am Sprechen als am Lesen orientiert, derart »daß die Intonation der Sätze mit Ergänzungsanschluß bedeutend ungleichmäßiger und unruhiger ist (Sinken der Stimme am Ende des Satzes; große Pausen vor den aneinandergereihten Elementen; Betonung der Kurzsätze mit besonderem Timbre) als die der Parataxe mit ihrem epischen Dahingleiten« (Riesel, nach Birkenhauer, 62f), im Anschluß an Mukarovsky den Begriff der *semantischen Wende*, als Fuge oder Ruhepunkt zwischen Redeteilen (*Portionen*). (68f)

— Die gestische Sprache schafft — nach Birkenhauer — in den ‚Portionen' »selbständige, sinnlich faßbare Einzelbilder« und »bestimmte Grundmuster bei der Verteilung der Sinngewichte« (69). In den für sie typischen zahlreichen *semantischen Wenden* setzt jeweils eine neue Klanggestalt an, die die grammatisch-syntaktische Struktur in mancher Hinsicht auflöst und neue Einheiten herstellt, die diese überformen. (86) Auf diese Weise bildet Brecht in der gestischen Sprache den »Tonfall der direkten, momentanen Rede« (19/403) nach. (Birkenhauer, 99)

Birkenhauer gelingt es damit, den Übersetzungsprozeß vom ‚Natürlichen' ins ‚Künstliche', wie er sich in der gestischen Sprache vollzieht, in seinen Grundschritten nachvollziehbar zu machen. In den ‚Portionen' ist die Geste des Sprechenden auszumachen, hier findet sie als Korrespondenz im Text die »rahmenhafte Geschlossenheit« (s.S.20), in der ‚semantischen Wende' einen »fixierbaren Anfang« und ein »fixierbares Ende« (ebd.), hier vollzieht sich die Verknüpfung der gestischen Momente. Die gestischen Wendungen und Schritte lassen sich so zumindest als formale Struktur aus der jeweiligen Gestalt des Brechtschen Verses ablesen. Daß diese Erkenntnisse formal bleiben, schränkt ihre Brauchbarkeit für die Untersuchung des Gestischen darüber hinaus allerdings ein.

Den notwendigen Schritt weiter geht hier Hans-Georg Werner in seinem Aufsatz *Gestische Lyrik*, auch wenn er im Detail weit weniger ausführlich ist und sich der komplexen Problematik der gestischen Sprache bzw. des gestischen Sprechens nicht so grundsätzlich und nicht mit vergleichbarer Akribie stellt, wie Birkenhauer dies tut. Bei der Untersuchung des Zusammenhangs von Wirkungsabsicht und literarischer Technik in Gedichten Bertolt Brechts behält Werner den sozialen Bezug des Gestischen grundsätzlich stets im Blick. Die Zeilenstruktur des Gedichts wird vom Wechsel der Haltung des Sprechenden her begründet. Durch sie, verbunden mit der »Anordnung der Wörter«, wird eine Form geschaffen, »die zwingende Rückschlüsse auf die Haltung des Sprechenden zu anderen zuläßt« (Werner, 487). So ergeben sich »neuartige Formen des Gedichtaufbaus. Denn die konsequent gestische Gliederung der Sprache eines Gedichts ist ästhetisch nur dadurch legitimiert, daß sich die einzelnen Haltungen zu einer Gesamthaltung zusammenfügen und daß die einzelnen rhythmischen Elemente eine das Gedicht als ganzes strukturierende Form aufbauen.« (Ebd., 498)

Wenn auch verschiedentlich sprachliche Erscheinungen überinterpretiert wirken, der Bezug zwischen metrischem Akzent und Sinnakzent gelegentlich wieder ganz ‚ungestisch', vielmehr formalhermeneutisch hergestellt wird, so wird doch — vor allem in der Analyse von Gedichten mit ‚unregelmäßigen Rhythmen' — der Bezug von gestischen und formalen Momenten überzeugend nachgewiesen. So etwa in der gestischen Analyse des Gedichts *Rückkehr* aus den letzten Exiljahren (»Die Vaterstadt, wie find ich sie doch?/ folgend den Bombenschwärmen/ komm ich nach Haus . . .«, 10/858). (499)

Zusammenfassend schreibt Werner zur gestischen Gliederung eines Gedichts: »Der Leser oder Hörer muß sich, will er das Gedicht ‚verstehen', auf die durch sie bezeichneten Aspekte und Elemente der Gesamthaltung sowie ihren Wechsel einstellen. Deren widersprüchliches Beziehungsgefüge drängt ihn zu geistiger Aktivität. Die gestische Gliederung ist — tendenziell — impulsgebend. Zugleich bewährt sie ihre formbildende Kraft.« (500) Damit sind wichtige Momente des Gestischen ausgesprochen.

5

Stanislawskis Lehre von den *physischen Handlungen* steht zu den Brechtschen Auffassungen von der *induktiven Vorgehensweise* beim Aufbau der Figur in einer ähnlichen Nähe und Ferne zugleich wie die Lehre von den *Abschnitten* und *Aufgaben* zum Prinzip der Verknüpfung von Vorgängen und ihres Gestus in der Gesamtkomposition der Fabel (vgl. S. 136f).

Die physischen Handlungen sind ein spätes Element im ‚System' oder bekommen zumindest erst später ihre bedeutende Funktion bei der Erarbeitung der Rolle. Das ‚System' Stanislawskis ist jedoch auch da noch grundsätzlich an der Subjektivität des Schauspielers orientiert: die physischen Handlungen sind die ‚materielle' Basis, auf der sich das Erleben, die eigene Gefühlswelt des Schauspielers ansiedeln und entfalten kann. Sie sind notwendig, weil das Gefühl sich ‚den Befehlen des Bewußtseins' nicht von sich aus fügt und weil die Logik der physischen Handlungen, ihre ‚Wahrhaftigkeit' und der ‚Glaube' an ihre Wahrhaftigkeit sich leichter einstellen bzw. herstellen lassen. Zu dieser äußeren gesellt sich dann eine innere Handlungslinie. Die physische Handlung beginnt und endet letztlich in der Subjektivität des Schauspielers: sie entsteht aus dem ‚magischen Wenn', durch das die Bühnenwirklichkeit subjektive Wirklichkeit wird (‚wenn dies so wäre, dann würde ich so handeln') und sie mündet in die ‚Gefühlswelt', »in das eigentliche Leben der Rolle«. Erst das ‚magische Wenn' ermöglicht die Logik und Folgerichtigkeit physischer Handlungen und nur durch die Verkörperung in physischen Handlungen läßt sich die Gefühlswelt und das eigentliche Leben der Rolle dann für den Zuschauer erfahren. (Stanislawski I/54 ff. u. 60 ff.)

Für Brecht ist diese Lehre von den physischen Handlungen übernehmbar in dem Sinne, »daß die Emotionen, Ausbrüche, seelischen Manifestationen im Gefolge der durch die Fabel sich ergebenden Handlungen auftreten müssen und sie nicht stören dürfen« (16/496). Die so verstandenen ‚physischen Handlungen' (die für Brecht zugleich soziale Handlungen sind) eröffnen nicht den Blick auf ‚innere Zustände', sondern bringen sie ‚nach außen', entwickeln sie ‚zur Geste' (vgl.15/345). Physische Handlungen, Vorgänge behalten (über die methodische Funktion bei Stanislawski hinaus) ihren übergeordneten Stellenwert auch im Spiel. Alles ‚Gefühlsmäßige' erscheint ‚in ihrem Gefolge'.

»Das Operieren mit bestimmten Gesten«, das Auflegen der Füße auf den Tisch, »höher (. . .) als das Gesäß«, das die Rede verändert und mit der Art der Rede auch den Gedanken, die »heftige Bewegung der Hand mit dem Rücken nach unten bei einem Oberarm, der am Körper bleibt« (8/377, vgl. S. 49f) — diese Vorschläge Brechts, von »haltungen und gesten zu stimmungen und gedankenreihen« zu gelangen (nach Steinweg, Brechts Modell, 141), nähern sich dann den methodischen Vorstellungen Stanislawskis (auch in den impliziten lerntheoretischen Anschauungen) wieder deutlich an.

In diesem Sinne könnte man dann schließlich auch die von Birkenhauer entdeckte ‚Widersprüchlichkeit', »das Einander-Näher-Gerücktsein der Wörter, ihren härteren, gespannteren, planvollen Zusammenprall« im *Gaveston*-Monolog als Ausgangspunkt für physische Handlungen in der Artikulation, im Vollzug des Sprechens verstehen und aus ihnen, aus den ‚Handlungen' mit Lippen und Zunge »stimmungen und gedankenreihen« entwickeln, in diesem Fall »die widersprüchlichen Gefühle des Sprechers« (vgl. S. 47f). Der Bezug zwischen ihnen und den sprachlichen bzw. artikulatorischen ‚Synkopen' ist bei Brecht ausdrücklich hergestellt.

6

Die hier skizzierten Arbeitsformen mit Texten aus dem *Lesebuch für Städtebewohner* bzw. den zu diesem *Lesebuch* gehörigen Gedichten gehen zurück auf Versuche zu bestimmten Verfahrensweisen der Lehrstückpraxis (vgl. Ritter 1980a) und vor allem auf ein Brecht-Programm mit Texten und Liedern unter dem Titel *Städtebewohner* das ich selbst in den Jahren 1974–78 in verschiedenen Städten vortrug. Ein Anliegen war, diese Korrespondenzen auszuspüren zwischen der »Wahrnehmung gesellschaftlicher Dissonanzen« und den Widerständen, die diese und ähnliche Texte durch ihre formalen Eigentümlichkeiten, darunter u.a. die ,unregelmäßigen Rhythmen', dem Sprechenden und dem Zuhörenden entgegensetzten. In diesem Sinn waren es Studien zum gestischen Sprechen.

Das Verfahren, die Sprechvorgänge mit konkreten Tätigkeiten zu koppeln und daraus ihren gestischen Charakter zu entwickeln, knüpft — über grundsätzliche Forderungen, »die Sprache als ein Werkzeug des Handelns« zu betrachten, hinaus — an bestimmte praktische Hinweise Brechts an, beispielsweise aus den *Übungen für Schauspielschulen*: »Temperamentsübungen. Situation: Zwei Frauen falten ruhig die Wäsche zusammen. Sie täuschen für ihre Männer einen wilden Eifersuchtsstreit vor. Die Männer sind im Nebenzimmer.« Variante: Aus diesem Spiel »wird Ernst«. (15/423) Ein anderes Beispiel stammt aus dem Stück *Mann ist Mann*: »Das *Lied vom Fluß der Dinge*, (...) von der Besitzerin der Kantine rezitiert, war von drei Tätigkeiten begleitet. Erstens das Segelraffen: mit einem Stock, an dessen Ende ein eiserner Haken befestigt ist, rafft die Kantinenbesitzerin, während sie rezitierend zum Publikum gewendet an der Rampe entlanggeht, die zwei Sonnensegel zusammen. Zweitens das Segelwaschen: vor einer Öffnung im Bühnenboden kniend, senkt sie die schmutzigen Leinenstücke in die Öffnung, schwenkt sie wie in Wasser und zieht reine Stücke hoch. Drittens das Segelfalten: quer über die ganze Bühne falten die Kantinenbesitzerin und der Soldat Uria Shelley die Segel, die sie senkrecht halten.« (17/981) Das Verständnis der *Städtebewohner*-Gedichte als *Gestentafel* oder *Gestarium* verändert sowohl den praktischen Umgang mit ihnen als auch die Art der Text-Interpretation. Wenn man davon ausgeht, daß die Vorgänge die Sprechweisen bestimmen, daß Haltungen gesucht werden müssen, die durch die Sätze hindurchscheinen, und daß der Gestus des Sprechens ihnen folgt, wird der Umgang mit den Texten zu einem experimentellen Vorgang, eine Festlegung des ,Redeverlaufs' ist jeweils neu zu entwickeln, die Interpretation gleitet immer neu ins Offene. Die philologische Interpretationsmethode findet in solchen *gestisch* zu interpretierenden Texten ihre Grenze. Dies gilt sowohl für ältere Interpretationen dieser Gedichte (Schuhmann 1964 bzw. 1971) wie für neuere (Rischbieter 1980). Einen Ansatz in Richtung auf ein gestisches Verständnis der *Städtebewohner*-Gedichte macht Jacobs, der »die Texte als bedeutsame, für bestimmte soziale Zusammenhänge symptomatische Äußerungen«und als »Gestus-Zitate« versteht (81f, vgl. auch S.142).

Gestische Musik

1

Die Nähe des Balladensängers Baal zum Balladensänger Brecht ist in manchem offensichtlich. Sie haben das gleiche Liederrepertoire, viele Lieder der Bühnenfigur Baal sind an biographische Momente Brechts gebunden, Baal auf der Bühne ist in vielem eine Großprojektion bestimmter Seiten oder auch Wünsche Brechts selbst. Dümling (80ff und 115ff) betont einerseits die Identifikation Brechts mit der ,Rolle Baals' in der Augsburger Zeit, andererseits interpretiert er die Arbeit an der Neufassung *Lebenslauf des Mannes Baal* (1925/26) zugleich als »Demontage Baals« in sich selbst: Brecht zerschlägt sozusagen eine Orientierungsfigur und baut eine reine Bühnenfigur auf. Damit verbunden sind — nach Dümling — Austilgung biographischer Momente, Distanzierung von der Figur als Selbstbildnis, Entwicklung eines neuen ,Künstlerbildes' und einer neuen ,Kunstauffassung' einerseits und andererseits ,Mystifikationen' wie der ,fingierte historische Bericht' über das *Urbild Baals* (17/955f.) oder die »Erinnerung an den Lyriker Joseph Baal aus Pfersee, eine durchaus asoziale Erscheinung« (8/170) in der Vorrede zur *Hauspostille*. Mir scheinen die Schnitte nicht so scharf, wie sie Dümling darstellt. Die ,Selbststilisierung' Brechts in der Figur des Baal mischt Züge Wedekinds, Villons, Rimbauds, vor allem Verlaines. Hinzu kommen die Jahrmarktssänger allgemein und jener Fürstlich Fuggersche Förster Knörzinger, der den beiden jugendlichen Brüdern Brecht »beim blutigen Ausweiden frischgeschossenen Wildes mit schallender Stimme Moritaten wie ,Heinrich schlief bei seiner Neuvermählten' sang« (Dümling, 81), darüber hinaus sicher noch eine ganze Reihe weiterer Figuren aus literarischen und alltäglichen Erfahrungsschichten.

Schon Dieter Schmidt (1966) hat die verschiedenen literarischen Vorbilder, die sich im Bild Baals überlagern, herausgearbeitet. (Schmidt, 11ff) Für ‚Selbststilisierungen' im Jugendalter ist die Stilisierung des
Fremden zum Eigenen als Prozeß kultureller Aneignung und Identitätssicherung geradezu charakteristisch. Mit zeitbedingten Veränderungen im Detail gilt für mich auch hier, was ich über den Bezug von
Alltagserfahrung und ästhetischer Erfahrung bei Jugendlichen heute formulierte (Ritter 1984a, 107f,
vgl. auch Ritter 1981a, 123 ff)
Interessant sind allerdings die Prozesse der ‚Häutungen', der Selbstdistanzierungen im Entwicklungs-
verlauf bei Jugendlichen allgemein und bei Brecht insbesondere. Der Aneignungsprozeß wird gewissermaßen umgekehrt: das ‚Überwundene' wird abgestreift, das Nicht-Angeeignete als Fremdes erkannt
oder zum Fremden ‚stilisiert'. Brechts Verhältnis zu seiner Figur Baal kann unter diesen Aspekten verstanden werden. Bezeichnend ist weiter, daß die ausschnitthafte Art Jugendlicher, sich beeindruckende
Verhaltenselemente anzueignen (s.o.), von Brecht in der Wirkung des ‚Urbilds Baal' auf ‚vornehmlich
jüngere Leute' exakt festgehalten ist (17/955, vgl. S.13f). Interessant ist auch, daß der Vorspruch zur
Neufassung *Lebenslauf des Mannes Baal* (ebenfalls 1926, 17/954) durchaus noch eine Reihe von Identifi-
kationen Brechts alter Art enthält: die Ablösung des Autors von seiner Figur verläuft widersprüchlich
und in Schritten.

2

Die Schaubudenerfahrung des Augsburger Plärrer ist eine für Brecht in vieler Hinsicht prägende ästhetische und soziale Erfahrung gewesen. Das zeigt sich auf den verschiedensten Ebenen seiner musikalischen, literarischen und theatralischen Arbeit, von den kleinsten Details bis zur umfassenden Vorstellung, wie Theater oder überhaupt Kunst als Veranstaltung in das ‚Leben' integriert sein sollte — unter-
brechend bzw. verknüpfend.
Brecht plante Anfang der zwanziger Jahre ein Stück über die *Flucht Karls des Kühnen nach der Schlacht
bei Murten*, das unmittelbar anknüpft an solche Schaubuden-Panoramen, die er vom Augsburger Plärrer her kannte. Elisabeth Hauptmann notierte Ende 1926: »Über Weihnachten hat B. etwas weiter an
Karl dem Kühnen gearbeitet. Das jammervolle Ende in dem überfrorenen Drecktümpel, Gesicht nach
unten. Keiner, der mit ihm gesiegt hat, erkennt ihn mehr. Sie erkennen ihn wirklich nicht, so unkennt-
lich ist er.« (nach Völker, 218)
Es sind aber nicht nur unmittelbare Weiterführungen des Plärrerimpulses dieserart, die zu Stückent-
würfen führen. Viele Stücke sind von den Momenten der Schaubude durchsetzt. Moritatensänger treten auf, in den *Prologen* formuliert sich der Schaubudengestus neu. Am deutlichsten etwa in *Arturo Ui*;
zugleich ist hier wieder die Parallele zu Wedekind (Prolog zum *Erdgeist*) auffällig.
Schließlich sieht Grimm die »verfremdende Dramenstruktur« oder auch die ‚offene' Form des Dramas
im Gestus der Schaubude begründet: »An ihrem Ursprung steht — wie in der *Dreigroschenoper* — der
Moritatensänger, der mit dem Zeigestock auf die erschröcklichen Begebnisse weist.« (Grimm 1963,
205). In der Tat sind die Kriterien des Erzählenden Theaters, des Epischen, der Gestus des Zeigens, das
Gestische in den Aspekten des Ausschnittes von Vorgängen, das Einfangen sozialer Prozesse im Zeige-
moment, in einem ausgestellten Körperbild, in der Geste, in der ‚Ästhetik' der Schaubude, dem Liedvortrag und den Bildpanoramen mit angelegt. »die epischen elemente brachte ich schon mit ‚ins
geschäft'. vom KARL-VALENTIN-theater, dem freiluftzirkus und dem *plärrer* (. . .). in den
auftauchenden schwierigkeiten des lehrhaften theaters stellte sich dann dieser ‚stil' zur verfügung und wurde modifiziert.« (AJ/4.5.39)
Die Beziehungen Brechts zum Bänkelsang sind ausführlich dargestellt bei Sammy K.McLean,
vor allem was Aufführungspraxis, Dramenstruktur, Stoffe und Sprachbehandlung betrifft.

3

Eine besondere Art des ‚Einmündens in die Melodie' ist der *Refrain*. In ihm entfaltet die
Musik zwingende und vor allem auch gerade ‚kulinarische' Momente. Auch der Zuhörer
‚mündet' hier gewissermaßen gemeinsam mit dem Sänger bzw. Schauspieler in die Melodie,
in bekanntes musikalisches Gelände (oder — um im Bild zu bleiben — Gewässer) ein. Und
nicht nur in den »rüden, herzzerreißenden Refrains« der *Hauspostillen*-Lieder (Benjamin,
Versuche, 10), also der *Mahagonny*-Gesänge oder auch der Lieder aus der *Dreigroschenoper*

legt sich für Momente der Gestus der Verbrüderung des Sängers mit dem Publikum über alle gestischen Widersprüche von Melodie, Text und sängerischer Haltung, auch in späteren Liedern Eislers etwa, der *Ballade vom Wasserrad* oder der *Knopfwurfballade*, in denen der Refrain eher die Summe der Gedanken zieht, gibt es dieses gemeinsame Einmünden — gewissermaßen auf einer höheren Ebene: den vorwegnehmenden Gestus des Einverständnisses durch die Musik.

Ein Beispiel ganz gegensätzlicher Art, in dem die Musik sich dem ‚Kulinarischen' gleichsam verweigert und zu einer gegenhaltenden Projektionsfläche für das Emotionelle des Spiels wird, beschreibt Brecht in der Musik zum *Kaukasischen Kreidekreis* am Ende des ersten Aktes, die den stummen Vorgang der Rettung des Gouverneurskindes durch das Küchenmädchen Grusche ‚kommentiert' (5/2025). Dazu heißt es: »Der Pantomimengesang am Aktende sollte kalt sein und dem Mädchen Grusche ein Gegenspielen ermöglichen.« (17/1207) »Eine kalte und unbewegte Singweise des Sängers, der die auf der Bühne pantomimisch dargestellte Rettung des Kindes durch die Magd beschreibt«, würde so »die Schrecken einer Zeit entblößen, in der Mütterlichkeit zu selbstmörderischer Schwäche werden kann.« (16/697)

4

Die eigenständige Bedeutung Brechts als ‚Komponist' seiner eigenen Texte ist erst durch die Herausgabe des *Brecht-Liederbuchs* (Henneberg 1984) im breiteren Maße bewußt geworden. Im Grund ist eher der heutige Begriff des ‚Liedermachers', der die Einheit vom Dichter, Komponist und Sänger meint, zutreffend. Brecht ist — wie vielleicht nur noch Wedekind in ähnlicher Qualität — als früher Vorläufer dieses neuzeitlichen Künstlertypus anzusehen (natürlich zugleich in Hinblick auf Vorläufer dieses Typus im 15./16./17. Jahrhundert).

Ich selbst habe in dem Aufsatz *Die Lieder der Hauspostille* untersucht, vor allem am Beispiel des *Apfelböck*, wie raffiniert — bei aller kompositorischen Naivität — Brecht in der Melodiebildung, vor allem aber in der Rhythmisierung der Melodie und in der Behandlung und gleichzeitigen Brechung des gewählten Liedtypus eine gestische Gesamtkomposition entwickelt, die schließlich durch die besondere Singweise — widersprüchlich — zusammengefaßt wird. (Ritter 1978b, 212 ff)

Der Einfluß Brechts auf die Entwicklung des ‚Songs' bei Weill und Eisler ist auf zwei Ebenen zu verfolgen: in der Kompositionsweise und in der besonderen Art des Singens. Verschiedene Lieder, die Weill dann komponierte, waren bereits vorher durch Brecht komponiert und flossen als Material oder als Grundgestalt in die nachfolgende Komposition Weills ein. So stammt etwa auch der berühmte Refrain der *Seeräuberjenny* bereits von Brecht. Eine Reihe von Liedern entstanden in einer Art Koproduktion. Brecht weist selbst darauf hin, daß das ‚Prinzip' des *Songs* nicht von Weill ‚gefunden' wurde. Im Arbeitsjournal notiert er: »ich erzählte ihm (dem Musiker Parmet, den er für die Komposition der Musik zur *Mutter Courage* zu gewinnen suchte, H.M.R.), daß ich weill seinerzeit als busoni- und schrekerschüler antraf, als verfasser atonaler psychologischer opern, und ihm takt für takt vorpfiff und vor allem vortrug usw.« (AJ/16.10.40)

Ähnlich schreibt der Komponist Werner Egk: Brecht »hatte einen unverwechselbaren Tonfall. Im Grunde war er der Urheber der Musiken, die andere für ihn komponierten oder arrangierten« (nach Dümling, 185). Und Lotte Lenya berichtet: »Manchmal nahm Brecht seine Gitarre zur Hand und schlug ein paar Saiten an, um Kurt eine Vorstellung von seiner Auffassung zu geben. Weill notierte sich diese Einfälle mit seinem kleinen, ernsthaften Lächeln. Er sagte nie nein dazu; immer versprach er, er wolle versuchen, die Anregungen Brechts zu verarbeiten, wenn er zu Hause ans Komponieren ginge.« (Nach Dümling, 161)

Sicher wäre es falsch, die Qualität oder Originalität der Weillschen Songs vor dem Hintergrund dieser Zusammenarbeit schmälern zu wollen. Die Einschätzung Egks vom Brechtschen ‚Rohmaterial' und der ‚musikalisch präzisen Form' bei Weill setzt die Gewichte wohl richtig (vgl. Dümling, 186), aber die Brechtsche Rolle innerhalb der musikalischen Zusammenarbeit ist als ausgesprochen aktiv anzusehen, das Prinzip des ‚Songs' ist in Brechts eigenen Liedern schon deutlich vorgeprägt, darüber hinaus wäre der Einfluß seiner persönlichen Art des Singens auf den *Vortragsstil*, wie sich mehr oder weniger herausgebildet hat, einer genaueren Untersuchung wert.

5

Die Kompositionsweise Weills kann letzlich nicht reduziert auf ihren Zusammenhang mit dem Brechtschen Theater und die Kategorie des Gestischen betrachtet werden. Ein anderer Gesichtspunkt, unter dem Weill komponierte, war sein »Engagement für eine Demokratisierung der Kultur« (Engelhardt, 121), das sich vor allem in seinem Interesse für den Rundfunk und die Breitenwirkung von Musik niederschlug: »Der Rundfunk stellt den ernsten Musiker unserer Zeit zum ersten Male vor die Aufgabe, Werke zu schaffen, die ein möglichst großer Kreis von Hörern aufnehmen kann.« (Weill, 140) Diese Motivation bestimmt u.a. sein »Verhältnis zu den populären Formen der Musik, zur musikalischen Umgangssprache seiner Zeit« (Engelhardt, 121). Die Verwendung von Elementen der Unterhaltungsmusik ist zwar durchaus mit Ausnutzung ihrer gestischen Qualität zu verbinden, kann aber ebenso zu einer Anreicherung des musikalischen Materials unter den Gesichtspunkten rein musikalisch bestimmter Konstruktion oder auch der Parodie erfolgen. Dies wird etwa bei der Einstellung Weills zum Jazz deutlich. Dieses »Stück Natur«, diese »gesundeste, kraftvollste Kunst-Äußerung« hat so für Weill einmal einen hohen Stellenwert als Material und als Element der musikalischen Konstruktion, darüber hinaus als Element »der rhythmischen, harmonischen und formalen Auflockerung« im Interesse einer »wachsenden Einfachheit und Verständlichkeit« der Musik »mitten in einer Zeit gesteigerter Artistik« (Weill, 197).

Engelhardt fächert den »musikalischen Verfremdungseffekt«, der sich u.a. aus der Spannung des Konstruktiven und des Parodistischen in der Verwendung des musikalischen Materials herleitet, für Weill in drei Grundtypen musikalischer Verfahrensweisen auf (ebd. 122f.):

— »Brechung eines relativ eigenständig entwickelten ‚absoluten’ Hohen durch die Sphäre der sozial niederen Sprache«, etwa im *Song*, in der Parodie des ‚hohen’ Arientyps durch den ‚niederen’ Bänkelsang, in der verfremdeten Adaption von zeitgenössischen Unterhaltungsmusik-Typen,

— »Brechung des Nahen durch das Ferne«, etwa in der Verlagerung traditioneller oder ‚klassischer’ formaler oder dramaturgischer Bestandteile in einen Kontext der Exotik, der Amerikanismen, des Salons,

— »Brechung des Gegenwärtigen durch das Vorvergangene« durch den Rückgriff auf die »gebrauchsfunktionalen musikalischen Sprachtypen Bachs und Mozarts«, etwa im *Fugato* des Miteinanderredens über ein gemeinsames Problem (Mutter-Lehrer-Knabe) im *Jasager*.

»Bei Weill sind diese Verfahren nicht in aller Konsequenz zu finden, sie bestimmen nicht ausschließlich die kompositorische Anlage seiner Werke.« Es bleibt bei einem Balanceakt »zwischen Sprachvirtuosität und neuer sozialer Verbindlichkeit«, bei dem Versuch, »beide gelten zu lassen«. (Ebd., 123)

6

Ein Beispiel für diese zusammenfassende Qualität der Musik findet sich im einleitenden Chor der *Maßnahme*. In den theoretischen Begleittexten heißt es dazu: »Die Einleitung enthält im Text eine Situationsänderung. Die Agitatoren unterbrechen die ihnen dargebrachte Rühmung mit dem Antrag, über ihre Arbeit eine Untersuchung anzustellen. Indem die Musik, im Ganzen einen Brauch konstituierend, die Haltung des Kontrollchors *nicht* verändert, unterwirft sie rückwirkend auch die Rühmung des Anfangs ihrer allgemeinen Funktion, eine geschäftsordnende Haltung als heroische zu fixieren. Wird also der Gesamtvorgang als sich von a bis b entwickelnd vorgestellt, wobei a eine rühmende, b eine geschäftsordnende Haltung bedeutet, dann erhält dadurch, daß die Musik ihre heroisierende Haltung, die aus a genommen ist, bei b beibehält, die rühmende Haltung des Anfangs rückwirkend einen geschäftsordnenden und die geschäftsordnende Haltung einen heroischen Charakter.« (17/1030 f.)

Die Musik bekommt hier die Funktion, zwei widersprechende Haltungen, die *heroische* und die *geschäftsordnende* aufeinander zu verweisen und die eine in der anderen sichtbar zu machen, dadurch daß sie den Vorgang im ganzen übergreift und die Beziehungen zwischen Kontrollchor und Agitatoren als Einheit kommentiert. Dies geschieht sogar rückwirkend und ist nur auf diese Weise denkbar, daß der ‚Geschäftsordnungsantrag’ der Agitatoren in befremdlichem Kontrast zur Haltung des Chores bzw. der Musik steht. Das Befremden darüber, daß dieser ‚Geschäftsordnungsantrag’ im Rahmen einer *Rühmung* überhaupt möglich ist, bewirkt die Wahrnehmung des wechselseitigen Bezugs beider Haltungen und die wechselseitige Durchdringung. (Zur musikalischen Interpretation dieser Stelle vgl. Dümling, 298 f)

7

Albrecht Dümling hat in seiner Analyse des *Songs von der Ware* wichtige Momente herausgearbeitet. In diesem Zusammenhang reflektiert er auch die unterschiedliche Beziehung Weills und Eislers zum Jazz: »Eislers Vertonung des *Songs von der Ware* ist ein Rückblick auf die Jazzmode, der auch die *Dreigroschenoper* einen großen Teil ihres Erfolges verdankte. Bewußt wird der Weillsche Songstil und dessen bei aller Parodie warenhaftes Moment kritisch zitiert. Eisler meidet den Ton des Kulinarischen und Verführerischen. Seine Anleihen beim Jazz sind kühler, distanzierter.« (Dümling, 304) Noch prägnanter schreibt Károly Csipák: »Eisler verabreicht der Jazzband als Gegengift gegen das Exotisch-Verführerische und Weltstädtisch-Morbide eine Mischung aus militärischem und archaisierend-klassizistischem Ton, woraus sich Charaktere von beträchtlicher Variabilität ergeben: der Ausdruck kann jederzeit von Polemik und Parodie in den Ton des Drohenden umschlagen.« (vgl. Dümling, ebd.) Das rhythmische Element *Klassenkampf* leitet Dümling aus dem vorangegangenen Chor *Lob der illegalen Arbeit* ab (301):

Einmal im Zusammenhang mit dem Begriff musikalisch entwickelt, wirkt dieses rhythmische Motiv gewissermaßen im ‚Untergrund‘ der Instrumente weiter als ein mit gestischer Substanz aufgeladenes ‚rhythmisches Symbol‘ (Dümling, ebd.).
Die Einfügung dieses Motivs in den *Song von der Ware* ist einmal kennzeichnend für den ‚eigenen Weg‘, den die Musik gegenüber dem Text bei Eisler geht. Es bleibt auch hier zunächst im ‚instrumentalen Untergrund‘ und entfaltet in seinem präzisen Rhythmus einen hartnäckig opponierenden Gestus gegenüber dem individuell geführten *tempo rubato* der Melodie, bis beide Gesten in der Schlußwendung des Refrains »Ich kenne nur seinen Preis« hart aufeinandertreffen — gewissermaßen als Klassenkampf von unten (instrumental) und oben (stimmlich). Die Verwendung dieses Motivs in verschiedenen Stücken der Maßnahme — auch in dem späteren Chorstück *Lob der Partei* erscheint es in den Worten »Die Partei« (vgl. Dümling, 306) — ist darüberhinaus ein Beispiel dafür, wie sich musikalische Elemente mit gestischer Energie aufladen können und diese mit und gegen den Text immer wieder zur Geltung bringen können. Die Musik entwickelt so auf ihre Weise eine eigene Kontinuität des Gestus.

Der allgemeine Gestus des Zeigens und das Realismusproblem

1

Die Ausführungen gehen zurück auf eine Argumentationslinie in meinem Aufsatz *Handeln und Betrachten*. Dort geht es zunächst um die Selektion des überhaupt Wahrnehmbaren unter dem Gesichtspunkt des Handlungsinteresses oder einer Notwendigkeit zu handeln, darüber hinaus um die Rekonstruktion des in diesem Interessenshorizont wahrgenommenen Sachverhalte, soweit sie in bestimmten Aspekten vom jeweiligen Standort der Wahrnehmung her verborgen bleiben.
Dazu schreibt Graumann: »Alles Wahrnehmen ist perspektivisch: ein Subjekt, das sich zu einem bestimmten Zeitpunkt immer nur an einem bestimmten Ort aufhalten kann (Standpunkt), sieht von einem diesem Standpunkt zugeordneten Blickpunkt aus von einem Gegenstand nur dessen dem Blickpunkt entsprechende Seite (Aspekt). Die von einem Blickpunkt aus sichtbaren Seiten der einen Wahrnehmenden umgebenden Dinge sind ihrerseits dem der Augenhöhe entsprechenden Gesichtskreis (Horizont) dergestalt zugeordnet, daß sie über sich hinaus auf ihn als Grenze der Sichtbarkeit verweisen. Die als Perspektivität zu kennzeichnende Relation von Blickpunkt-Aspekt-Horizont ist im Wahrnehmen als einem Verhalten lebender Wesen in ständiger Bewegung.« (Graumann, 14f)
Einmal also erschließt sich die Umwelt dem Subjekt durch den ständigen Wechsel des Standpunkts, damit der Perspektiven und Aspekte, in denen die Gegenstände jeweils gegeben sind, d.h. mit anderen Worten: durch das Handeln erschließt sich die Umwelt für das Handeln. Andererseits sind durch die Wahrnehmung jedoch durchaus nicht alle für das Handeln notwendigen Tatbestände mitgegeben, son-

dern Erfahrung und Wissen (also möglicherweise frühere Wahrnehmungen, aber nicht nur, sondern auch Erkenntnis allgemeiner Bedingungen ergänzen die vielerlei Information ausschließende Perspektive, in der die Welt sich den Sinnen darstellt. Die »Perspektivität der Wahrnehmung« wird also u.a. dadurch überwunden, daß das wahrgenommene Ding auf einen Zusammenhang verweist, in dem es »unendlich viel mehr ist, als es in jeder seiner Perspektiven offenbart« (Holzkamp, 28), und damit einen »Wahrnehmungsverlauf« initiiert, der auf »sinnvolle Ganzheiten« gerichtet ist (Graumann, nach Holzkamp, 28).« Die von Graumann so bezeichnete *Verweisungs-Ganzheit* umfaßt also das Wahrgenommene und seinen Erfahrungshintergrund oder auch das Wahrgenommene in seinem Wissens- und Erfahrungszusammenhang (vgl. Holzkamp, 28).

Das *Zeigen* läßt als Eingriff in den Wahrnehmungsprozeß gewissermaßen *Verweisungs-Ganzheiten* neuer Qualität entstehen. Es löst die geläufigen Zuordnungen der Wahrnehmung auf und stellt neue Zuordnungen bewußter oder doch teil-bewußter Art her. Der Wahrnehmungsverlauf bekommt seine ‚Motivation' durch die Folge des Gezeigten; die unterschiedlichen Erfahrungshintergründe fügen sich neu als Beziehungshintergrund zusammen in einem neuen Horizont. Die Perspektivität wird zu einer Meta-Perspektivität. (Vgl. dazu Ritter, Handeln und Betrachten, auch Rapp, 65)

2

In seinem Aufsatz über *das Theater im Ensemble der Künste* schildert Manfred Wekwerth ein Experiment, das im Rahmen einer Ausbildungswoche für Schauspieler durchgeführt wurde (Wekwerth, 1973, 376 ff). Einer der Schüler wurde gebeten, sich auf die Bühne zu stellen und ‚nichts' zu tun, so lange ihm dies möglich wäre. Die übrigen Teilnehmer, uneingeweiht und in Erwartung einer der üblichen Vorführungen, verfolgten einige Minuten angespannt den ‚Vorgang' auf der Bühne, verfielen dann einer nach dem anderen in ein »Gelächter, um das uns mancher Komiker beneidet hätte«, wurden, als sich ‚nichts' daraufhin ereignete, wieder still und verfolgten weitere zehn Minuten in ‚gespannter Stille' das ‚Geschehen', bis der Vorhang fiel.

Bei der Befragung der Zuschauer zeigte sich, daß sie »ungeheuer viel« und »das Verschiedenste« gesehen hatten: einen »tollen Anfang«, »großartige Spannung«, dramatische Zustände und Geschichten hatten sich ereignet: im Zuschauer selbst. Wekwerth resümiert: »Der Zuschauer nehme das auf der Bühne gezeigte Schweigen keinesfalls als das einzig Gegebene hin, sondern projiziere seine Möglichkeiten hinein.« (378) Dabei spielen ‚persönliche Erfahrungen aus dem Leben', seine soziale Herkunft, seine Einstellungen usw. eine entscheidende Rolle. Die *Bedeutung* dessen, was auf der Bühne vorgeht, wird — nach Wekwerth — »angeregt vom Schauspieler — allein vom Zuschauer unterlegt« (378 f). Der Zuschauende beginnt zu *spielen*. »Die Vorgänge auf der Bühne werden für ihn zu seinen Vorgängen, die er gleichzeitig am inneren Modell in seinem Kopf und an ihrer gegenständlichen Entsprechung auf der Bühne spielt.« (379)

Das Experiment und das Resumee Wekwerths bestätigen einmal die Prozesse der Wahrnehmung im Alltag. Das wahrgenommene Moment des Bühnenvorgangs löst einen Wahrnehmungsverlauf aus in Richtung auf »sinnvolle Ganzheiten«. Der Zuschauer, der zu ‚spielen' beginnt, beschränkt sich nicht auf das Gesehene, sondern erinnert sich, erfindet Ergänzungen, konstruiert und rekonstruiert seine ‚Verweisungs-Ganzheit' (Graumann), unterlegt *Bedeutung*, erspielt sich seinen *Sinn*, er denkt mit Hilfe des Gesehenen: er *betrachtet*.

Die zweite Folgerung, die aus diesem Beispiel gezogen werden kann, ist diese: Dem Vorgang auf der Bühne wird vorab unterstellt, daß er Sinn hat. Dies ist ein Teil der ‚Verabredung', die Theater, und damit das *Spiel des Zuschauers* möglich macht. Die Tatsache, daß in dem Experiment Wekwerths das *Spiel* mit dem Bühnenvorgang einsetzte, obwohl der Zuschauer getäuscht wurde, bestätigt die ‚Unterstellung'. Das Handeln auf der Bühne ist ein *Handeln zum Zwecke des Betrachtens*; das schließt ein, daß dieses Handeln selbst die sichtbare Zeichen eines Denkprozesses (über das Handeln in der Wirklichkeit) ist. Bei Brecht heißt es in diesem Sinn: »Der Schauspieler beobachtet den Mitmenschen mit allen seinen Muskeln und Nerven in einem Akt der Nachahmung, welcher zugleich ein Denkprozeß ist.« (16/687). Dies läßt aber eine noch weitergehende Folgerung zu: auch das Handeln auf der Bühne selbst ist eine Erscheinungsform des Betrachtens, des ‚tätigen Betrachtens', mit dem Begriff des Gestischen ausgedrückt: ein Handeln aus dem Grundgestus des Betrachtens heraus. Und wenn Metaperspektivität die Perspektivität des Betrachtenden ist, so ist sie auf beiden Seiten der ‚Rampe' zu Hause. Nur auf diese Weise kann das »Kolloquium (über die gesellschaftlichen Zustände)« (15/346), wie Brecht das Theater versteht, Ereignis werden. (Vgl. Ritter, Handeln und Betrachten).

3

Burkhardt Lindner hat in seinem Buch zum *Arturo Ui* eine »Revision der *Straßenszene*« vorgestellt, in der er Zweifel an der Simplizität und Wirklichkeitsnähe dieses ‚Modells' anmeldet, darüber hinaus den ‚Modellcharakter' generell in Frage stellt: die *Straßenszene* sei eher ‚Resultat einer Rückprojektion' mit ‚legitimatorischen' Zügen und ließe Diskrepanzen zwischen der Theatertheorie Brechts und seiner literarischen Produktion erkennen. (Lindner, 18 ff.)

Im einzelnen stellt Lindner folgende kritische Momente zusammen:

— Die Erörterung eines Unfalls, »in der sich zufällig Versammelte als praktisch-räsonierendes Publikum zusammenfinden« (19), kommt im Alltag so nicht vor; die Elemente, auf die Brecht Wert legt, sind in Wirklichkeit bestenfalls rudimentär vorhanden. Dem ‚ anachronistischen Palaver' im Beispiel Brechts stellt Lindner die ‚zeitgemäße' Beschreibung Musils gegenüber, in der Verantwortungslosigkeit und Voyeurismus auf der einen und institutionelle Regelungen durch die Polizei kennzeichnende Elemente sind. Brechts ‚Modell' sei in jedem (und besten) Fall unvollständig: als ‚Szene an der Straßenecke' wie als Arsenal der Elemente eines ‚großen Theaters'.

— Das Verständnis des Unfalls in der *Straßenszene* als »Metapher für gesamtgesellschaftliche Unfälle« unterstellt, »daß sich Vorgänge im Kollektivmaßstab ähnlich transparent simulieren und korrigierbar vorführen ließen wie eine bescheidene Unfallszene an der Straßenecke«; dies ist vor allem deswegen problematisch, weil das Hauptinteresse der *Straßenszene* bzw. des Epischen Theaters vor allem den Figuren, ihren Gesten und Motiven, ihren Verkehrsformen, dem guten und falschen Verhalten im einzelnen gilt. (23f)

— Die Figur des *Demonstranten* der *Straßenszene* wird im epischen Theater nicht — oder »jedenfalls nicht primär« — vom Schauspieler, sondern vom *Stückschreiber* eingenommen. In ihm und seinen »auktorialen Sprechakten« ist das Instrumentarium des Epischen Theaters angelegt. (26f)

— Das Verständnis der *Straßenszene* als ‚Modell' verstärkt die »Kanonisierung und Dogmatisierung des Brechttheaters« ähnlich anderen ‚Modellbildungen': Planetariums-Modell, Modellbücher verschiedener Aufführungen usw. und verstellt den Blick auf die ‚Uneinheitlichkeit und Vielfalt' in der Stückproduktion Brechts (27f), entsprechend seinem eigenen Notat: »die stücke streben auseinander wie die gestirne im neuen weltbild der physik, als sei auch hier irgendein kern der dramatik explodiert« (AJ/24.4.41)

Die ‚Revision' Lindners gibt in jedem Fall Anlaß, über die Funktion der *Straßenszene* neu nachzudenken. Dennoch scheint sie mir in ihrer Zielsetzung nicht klar. Irrelevant erscheinen mir zunächst zwei Punkte:

— Die Hinweise auf das ‚Straßentheater' und Brechts verhaltenes Interesse an dieser Art des Theaters (20,22) verfehlen die Blickrichtung Brechts auf Erscheinungsformen des ‚alltäglichen Theaters', d.h., die Vermittlung von Vorgängen des Alltags durch Darstellung von Verhalten. Brecht interessieren darüber hinaus noch andere Formen ‚alltäglichen Theaters'. (vgl. S.132).

— Das »Spiel von Mimik, Gestik und Sprache im Ausdruckhandeln« in realen Situationen (21) ist kein »Bereich des alltäglichen Theaterspielens«, sondern *Gegenstand* des Theaterspielens — sowohl im Alltag als auch auf der Bühne; der Begriff des ‚Theaters' ist bei Brecht an den Begriff der ‚Abbildung' gebunden (übrigens grundsätzlich auch bei Stanislawski, also bei der »Expressionsästhetik« des ‚Klassischen Bürgerlichen Theaters'. (vgl. S.154)

Lindner übersieht meiner Ansicht nach zwei Aspekte des *Modells* der *Straßenszene*:

— Die *Straßenszene* bietet nicht das ‚naturalistische Bild' eines Unfalls an der Straßenecke, sondern unterliegt als ‚Modell' den Konstruktionskriterien des gestischen Prinzips: die Auswahl und Zusammenfügung der Einzelmomente und Einzelvorgänge sind ‚willkürlich', das heißt, von bestimmten Absichten geleitet. Dasselbe Prinzip, das die *Straßenszene* am Beispiel der Erörterung eines Unfalls für das Epische Theater demonstriert, prägt die Konstruktion des Beispiels selbst: die Ablösung der Erscheinungsmomente, Vergrößerung von (möglicherweise ‚rudimentären’) Details, Herstellung neuer Sinnbezüge durch betonte Neuverknüpfung zur Verdeutlichung eines Standpunkts. Auch das ‚Ansetzen des Nullpunkts’ im Denken über das Theater ist ein ‚künstlicher’ Akt.

— Das Modell ist ein *Arbeitsmodell* für den Schauspieler: »zum studium modelliert« (AJ/12.2.39) wie das Planetariumsmodell. Richtig ist in der ‚Revision’ Lindners, daß der *Demonstrant* zunächst im *Stückschreiber* aufzusuchen ist. Dennoch ist der Schauspieler bzw. das ‚Kollektiv der Erzähler’ der eigentliche Adressat: in ihm bzw. in diesem ‚Kollektiv’ soll die Haltung des ‚Stückschreibers’ wirksam werden auf der Bühne. Der Demonstrant, wenn auch konstruiert aus Verhaltensmomenten des Stückschreibers, ist das Modell des Schauspielers (und weitergehend auch das Modell des aktiven Zuschauers), entwickelt für ‚praktische Versuche’ (16/546). Dabei ist es wiederum irrelevant, ob sich das Theaterdenken Brechts aus Erfahrungen eines solchen ‚Alltagstheaters’ herleitet oder ob es sich an ihnen exemplifiziert (‚legitimiert’).

Über den Schauspieler und sein Verhalten auf der Bühne erst gewinnt die *Straßenszene* Modellcharakter für das Theaterereignis im ganzen, und zwar über die folgenden Schritte:

— Zertrümmerung der normalen Handlungsstrukturen und damit auch der traditionellen dramatischen Strukturen,

— Entstehung unterschiedlicher Zeitebenen in bezug auf die Bühnenvorgänge, unterschiedlicher Anschauungsebenen in bezug auf den Gegenstand, unterschiedlicher Kommunikationsebenen in bezug auf den Zuschauer,

— Neustrukturierung der Vorgänge auf der Bühne und im Theater überhaupt aus dem ‚subjektiven Blick’, aus der ‚Erinnerung’, dem ‚Entwurf, dem Vergleich, dem Neu-Zusammen-Denken, durchaus in der Art eines — allerdings zeitgemäßen und theatralisch begründeten — ‚Palavers’.

Unter diesem Verständnis ist dann schließlich die *Straßenszene* zu begreifen als Modell einer Theaterarbeit oder auch Theaterveranstaltung über die allgemeine Brechtsche Zielsetzung eines Epischen Theaters hinaus, anknüpfend an seine Vorschläge zur Arbeit mit dem Lehrstück, das heißt, einer Theaterform, in der der Zuschauer generell oder phasenweise zum Spieler wird oder werden kann (vgl. S.156). Als ein solches Modell ist sie vor allem für den Theaterpädagogen von Interesse. (Vgl. Ritter 1980a, 1981a)

4

Die *Abschnitte* und *Aufgaben* Stanislawskis (vgl. S.136f) ihre Benennung mit Worten der Tätigkeit in der Formel ‚Ich will’ lassen — zumindest phasenweise — ebenfalls eine Art doppelter Bewußtseinsspur entstehen: eine aus dem Bewußtsein des Schauspielers geführte innere Handlungslinie der Figur. Wesentlicher Unterschied ist die Tendenz zur Verschmelzung der ‚beiden Gesichter’ bei Stanislawski im Gegensatz zum ‚Sichüberschneiden’ in der Wahrnehmung des Zuschauers und im Schauspieler selbst bei Brecht. Damit verbunden, bildet sich hierin bei Brecht ein ästhetisches, bei Stanislawski ein methodisches Prinzip aus.

Dieser Grundgegensatz in bzw. trotz der Nähe bestimmter Vorstellungen zeigt sich in einer neuen, differenzierten Weise auch bei dem Begriff des *Untertextes* in der Konzeption Stanislawskis. Aus der Vorstellung, daß Worte und Sätze, ja sogar Laute und Silben eine ‚Seele’ haben, gewinnt er die Bedeutung des *Untertextes* als »das nicht offen ersichtliche, aber innerlich spürbare *geistige Leben der Rolle*, das beständig *unter den Worten des Textes* strömt und sie unablässig rechtfertigt und belebt.« (II,62). Der Untertext vereinigt in sich die verschiedenen Linien — aus den *magischen Wenns*, den *vorgeschlagenen Situationen*, den *inneren Handlungen* usw. — und »veranlaßt uns, die Worte unserer Rolle zu sprechen« (ebd.). Im Untertext sammelt sich der Sinn eines Werkes überhaupt. Nur durch ihn werden Worte, Texte überhaupt wichtig. Durch ihn wird beispielsweise die *psychologische Pause* zum »beredten Schweigen« (82). Er ist der originäre Beitrag des Schauspielers. (63)

151

Der Untertext läßt zwei Elemente zusammenfließen: das Gestaltungsbewußtsein des Schauspielers und Erlebnisbewußtsein der Figur. Er *rechtfertigt* und *belebt* die Worte des Textes. Letztlich geht es auch hier um Verschmelzung, aber die Elemente sind auch immer wieder — wenn es die Spielsituation fordert — 'trennbar. Der Unterschied zu den Brechtschen Vorstellungen liegt darin, daß der innere Dialog bei Stanislawski vor allem zwischen der *Figur* und dem Schauspieler als *Darsteller*, bei Brecht vor allem zwischen dem Schauspieler als *gesellschaftlicher Person* und der *Figur* geführt wird. Wenn das auch nicht immer eindeutig voneinander absetzbar ist, so ist doch die Verschiebung des Akzents deutlich: die Trennungslinie zwischen Schauspieler und Figur verläuft an anderer Stelle und der Schauspieler verhält sich jeweils anders zu ihr. Der Schauspieler Stanislawskis wird beispielsweise immer versuchen, die Bewußtseinsspur des *Darstellers* in der Figur verschwinden zu lassen. Prinzipiell aber bleibt die doppelte Bewußtseinsspur auch bei Stanislawski konstituierend für den Schauspieler und sein Spiel: »Der Schauspieler lebt, er weint und lacht auf der Bühne; doch weinend und lachend beobachtet er sein Lachen und sein Weinen. Und in diesem zwiespältigen Dasein, in diesem Gleichgewicht zwischen Leben und Spiel liegt die Kunst.« (I/289)

5

Die Problematisierung der *Einfühlung* bei Brecht hat verschiedene Ebenen. Im allgemeinsten und umfassendsten Sinn setzt Brecht in seiner Kritik bei Aristoteles an, und damit bei den Funktionen von Kunst und Theater in der Gesellschaft und im gesellschaftlichen Zusammenleben überhaupt. Dieser Kritik entspricht die Konzeption einer nichtaristotelischen Dramatik: »Die Einfühlung ist ein Grundpfeiler der herrschenden Ästhetik. Schon in der großartigen Poetik des Aristoteles wird beschrieben, wie die Katharsis, das heißt die seelische Läuterung des Zuschauers, vermittels der *Mimesis* herbeigeführt wird. Der Schauspieler ahmt den Helden nach (den Ödipus oder den Prometheus), und er tut es mit solcher Suggestion und Verwandlungskraft, daß der Zuschauer ihn darin nachahmt und sich so in Besitz der Erlebnisse des Helden setzt.« (15/298)

Kernpunkt in dieser Kritik ist die Beziehung des Schauspielers zur Figur und die daran gekoppelte Beziehung des Zuschauers zum Schauspieler: die Nachahmung erscheint als doppelte Anpassung durch Suggestion (bzw. Selbstsuggestion). Die *nichtaristotelische* Dramatik geht infolgedessen darauf aus, »die Einfühlung mehr oder weniger preiszugeben« (15/299). Unabhängig davon, daß *Katharsis* in der griechischen Tragödie unter anderen gesellschaftlichen Rahmenbedingungen mit Prozessen der *Einfühlung* im Rahmen bürgerlicher Theaterkultur nicht unmittelbar vergleichbar erscheint (vgl. 15/241, auch Simhandl, 79), geht Brecht hier in erster Linie auf Distanz zur ‚herrschenden Ästhetik' und der in ihr aufgehobenen Beziehung zwischen dem Theater und seinem Publikum.

Die zunächst noch breit und allgemein gehaltene Kritik am ‚alten Theater' präzisiert sich in der zweiten Hälfte der dreißiger Jahre immer stärker in einer Kritik am ‚System' Stanislawskis, das er über englischsprachige Publikationen und über Kontakte mit Strasberg (1935 in New York) genauer kennengelernt hatte. Diese Kritik betrifft vor allem zwei Aspekte: die Kunst des ‚Glaubenmachens' und das Emotionelle. Im *Messingkauf* heißt es: »In einer Beschreibung berühmter Exerzitien für Schauspieler, welche dem Schauspieler ein natürliches Spiel beibringen sollen, finde ich folgende Übung: Der Schauspieler soll eine Mütze auf den Boden legen und sich so verhalten, als sei sie eine Ratte. Er soll so die Kunst des *Glaubenmachens* erlernen.« (16/505)

Die Kritik an Übungsformen dieser Art stellt implizit die Frage: wie ernst hier der Zuschauer als Partner genommen wird und darüber hinaus die Sache, die man ihm vermitteln will: »Man könnte meinen, dies sei ein Kursus im Zaubern, aber es ist ein Kursus für die Schauspielkunst, angeblich nach der Stanislawski-Methode. Man fragt sich, ob eine Technik, welche einen befähigt, das Publikum da Ratten sehen zu machen, wo keine sind, wirklich so geeignet sein kann, die Wahrheit zu verbreiten?« (15/350 f.)

Zauberei, Suggestion, Hypnose als Elemente und Grundlage der Schauspielkunst, als Grundgestus des Schauspielers — dies ist nach Brecht eine Konsequenz der Einfühlung. Sie schlägt durch bis in künstliche körperliche Verhaltensmomente: »anspannung gewisser muskelpartien, bewegungen des kopfes, so ausgeführt, als zerre er an einem gummiband, der füße, als hingen sie an pech, starrheiten, plötzlichkeiten, verhaltenheiten, sowie monotonie der stimme, aus der litanei erinnerbar, all das fördert die hypnose, und man kann sagen, daß schlangen, tiger, habichte und schauspieler in dieser kunst wetteifern.« (AJ/14.1.41)

Man mag diese Bemerkungen für ironisch überpointiert halten — auch in Brechts Fassung des *Hofmeisters* von Lenz werden ja Fliegen gefangen, die nicht vorhanden sind (vgl. S.134) —, sie stellen jedoch ein Grundelement des Stanislawskischen Theaterverständnisses radikal in Frage: den Charakter des *Als-ob* und die Funktion des (magischen) *Wenn*.

Mit Brechts Kritik an der *Einfühlung* wird häufig die Abkehr vom Gefühl generell gleichgesetzt. Dies findet sich etwa auch bei Strasberg, dessen Brechtrezeption von ähnlichen Mißverständnissen geprägt erscheint wie die frühe Stanislawskirezeption Brechts (Strasberg, 111 ff): »Es ist wahr, daß Brecht von den Methoden Stanislawskis nicht sehr viel hielt, besonders weil sie das emotionelle Erleben miteinbezogen, das er in seiner Arbeit ja gänzlich ablehnte.« (119f)

Brecht hat sich verschiedentlich gegen pauschale Zuordnungen dieser Art verwahrt. In einer Notiz zum Tode Stanislawskis heißt es (neben einigen bissigen Seitenhieben): «jeder gedanke, der notwendig ist, hat seine emotionelle entsprechung, jedes gefühl seine gedankliche.« (AJ/12.9.38) In einer späteren Notiz heißt es: »da für gewöhnlich *nichtaristotelisches theater* als besonders intellektualistisches theater definiert wird und damit schlecht definiert wird, sollte man es vielleicht einmal zur abwechslung in den emotionellen kategorien darstellen. das ist ohne weiteres möglich, da ja auf dem epischen theater bei spieler wie zuschauer die emotionale linie und die intellektuelle linie identisch bleiben.« (AJ/15.11.40)

Brecht polemisiert gegen die Trennung von Gefühl und Verstand, gegen schnelle Zuordnung von Kunst und Gefühl. (AJ/12.9.38) An dem *Deutschen Stanislawskibuch* entdeckt er im Gegenzug eine hausbackene Bravheit, die den Zugriff auf das Emotionelle lähmt: »und wenn der schauspieler zu brav wird, wie soll er dann die dunklen vorräte an vitalität (noch nicht sozialisierter lebenskraft) heben, die im asozialen liegen?« (AJ/4.1.48)

Die schematischen Zuordnungen sind nicht ausschließlich den Verkürzungen und ausschnitthaften Rezeptionen zuzuschreiben, in denen Brecht Stanislawskis Arbeiten kennenlernte bzw. in denen seine eigene Konzeption des *epischen Theaters* aufgenommen wurde. Sie sind zum einen darin begründet, daß Stanislawski in der Tat dem Emotionellen einen hohen Stellenwert in seinem System eingeräumt hat, genauer gesagt, dem *Erleben der Rolle*, andererseits darin, daß das Emotionelle bei Brecht ungewohnterweise zweifach erscheint: als Gefühlswelt des Schauspielers selbst und als Gefühlswelt der Figur, und dies in Opposition zueinander — abgesehen davon, daß er in der Tat in einer Art Gegenreaktion zum gängigen Theaterverständnis seiner Zeit das ,Verstandesmäßige betont' hat (AJ/12.9.38).

Unabhängig von der Entwicklung des Stanislawskischen ,Systems' in sich, von einer übergeordneten Bedeutung der Innenseite, des Erlebens der Rolle, zu einem Gleichgewicht der Momente des Verkörperns und der physischen Handlung mit den Momenten des Erlebens, bildet das *emotionale Gedächtnis* und in umfassenderem Sinn das *innere Befinden* auf der Bühne dennoch das Zentrum dieses ,Systems', insofern als der Schauspieler in seinem Bemühen, ,das geistige Leben der Rolle zu schaffen', immer auf sich selbst verwiesen bleibt: »Ja, das ist es, (...) immer und ewig auf der Bühne nur sich selbst spielen, aber in den verschiedensten Zusammenstellungen und Kombinationen der Aufgaben, der vorgeschlagenen Situationen, die man für die Rolle in sich entwickelt, im Schmelztiegel der emotionalen Erinnerungen geläutert hat. Sie sind das beste und einzige Material für das innere Schaffen.« (I,202)

In diesem Punkt bleibt schließlich auch Brechts kritische Distanz bestehen: für ihn ist die Realität bei Stanislawski ausschließlich eine »realität von subjektiven empfindungen«. »die außenwelt spiegelt sich auschließlich in einem sensorium. (...) keine dialektik.« (AJ/ 15.9.47) Im Gegensatz dazu entspricht bei ihm dem doppelten Bewußtsein und dem doppelten Gestus des Schauspielers die doppelte Emotionalität (vgl. S.100f).

Dennoch wird die *Einfühlung* schließlich zu einem deutlich umrissenen Verfahren in der Arbeit des Schauspielers auch bei Brecht: als Einfühlung *ohne Suggestion* beim Probieren. (vgl. AJ/11.1.41, 16/686 u. 843f.) Die Einfühlung wird zu einer besonderen Spielart der *Beobachtung*, die »ein Hauptteil der Schauspielkunst«ist (16/686, vgl. auch Wekwerth, 1980,120). Letztlich kommt Brecht zu einer — bei aller Verschiebung der Akzente — doch wieder vergleichbaren Formel der Vereinigung der Gegensätze wie Stanislawski auch (vgl. S.152): »Der Widerspruch zwischen Spielen (Demonstrieren) und Erleben (Einfühlen) wird von ungeschulten Köpfen so aufgefaßt, als trete in der Arbeit des Schauspielers nur das eine oder das andere auf (. . .). In Wirklichkeit handelt es sich natürlich um *zwei einander feindliche Vorgänge, die sich in der Arbeit des Schauspielers vereinigen.* Aus dem Kampf und der Spannung der beiden Gegensätze, wie aus ihrer Tiefe, zieht der Schauspieler seine eigentlichen Wirkungen.« (16/703). Selbst der *Katharsis*-Begriff findet in einer neuen Umschreibung wieder einen Platz. Auf die Frage »Kann man das Theater eine Schule der Emotionen nennen?« antwortet Brecht: »Ja. Es findet ein Reinigungsprozeß durch die Erzeugung von Emotionen statt. Jedoch ist dazu nötig, daß auch die Emotionen gereinigt werden. Im Theater werden dem Zuschauer große Emotionen gelehrt, zu denen er nicht ohne weiteres fähig ist. Es liegt im Wesen der menschlichen Natur, daß Emotionen nie an und für sich, das heißt getrennt von Vernunftsregungen, vorkommen können. Diese Vernunftsregungen mögen widersprüchlich zu den Emotionen auftreten (. . .). Jedoch sind auch die Emotionen selber ein widerspruchsvolles Gemisch (. . .). Es treten immer wieder Emotionen auf, die riesige und gefährliche Sümpfe gesellschaftlicher Perversion sind.« (16/927).

6

Die Diskussion um den Realismus, die in den dreißiger Jahren auch Brecht veranlaßt, seinen Realismusbegriff deutlicher zu umreißen, ist zu großen Teilen eine Auseinandersetzung mit der Realismustheorie Georg Lukács'. Diese ,Debatte', an der sich eine große Zahl Schriftsteller, Literaturtheoretiker usw. beteiligten, setzte ein in der Zeitschrift des *Bundes proletarisch-revolutionärer Schriftsteller*, in der *Linkskurve*, in den Jahren 1930—1932. Sie bestimmte bereits die kontroversen Grundpositionen (vgl Gallas, 119 ff). Gegenüber dem Vorbild ,Tolstoj' steht die Ablehnung von *Dokumentation, Montage, Bericht*, als ,unkünstlerischen, pseudowissenschaftlichen' Techniken: dies ist die Position von Lukács. »Die konkrete Gesamtheit der dichterischen Gestaltung verträgt nur Individuen und individuelle Schicksale, die in ihrer lebendigen Wechselwirkung einander beleuchten, ergänzen, vervollständigen, verständlich machen, deren individuelle Verknüpftheit miteinander das Ganze typisch macht.« (Lukács, *Reportage oder Gestaltung*, nach Gallas, 130). Obwohl Brecht in dieser Kontroverse noch nicht unmittelbar angesprochen ist, ist er gemeint: »Die Zerstörung von Fiktion, Illusion und Wahrscheinlichkeit, der Einbruch ,von außen', der direkte Eingriff des Autors und die Wendung an den Leser — das ist es, was Lukács als ,unliterarisch', ,abstrakt', als ,wissenschaftlich' bezeichnet und ablehnt.« (Gallas, 130).

Die ,Realismusdebatte' setzte sich in den Exilzeitschriften *Internationale Literatur* und *Das Wort* fort und flammte nach dem Krieg mit der Veröffentlichung der gesammelten Aufsätze Lukács' zum Realismusproblem (1948 bzw. 1955) noch einmal auf (vgl. dazu: Mittenzwei, Marxismus und Realismus). Brecht selbst hat sich an der Debatte nicht unmittelbar beteiligt. Seine eigenen Aufzeichnungen und größeren Abhandlungen zum Thema (vgl 19/287-382) erschienen erst viel später, in den fünfziger Jahren. Die kontroversen Positionen blieben im ganzen unverrückt. Interessant ist die Nuance einer scheinbaren ,Annäherung' anläßlich der Veröffentlichung einzelner Szenen aus *Furcht und Elend des dritten Reiches* im *Wort*. Lukács schreibt in seinem Aufsatz *Es geht um den Realismus* (1938): »Brecht hat in der dritten Nummer des *Wort* einen kleinen Einakter (Der Spitzel) veröffentlicht, in welchem er den Kampf gegen die Unmenschlichkeit des Faschismus bereits in einer bei ihm neuen, vieltönigen und abgestuften realistischen Weise führt.« (AJ/Anm. 15.8.38)

In seiner Antwortnotiz betont Brecht jedoch gerade das Ausschnitthafte, Montierte der Szenenfolge. Es geht nicht um ,Einheit von Wesen und Erscheinung' im Sinne Lukács' (vgl. Mittenzwei, 32, Gallas, 130), sondern um die widersprüchliche Zusammenfügung der Vorgänge, der einzelnen *Gesten*, auch in der Darstellung: »lucács hat den SPITZEL bereits begrüßt, als sei ich ein in den schoß der heilsarmee eingegangener sünder. das ist doch endlich aus dem leben gegriffen! übersehen ist die montage von 27 szenen, und daß es eigenlich nur eine gestentafel ist, eben die gesten des verstummens, sich umblickens, erschreckens usw. die gestik unter der diktatur. (. . .) der schauspieler tut jedenfalls gut, die STRASSENSZENE zu studieren, bevor er eine der kleinen szenen spielt.« (AJ/15.8.38)

7

In dem Notat *Realistisches Theater und Illusion* schreibt Brecht: »Die Wiederherstellung der Realität des Theaters als Theater ist eine Voraussetzung dafür, daß es realistische Abbildungen des menschlichen Zusammenlebens geben kann. Bei einer entsprechenden Steigerung der Illusion, die Örtlichkeiten betreffend, und bei einer Spielweise, die die Illusion hervorruft, man wohne einem momentanen, zufälligen, ‚echten' Vorgang bei, erhält alles eine solche natürlichkeit, daß man mit dem Urteil, mit der Phantasie und mit den Impulsen nicht mehr dazwischenkommen kann, sondern sich einfügt, lediglich mitlebt und ein Objekt der ‚Natur' wird.« (15/251)

In dieser Art ‚naturalistischen' Theaters löst sich das Moment des Betrachtens (vgl. S.149) im Prozeß des *Erlebens* auf, der die Verknüpfung mit der Lebens*praxis* insofern verhindert oder erschwert, als hier der Anschein von Lebenspraxis selbst sich einstellt und der Zuschauer als ‚Objekt' des scheinbar ‚natürlichen' Vorgangs von Eingriffen in ihn ausgeschlossen bleibt. Das Arrangement eines solchen Theaters verschärft also die in der alltäglichen Lebenspraxis ohnehin gegebene Auslieferung des Einzelnen an den Ablauf unbegriffener und un-verantworteter Ereignisse zusätzlich.

Auch das Theater als Ritual, das ‚heilige Theater' vor allem Artauds (vgl. *Das Theater und sein Double*, 162), aber auch gewisse Ansätze der *proletarischen Produktionskunst* in der Sowjetunion der zwanziger Jahre (Arvatov) entledigen sich mit dem Abbildcharakter des Theaters zugleich der Kategorie des Betrachtens und der Möglichkeit einer ‚auffälligen Verknüpfung' der Praxis des Theaters mit der gesellschaftlichen Praxis oder auch der Lebenspraxis.

Bei Artaud wird das Theaterereignis zum zentralen Ereignis des Lebens selbst: »Das Theater / ist der Zustand / der Ort, / die Stelle, / wo die menschliche Anatomie begriffen / und durch diese das Leben geheilt und regiert werden kann.« // (Artaud, Letzte Schriften, 77)

In dieser Vorstellung ist das Theater der Ort, in den die Lebenspraxis letztlich mündet und sich in der Entdeckung und Entfaltung überindividueller Kräfte erfüllt (vgl. dazu auch: Simhandl 46–64).

Bei den russischen Ansätzen, bei Arvatov etwa, geht es gewissermaßen in der Gegenrichtung um »eine Kunst des realen Lebens, die nicht in erster Linie widerspiegelt, sondern *organisiert*«. »Das kommende proletarische Theater wird zu einer Tribüne der schöpferischen Formen der realen Wirklichkeit werden; es wird Vorbilder der Lebensweise und Modelle von Menschen gestalten; es wird sich vollständig in ein Laboratorium des neuen gesellschaftlichen Lebens verwandeln.« (Arvatov, 86).

In diesen beiden, in sich wiederum sehr gegensätzlichen Vorstellungen von Theater ist der Aspekt des Betrachtens in den des Handelns untrennbar eingegangen, wenn nicht in ihm untergegangen, während beide im Theater Brechts in einer ausbalancierten Spannung angelegt sind, sowohl in der Beziehung zwischen Zuschauer und Schauspieler als auch im Schauspieler und schließlich auch im Zuschauer selbst. Sogar im Lehrstück, das auf den Zuschauer prinzipiell verzichten kann (17/1024), indem es darauf ausgeht, alle Beteiligten »zugleich zu Tätigen und Betrachtenden zu machen« (17/1023), bleibt diese Spannung in einem widersprüchlichen Gestus erhalten.[8]

Die *Maßnahme* ist in mehrfacher Hinsicht das *exemplarische* Lehrstück. In der szenischen Form wird nicht nur der Sachverhalt, der Zusammenhang der Vorgänge, mitgeliefert, sondern zugleich die besondere Art, wie dieser Sachverhalt zu untersuchen wäre. Die *Maßnahme* knüpft dabei unmittelbar an das Modell der *Straßenszene* an bzw. nimmt es vorweg.

Das ‚Modell' für die Arbeit mit dem Lehrstück liegt in der besonderen Struktur des Stückes. Es überlagern sich drei verschiedene Handlungsebenen. Mittlere Ebene und zugleich zentrale Drehscheibe für die beiden anderen ist die Ebene der Auseinandersetzung zwischen dem *Kontrollchor* und den *Agitatoren*, die ‚Gerichtsverhandlung' (Eisler, nach Steinweg 1976, 94) mit den Grundgesten des Fragens, Zeigens und schließlich des gemeinsamen Lernens. Mit dieser Wendung wird das Verhalten auf dieser Ebene zugleich zum Modell für die Auseinandersetzungen auf der Ebene der Lehrstückteilnehmer mit den Grundgesten der szenischen Übung und der szenischen Diskussion; auch der fortlaufende Rollenwechsel ist auf der mittleren Ebene bereits angelegt. Die dritte Ebene ist die Ebene der erzählten Geschichte, der demonstrierten bzw. rekonstruierten Vorgänge um den Tod eines jungen Genossen. Die wechselnden Gesten hier, der Agitation, des Mitleids usw. sind *Gegenstand* der Untersuchung des Lehrstücks. Die mittlere Ebene der Auseinandersetzungen ist gewissermaßen eine stilisierte, eine in bestimmter Weise (durch Trennung von Rekonstruktion und Diskussion) ästhetisch formalisierte *Straßenszene*. Daß die *Maßnahme* (1930) früher entstanden ist als die *Straßenszene* (1938), die das Prinzip theoretisch ausformuliert, ist kein Gegenargument für diese direkte Wechselbeziehung, sondern ein Beispiel für das Theorie-Praxis-Verhältnis bei Brecht. (Vgl. dazu: Ritter, Die *Maßnahme* als stilisierte *Straßenszene*, In: Ritter 1981c)

9

Brechts Beschäftigung mit dem Lehrstück setzte etwa um 1928 ein und schlug sich nieder in einer Reihe von kürzen Stücken, die sich in der Dramaturgie, der Personenzeichnung, der Sprachbehandlung deutlich abheben von den übrigen Stücken: *Flug der Lindberghs* (1929, seit 1949 *Der Ozeanflug*), *Das Badener Lehrstück vom Einverständnis* (1929), *Der Jasager* (1930) bzw. *Der Jasager und Der Neinsager* (1931), *Die Maßnahme* (1930), *Die Ausnahme und die Regel* (1930/31 bzw. 1937), *Die Horatier und die Kuratier* (1934). Sie schlug sich weiter nieder in einer Reihe von Stückfragmenten sowie in einem Komplex theoretischer, zum großen Teil fragmentarischer Texte zur Theorie des Lehrstücks (nahezu vollständig in: Steinweg 1976). Der wichtigste zusammenhängende Beitrag stammt aus dem Jahr 1937. Durch die Rekonstruktion der Lehrstücktheorie hat Steinweg (1971, 1972) die Besonderheit und den Modellcharakter des Lehrstück-Typus gegenüber den epischen Schaustücken Brechts herausgearbeitet. (vgl. 1976, 53). Die von Brecht selbst durchgeführten oder mitangeregten praxisversuche fanden jeweils unter sehr verschiedenen Bedingungen statt. Der *Flug der Lindberghs* und das *Badener Lehrstück vom Einverständnis* etwa wurden im Rahmen der *Baden-Badener Kammermusik (1929)* aufgeführt. Ebenso wurde die Aufführung der *Maßnahme* in der Berliner Philharmonie (1930) vor allem als Beispiel einer neuen Arbeitermusik-Kultur aufgenommen. In bezug auf die Schule war die praktische Erprobung des *Jasagers* Brechts gewichtigster Lehrstückversuch — es gibt eine Reihe von Diskussionsprotokollen aus dieser Arbeit (vgl. Szondi, 59ff, Ritter 1978a, 129ff). Die praktischen Versuche Brechts demonstrierten jedoch nur Elemente des Lehrstücks und seiner spezifischen Verfahren, so wie sie sich aus den Fragmenten zur Lehrstücktheorie herauslesen lassen. (Ritter 1980a, 15ff)
Inzwischen gibt es eine ganze Reihe von Versuchen, die sich in unterschiedlichster Weise dem Lehrstückkomplex genähert haben (vgl. Steinweg 1976. 1978, Ritter 1980, Koch/ Steinweg/ Vaßen 1984). Eine *Lernform Theater* mit spezifischen Verfahrensweisen zeichnet sich ab. Generell umreißt sie eine Theaterarbeit zwischen den drei Spannungspunkten Ästhetische Praxis — Politische Praxis — Kollektive Praxis/Gruppenpraxis. (Vgl. Koch/Steinweg/ Vaßen 1984)

10

Vielleicht nur in zwei Erscheinungen des Theaters ist über die geläufige Beteiligung an der Kultur und eine individuelle Verarbeitung der Impulse aus der Praxis der Kunst hinaus heute eine Verankerung in der Lebenspraxis gegeben, die beides bedeutet: Aufnahme und Verarbeitung der Fragestellungen eines gesellschaftlichen Orts und seiner Bilder im Theater und kollektive Verarbeitung in der Praxis des gesellschaftlichen Orts.
Exemplarisch erscheint mir in diesem Sinne einmal die Arbeit des Berliner Gripstheaters und seine Verankerung in der — weit gefaßten — Jugendkultur. Diese Verankerung wird bewußt vollzogen mit sehr genauen Recherchen, Kontakten am sozialen Ort des jeweiligen Stücks, genauen Verhaltensstudien und einer ästhetischen Montage im Ganzen. Das alles geschieht mit einer entschiedenen Parteinahme für die soziale Gruppe, um die es dem Theater vor allem geht. Die Theaterbilder werden von dieser Gruppe ebenso genau und kritisch gelesen, wie sie hergestellt werden, und in den besten Momenten als Teil der eigenen kulturellen Öffentlichkeit akzeptiert. In einer direkteren und z.T. auch selbstgenügsamen Weise geschieht dies in der freien Theaterszene außerhalb der Institutionen. Dieses Theater ist nicht in erster Linie durch Professionalität bestimmt, sondern durch Austauschbarkeit, nicht nur der Personen und Gruppen, sondern schließlich auch der Felder von ästhetischer Praxis und Alltagspraxis. Hier löst sich allerdings auch der ,auffällige Knoten', nicht weil Praxis und Praxis auseinanderfielen, sondern weil sie in ihrem sozialen Sinn ununterscheidbar ineinanderfließen.

11

Ernst Schumacher hat in seinem Aufsatz *Das Gestische in der Darstellenden Kunst des Ostens und des Westens* differenziert die Beziehungen zwischen dem ostasiatischen und den verschiedenen Neuansätzen des westlichen Theaters dargestellt, in denen vor allem die Vielfalt und Klarheit der Gesten und der körpersprachlichen Ausdrucksformen dieses Theaters angesprochen wird. Dabei sind zwei Bezugslinien zu ziehen. Die eine geht von dem rituellen Vollzug des Gestischen aus, von dem darin angelegten ,transzendentalen Akt': im Nô-Theater »das Erreichen des *Yugen*, des ,Schönen und Sanften'« (Schumacher, 207), im indischen Theater der Versuch, »immer wieder die Wirklichkeit des alltäglichen Lebens zugunsten einer höheren Wirklichkeit zu überschreiten« (Vatsyayan, ebd.). Für Artaud begründet sich in diesem gestischen Vollzug *Trance, Ekstase,* »magische Nutzung und Zauberei« (Das Theater und sein Double, 78). Diese Linie ist über Artaud zu Grotowski, zum Living Theatre und verschiedenen Nachfolgegruppen zu ziehen. Eine zweite Bezugslinie, die zu Brecht führt und vor allem vom chinesischen Theater ausgeht, vernachlässigt diesen Aspekt nahezu völlig und betrifft vor allem ästhetische und schauspieltechnische Erscheinungen und mit ihnen den hohen Standard einer *Zuschaukunst,* in der das Verständnis dieses kodifizierten Gestenkanons eine ästhetische wie soziale Kompetenz beinhaltet.

In gewissem Sinne gilt auch für Brecht in bezug auf das chinesische, was Artaud für das balinesische Theater so ausdrückt: »Man spürt beim balinesischen Theater einen Zustand vor der Sprache, der sich seine Sprache selbst aussuchen kann: Musik, Gebärden, Bewegungen, Wörter.« (Ebd.,66). Bei Artaud zielt das auf ein ‚reines Theater', auf die »Körperlichkeit der absoluten Gebärde, die selbst Idee ist und die Konzeptionen des Geistes zum Durchgang durch die Labyrinthe und die fasrigen Windungen der Materie zwingt, damit sie wahrgenommen werden können« (ebd.), »auf die wahre organische und psychische Transformierung des menschlichen Körpers« (Letzte Schriften, 71). Bei Brecht zielt es auf eine Begründung sprachlicher Elemente und des Sprechvorgangs in der Geste, als einem sozialen Moment übergeordneter Art. Was bei Artaud sich dementsprechend niederschlägt in einer Forderung nach der »Erschaffung einer echten körperlichen Sprache (. . .), die auf Zeichen und nicht mehr auf Wörtern beruht«, und in der Vorstellung, »daß der Geist der ältesten Hieroglyphen die Schaffung dieser reinen Theatersprache leiten wird« (134), führt bei Brecht zu einer ‚Sammlung von Gesten' — eben nicht als ‚Folge starrer Symbole', sondern als ständig aus der sozialen Wirklichkeit sich erneuerndes ästhetisch-soziales Vokabular der Gesten.

Zur ‚Gestentafel' gehört gewissermaßen vorab der ‚Notizblock' in der Hand des Stückschreibers und des Schauspielers, der die typischen, für einen bestimmten ‚sozialhistorischen Moment' kennzeichnenden Gesten festhält. Der Blick des Zuschauers wechselt entsprechend in sich jeweils von der ausgestellten zur gemeinten, zur erinnerten Geste; die Verfügung über ein ästhetisches Vokabular ist für alle nur über die Verfügung über ein soziales Vokabular der Gesten zu erreichen.

Die Funktion der ‚gestischen Notiz' hat bei Brecht beispielsweise auch das dokumentarische Foto (vgl. S. 132): es hält nicht nur das gestische Moment eines öffentlichen (oder auch privaten) Vorgangs fest, sondern auch das Bewußtsein darüber wach, stellt in der Veröffentlichung sogar eine Spur von öffentlichem Bewußtsein einer Geste oder eines Gestus erst her. In diesem Sinn sind die zahlreichen Fotos im Arbeitsjournal als ‚gestische Notizen' zu lesen (etwa die Fotoserie ‚Hitler dances', AJ 17.6.40). Einen ähnlichen Sinn haben die Verweise auf Bildvorlagen, auf die Schaubudenpanoramen, die Bilder des Bauernbreughel: »Die Darstellerinnen der *Grusche* sollten die Schönheit der Breughelschen ‚Tollen Grete' studieren.« (17/1206) Die Konzeption dieser Figur im *»Kaukasischen Kreidekreis«* hat sich für den Stückschreiber selbst erst im Studium dieses Bildes präzisiert (vgl. dazu auch: Kelbling, 42 und 85f): »sie sollte einfältig sein, aussehen wie die *tolle grete* beim breughel, ein tragtier, sie sollte störrisch sein statt aufsässig, willig statt gut, ausdauernd statt unbestechlich usw. usw.« (AJ/15.6.44)

Aussehen, d.h. körperliche Haltung und soziale Haltung sind in dieser Figur Breughels in eins gefaßt. Sozialhistorische Bilder wie dieses gehen letztlich über den Status einer gestischen ‚Notiz' weit hinaus. Sie verweisen auf einen Fundus gestischer Bilder im allgemeinen kulturhistorischen Bewußtsein, die es für den konkreten Moment auf der Bühne jeweils zu aktualisieren gilt. So sind in umgekehrtem Sinn auch die Modellinszenierungen Brechts Versuche, ein Bewußtsein für gestische Vorgänge, gestische Bilder zu stabilisieren, exemplarische Formulierungen einer Sprache des Gestischen festzuhalten, neue Bilder auf alte Bilder zu beziehen oder ggfs. voneinander abzusetzen. Die Zuschaukunst entwickelt sich so aus dem Vergleichen, dem Erinnern, dem Gegeneinandersetzen, der Verbindung des aktuellen Moments der Erfahrung mit dem ‚Schatz' der Erfahrung.

Eine besondere Art der ‚Sammlung von Gesten' versuchten wir bei einem Lehrstückversuch zum *Ozeanflug* mit Hauptschülern aus Berlin-Reinickendorf. Eine vorgeschobene Phase vom Projekttyp *Straßenszene* stellte in einem *Portrait* authentische Verhaltensbilder der beteiligten Jugendlichen zusammen. Die eigentliche Theaterproduktion diente der ästhetischen Entfaltung dieser gestischen Vor-Bilder. In einer doppelten ‚Gestentafel' wurde das originale Portrait dann konfrontiert mit den entfalteten Bildern der Aufführung. (Vgl. dazu Ritter 1981a, 1983, 1984a)

Literatur

Literaturverweise erfolgen über Autorennamen und den Kurztitel bzw. das Erscheinungsjahr des Werkes. Verweise auf die Seitenzahlen erfolgen ausschließlich durch Ziffern. Seitenverweise innerhalb des Buches sind mit S. gekennzeichnet.

Aritstoteles: Poetik. Stuttgart 1972

Arndt, Erwin: Luthers deutsches Sprachschaffen. Kapitel aus der Vorgeschichte der deutschen Normalsprache und ihrer Ausdrucksformen. Berlin 1962.

Artaud, Antonin: Das Theater und sein Double. Frankfurt/M 1969.

— Letzte Schriften zum Theater: Schluß mit dem Gottesgericht/Das Theater der Grausamkeit. München 1980.

Arvatov, Boris: Kunst und Produktion. München 1972.

Austin, J.L.: Zur Theorie der Sprechakte. Stuttgart 1972.

Benjamin, Walter: Über Kinder, Jugend und Erziehung. Frankfurt/M 1969.

— Versuche über Brecht. Frankfurt/M 1966.

Biermann, Wolf: Der Dra-Dra — Die große Drachentöterschau in acht Akten mit Musik. Berlin 1970.

Birkenhauer, Klaus: Die eigenrhythmische Lyrik Bertolt Brechts. Theorie eines kommunikativen Sprachstils. Tübingen 1971.

Bloch, Ernst: Über den künstlerischen Schein. In: Das Prinzip Hoffnung. Band 1, Frankfurt/M 1959.

Boal, Augusto: Das Theater der Unterdrückten. Frankfurt/M 1979.

Brecht, Bertolt: Arbeitsjournal. Frankfurt/M.1973. (zitiert: AI/Datum)

— 3 Groschen Oper. Schallplatte, Top Classic Hostoria H 625 (mit den Brechtschen Interpretationen der *Moritat vom Mackie Messer* und der *Ballade von der Unzulänglichkeit menschlichen Strebens*)

— Gesammelte Werke, Frankfurt/M 1967 (zitiert nur mit Angabe der Band- und Seitenzahl)

— Hauspostille. Berlin und Frankfurt/M 1951 (gekürzter Nachdruck der ursprünglichen Ausgabe der *Hauspostille*, Berlin 1927, mit den eigenen Melodien Brechts im Anhang).

— Tagebücher 1920—1922. Autobiographische Aufzeichnungen 1920—1954. Hrsg. Herta Ramthun, Frankfurt/M 1975.

Brecht im Gespräch: Diskussionen. Dialoge. Interviews. Hrsg. Werner Hecht. Frankfurt/M 1975.

Brecht in Augsburg: Hrsg. Werner *Frisch* und K.W. *Obermeier*. Frankfurt/M. 1976.

Bunge, Hans: Fragen Sie mehr über Brecht. Hanns Eisler im Gespräch. München 1970.

Csipák, Károly: Probleme der Volkstümlichkeit bei Hanns Eisler. München und Salzburg 1975.

Dümling, Albrecht: Laßt euch nicht verführen. Brecht und die Musik. München 1985.

Engelhardt, Jürgen: Fragwürdiges in der Kurt-Weill-Rezeption. Zur Diskussion über einen wiederentdeckten Komponisten. In: Angewandte Musik — 20er Jahre. Argument-Sonderband 24, Redaktion: Dietrich Stern. Berlin 1977.

Eisler, Hanns: Die Hollywood-Elegien. Sonette. Lieder. Ausgewählte Lieder IV. Leipzig 1972.

— Die Maßnahme. Lehrstück von Bert Brecht. Klavierauszug von Erwin Raatz. Wien/Leipzig 1931.

— Materialien zu einer Dialektik der Musik. Hrsg. Manfred Grabs. Leipzig 1976.

Feuchtwanger, Lion: Bertolt Brecht. In: Sinn und Form, 2.Sonderheft, 1957.

Gaillard, Ottofritz: Das deutsche Stanislawski-Buch. Berlin 1947.

Gallas, Helga: Marxistische Literaturtheorie. Kontroversen im Bund proletarisch-revolutionärer Schriftsteller. Neuwied und Berlin 1971.

Geißner, Helmut: Pragmalinguistik oder Rhetorik. In: Sprache und Sprechen, Band 5, Rhetorik und Pragmatik. Hrsg. Hellmut Geißner.

Goffman, Erving: Wir alle spielen Theater. Die Selbstdarstellung im Alltag. München 1969.

Graumann, Carl Friedrich: Grundzüge der Verhaltensbeobachtung. In: Pädagogische Psychologie 1. Entwicklung und Sozialisation. Hrsg. C.F.Graumann und H.Heckhausen, Frankfurt/M. 1973.

— Grundlagen einer Phänomenologie und Psychologie der Perspektivität. Berlin 1960 (zitiert nach: Holzkamp)

Grimm, Reinhold: Bertolt Brecht. Die Struktur seines Werks. Nürnberg 1959 (1965)

— Strukturen. Essays zur deutschen Literatur. Göttingen 1963.

— Brecht und Nietzsche oder Geständnisse eines Dichters. Fünf Essays und ein Bruchstück. Frankfurt/M 1979.

Grips Theater: Das Grips Theater. Geschichte und Geschichten, Erfahrungen und Gespräche aus einem Kinder- und Jugendtheater. Hgg. von W. Kolneder, V. Ludwig und K. Wagenbach. Berlin 1979.

Grotowski, Jerzy: Für ein Armes Theater. Velber 1969 (neu: Zürich und Schwäbisch Hall 1986).

Gutenberg, Norbert: »Der Chef, der brüllt den Krause an...« Sprechakttypen und rollenspezifische Sprechweisen. In: Sprache und Sprechen, Band 8, Mündliche Kommunikation in der Schule. Hrsg. Elmar Bartsch. Königstein/Ts. 1982.

Habermas, Jürgen: Vorbereitende Bemerkungen zu einer Theorie der kommunikativen Kompetenz. In: J. Habermas und N. Luhmann, Theorie der Gesellschaft oder Sozialtechnologie, Frankfurt 1971.

Hauptmann, Elisabeth: Notizen über Brechts Arbeit 1926. In: Sinn und Form, 2. Sonderheft Bertolt Brecht. Berlin 1957.

Hennenberg, Fritz Dessau-Brecht. Musikalische Arbeiten. Berlin-DDR 1963.

— Das große Brechtliederbuch. Herausgegeben und kommentiert von Fritz Hennenberg. 3 Bände. Frankfurt/M. 1984.

Holzkamp, Klaus: Sinnliche Erkenntnis — Historischer Ursprung und gesellschaftliche Funktion der Wahrnehmung. Frankfurt/M 1973.

Jacobs, Jürgen: Wie die Wirklichkeit selber. Zu Brechts *Lesebuch für Städtebewohner*. In: Brechtjahrbuch 1974, hrsg. John Fuegi, Reinhold Grimm und Jost Hermand. Frankfurt/M 1975.

Kayser, Wolfgang: Das sprachliche Kunstwerk. Bern 1956.

Kelbling, Michael: Das gestische Prinzip im Theater Bertolt Bechts. Versuch einer Begriffsklärung. Wiss. Hausarbeit (Staatsprüfung für das Amt des Studienrats). Freie Universität Berlin 1975.

Klotz, Volker: Bertolt Brecht. Versuch über das Werk. Darmstadt 1975.

Knopf, Jan: Bertolt Brecht. Ein kritischer Forschungsbericht. Frankfurt 1974.

Koch, Gerd /Steinweg, Reiner/ Vaßen,Florian (Hrsg.): Assoziales Theater. Spielversuche mit Lehrstücken und Anstiftung zur Praxis. Köln 1984.

Lessing, Gotthold Ephraim: Werke in 3 Bänden. München 1982.

Lindner, Burkhardt: Bertolt Brecht: *Der aufhaltsame Aufstieg des Arturo Ui*. München 1982.

Lucács, Georg: Probleme des Realismus. Berlin-DDR 1955.

Luther, Martin: Luther Deutsch — Die Werke Martin Luthers. Hgg. von K. Aland. Göttingen 1963.

Maas, Utz/ Wunderlich, Dieter: Pragmatik und sprachliches Handeln. Frankfurt/M 1972.

Mainka, Jürgen: Musikalische Betroffenheit. Zum Begriff des Gestischen. In: Beiträge zur Musikwissenschaft XV, 1/1973.

Mc Lean, Sammy K.: The *Bänkelsang* and the work of Bertolt Brecht. The Hague-Paris 1972.

Mittenzwei, Werner: Marxismus und Realismus. Die Brecht-Lukács-Debatte. In: Das Argument 46. Berlin 1968.

Petzoldt, Leander: Die freudlose Muse. Texte, Lieder, Bilder zum hist. Bänkelsang. Stuttgart 1978.

Rapp, Uri: Handeln und Zuschauen. Untersuchungen über den theater-soziologischen Aspekt in der menschlichen Interaktion. Darmstadt und Neuwied 1973.

Reich, Bernhard: Erinnerungen an den jungen Brecht. In: Sinn und Form, 2. Sonderheft Brecht. 1957.

Richtlinien für die gymnasiale Oberstufe in Nordrheinwestfalen: Literaturkurse. Hrsg. Der Kultusminister des Landes Nordrheinwestfalen. Köln 1981.

Rischbieter, Henning: Zum *Lesebuch für Städtebewohner*. In: Aktualisierung Brechts, Argument Sonderband 50, Berlin 1980.

Ritter, Hans Martin: Auf dem Weg zum Lehrstück in der Schule. (1978a). In: R.Steinweg (Hrsg.), auf Anregung Bertolt Brechts.

— Ausgangspunkt: Brecht. Versuche zum Lehrstück. Recklinghausen 1980 (a)

— Berliner Lehrstückgut. *Der Ozeanflug* mit Hauptschülern. (1984a) In: G.Koch/ R.Steinweg/ F.Vaßen (Hrsg.), Assoziales Theater.

— Das Lehrstück. In: Karl J.Kreutzer (Hrsg.), Handbuch der Spielpädagogik, Band III. Düsseldorf 1984.

— Handeln und Betrachten. Überlegungen zu zwei Kategorien Pädagogischer Theaterverfahren. 1975.

— Materialien zur Lehrstückpraxis I u. II, Berlin 1981 (a/b), und III (*Der Ozeanflug*), Berlin 1983.
— Modellstück/ Modellspiel. Versuche mit Masken. Berlin 1980 (b)
— Szenisches Erzählen. Erfahrungen mit Kafka. In: sprechen, Zeitschrift für Sprechwissenschaft-Sprechpädagogik-Sprechtherapie-Sprechkunst. Okt. 1984 (1984c).
Rosenbauer, Hansjürgen: Brecht und der Behaviorismus. Bad Homburg v.d. H.-Berlin-Zürich 1970.
Rülicke-Weiler, Käthe: Die Dramaturgie Brechts. Theater als Mittel der Veränderung. Berlin 1966.
Schmidt, Dieter: *Baal* und der junge Brecht. Eine textkritische Untersuchung zur Entwicklung des Frühwerks. Stuttgart 1966.
Schmidt, Siegfried J.: Das »kommunikative Handlungsspiel« als Kategorie der Wirklichkeitskonstitution. In: Siegfried J. Schmidt (Hrsg.), Pragmatik I. Interdisziplinäre Beiträge zur Erforschung der sprachlichen Kommunikation. München 1974.
Schöne, Albrecht: B. Brecht. Theatertheorie u. dramatische Dichtung. In: Euphorion 52, Bd. III, 1958.
Schumacher, Ernst: Das Gestische in der Darstellenden Kunst des Ostens und des Westens. In: ». . . Ich werde deinen Schatten essen.« Das Theater des Fernen Ostens (Ausstellungskatalog der Akademie der Künste, Berlin Nr. 145). Berlin 1985.
Schuhmann, Klaus: Der Lyriker Bertolt Brecht. München 1971.
Searle, John R.: Sprechakte. Ein sprachphilosophischer Essay. Frankfurt/M 1971.
Sennett, Richard: Verfall und Ende des öffentlichen Lebens. Frankfurt/M 1983.
Simhandl, Peter: Konzeptionelle Grundlagen des heutigen Theaters. Sonderheft der Zeitschrift *Theaterpädagogik* der Hochschule der Künste Berlin. Berlin 1985.
Stanislawski, Konstantin S.: Die Arbeit des Schauspielers an sich selbst I und II. Berlin 1981.
Steinweg, Reiner: Brechts Lehrstücktheorie. In: Alternative 78/79, Themenheft *Materialistische Literaturtheorie III.* Berlin 1971.
— Das Lehrstück. Brechts Theorie einer politisch-ästhetischen Erziehung. Stuttgart 1972.
— Brechts Modell der Lehrstücke. Zeugnisse, Diskussion, Erfahrungen. Hg. von R. Steinweg. Frankfurt/M. 1976.
— Auf Anregung Bertolt Brechts. Lehrstücke mit Schülern, Arbeitern, Theaterleuten. Hgg. von R.Steinweg. Frankfurt/M 1978.
— Wahrnehmen, Verfremden, Verändern. Frankfurter Spieleinführung. In: G.Koch/ R.Steinweg/ F.Vaßen (Hrsg.), Assoziales Theater. Köln 1984.
Strasberg, Lee: Schauspielerseminar. Hrsg. Schauspielhaus Bochum. Red. Jakob Jehnisch. Bochum 1979.
Strawinsky, Igor: Leben und Werk — von ihm selbst. Erinnerungen — Musikalische Poetik — Antworten auf 35 Fragen. Mainz 1957.
Szondi, Peter: Bertolt Brecht. Der Jasager und Der Neinsager. Vorlagen, Fassungen und Materialien. Hgg. von Peter Szondi. Frankfurt/M 1973.
Völker, Klaus: Verzeichnis sämtlicher Stücke, Bearbeitungen und Fragmente zu Stücken von Bertolt Brecht. In: Text+Kritik, Sonderband Bertolt Brecht II. München 1973.
Wagner, Peter: Das Verhältnis von *Fabel* und *Grundgestus* in Bertolt Brechts Theorie des epischen Theaters. In: Zeitschrift für deutsche Philologie 89, 1970.
Watzlawick, Paul/ Beavin, Janet H./ Jackson, Don D.: Menschliche Kommunikation. Formen, Störungen, Paradoxien. Bern-Stuttgart-Wien 1968.
Weill, Kurt: Die Dreigroschenoper. Klavierauszug. Wien.
— Ausgewählte Schriften. Frankfurt/M. 1975.
Wekwerth, Manfred: Schriften. Arbeit mit Brecht. Berlin-DDR 1973.
— Theater und Wissenschaft. Überlegungen für das Theater von heute und morgen. München 1974.
— Brecht-Theater in der Gegenwart. In: Aktualisierung Brechts. Argument Sonderband 50. Berlin 1980.
Werner, Hans-Georg: Gestische Lyrik. Zum Zusammenhang von Wirkungsabsicht und literarischer Technik in Gedichten Bertolt Brechts. In: Etudes Germaniques 23 (1973), Heft 4.
Wittgenstein, Ludwig: Philosophische Untersuchungen. Frankfurt/M 1971
Zuckmayer, Carl: Als wärs ein Stück von mir. Horen der Freundschaft. Werkausgabe in 10 Bänden. Band 2. Frankfurt/M. 1976.